U0083280

古代歷史文化 研究輯刊

五 編

王 明 蓀 主編

第 18 冊

晚明黃河水患與潘季馴之治河

蔡 泰 彬 著

國家圖書館出版品預行編目資料

晚明黃河水患與潘季馴之治河／蔡泰彬 著 — 初版 — 新北市：
花木蘭文化出版社，2011〔民 100〕
目 4+264 面：19×26 公分
（古代歷史文化研究輯刊 五編：第 18 冊）
ISBN：978-986-254-431-0（精裝）
1. 水災 2. 水利工程 3. 明代 4. 黃河
618　　　　　　　　　　　　　　　　　　100000590

ISBN-978-986-254-431-0

9 789862 544310

古代歷史文化研究輯刊
五　編　第十八冊　　　　　　ISBN：978-986-254-431-0

晚明黃河水患與潘季馴之治河

作　　者　蔡泰彬
主　　編　王明蓀
總 編 輯　杜潔祥
印　　刷　普羅文化出版廣告事業
出　　版　花木蘭文化出版社
發 行 所　花木蘭文化出版社
發 行 人　高小娟
聯絡地址　新北市永和區中正路五九五號七樓之三
　　　　　電話：02-2923-1455／傳真：02-2923-1452
電子信箱　sut81518@gmail.com
初　　版　2011 年 3 月
定　　價　五編 32 冊（精裝）新台幣 56,000 元

版權所有・請勿翻印

晚明黃河水患與潘季馴之治河

蔡泰彬　著

作者簡介

蔡泰彬，臺灣臺東縣人，民國四十三年生。

中國文化大學史學研究所博士。

曾任靜宜、海洋等大學副教授，現任國立彰化師範大學歷史學研究所教授。

著有《明代夏原吉研究》、《明代漕河之整治與管理》等書，及發表〈明代江南地區水利事業之研究〉、〈明代漕河之守護神——金龍四大王〉、〈明代練湖之功能與鎮江運河之航運〉、〈中國傳統詩文之黃河觀〉、〈論黃河之河清現象〉、〈明代貢鮮船的管理與運輸〉、〈論證明代御製黃河萬里圖應繪製於清康熙時期〉、〈元明時期海運的海險與膠萊運河的開鑿〉、〈明清泰山與太和山的香稅徵收、管理與運用〉等論文。

提　　要

明代是國史上黃河水患最為嚴重時期，不僅沖阻漕河，並危害祖陵和沿岸各州縣之民命。為整治黃河，於晚明潘季馴力倡「束水攻沙」之治河方策，其能洞悉治河即在治沙。

全文計六章，旨在探討晚明黃河水患發生原因、沿河州縣重罹水患、祖陵遭淮水逆浸之實況、淮南地區整建之水利工程、暨潘季馴治河方策之內容與實行等問題。

潘季馴之治河觀，雖能突破傳統治理黃河採行「分流」之舊鑿，但因水文知識認知不足，未能整治黃河上游地區，以降低河水中之含沙量，而專恃雙重堤防之構築，是無法清除清口、海口、河道諸淤沙，以致黃河仍為拔地「懸河」，河水嚴重威脅及沿河各州縣。但其四度治河，鞠躬盡瘁於黃、淮、運三河，創行「合流」之治河觀，論其事功，業已不朽。

目

次

附 表

第一章　緒　論

第一節　研究動機與內容

一、撰述動機

　　從事中國水利之研究，已有十餘年，起初著重明代江南地區之水利，前後有〈明代夏原吉治水江南〉〔註1〕、〈明代江南地區水利事業之研究〉〔註2〕、〈明代練湖之功能與鎮江運河之航運〉〔註3〕等論文之發表；繼而研究明代之漕河，有《明代漕河之整治與管理》一書之出版〔註4〕，在探討漕河問題時，因漕河其中一段（河漕運道）即是利用黃河爲運道；在檢閱黃河史料時，因存有以下三項疑惑，而引起筆者往後對於黃河史產生研究興趣：

　　第一，黃河是一條幾乎年年泛濫之河川，故西方人稱黃河爲「中國剋星」（China's Sorrow），或「黃禍」（Yellow Sorrow），但我民族爲何認同黃河，視它爲文化之搖籃，民族之象徵？

　　第二，黃河史上，明代河患最爲嚴重，其危害實況爲何？

〔註1〕《夏原吉研究》一書是筆者於民國70年（1981）6月在中國文化大學史學研究所之碩士論文，其第六章，頁215～241，即是〈夏原吉治水江南〉。
〔註2〕本文於民國71年（1982）12月刊於《明史研究專刊》（臺灣：明史研究小組），第五期，頁125～165。此文曾獲七十學年度「至友獎學金」之獎助。
〔註3〕本文於民國84年（1995）9月刊於《中國歷史學會史學集刊》（臺北：中國歷史學會），第二十七期，頁183～217。
〔註4〕此書是筆者於民國74年（1985）6月在中國文化大學史學研究所之博士論文；經中國歷史學會評審後，選入史學研究論文叢刊，送臺灣商務印書館，於民國81年（1992）1月出版，全書541頁。

第三，歷代爲整治黃河，在河工技術上累積很多寶貴經驗，但論其治河方策，至明代潘季馴力倡「束水攻沙論」，方有突破性改變，因其能針對黃河多沙之特性，一反傳統「分流」之治河觀，而主張「合流」。此一治河理念，雖至確不易，但於晚明，爲何仍無法善治黃河？

爲釐清第一個問題，近年來，已發表如下三篇論文：〈中國傳統詩文之黃河觀〉〔註5〕、〈論黃河之河清現象〉〔註6〕、〈明代漕河四險及其守護神──金龍四大王〉〔註7〕，從以上諸文之探討，可知中國士民以詩文美化黃河，陰陽五行學家和民間宗教信仰則以其學理神化黃河，故國人從未因其年年泛濫而以「惡名」稱呼它，反而稱之「神河」、「靈河」、「天河」、「銀河」、「縈河」等；黃河神──金龍四大王亦成爲國內諸河神中，最爲威靈顯赫者〔註8〕。因此傳統中國所認同之黃河，屬於「精神」層次之黃河，而非「實質」之黃河。

爲了解決第二、三個問題，先撰初稿〈明代泗州與祖陵之水患與整治〉〔註9〕，茲以前文爲基礎，再撰本文《晚明黃河水患與潘季馴之治河》。希本文內容，不僅能釐清個人對黃河所存有之疑惑，亦盼對於明代水利史之研究園地能有些許貢獻。

「治河保漕」爲明代整治黃河之大原則，而本文之撰述動機，既由漕河而黃河，故擬藉對漕河之瞭解，能深入闡述明代黃河之水患，以及治河方策之演進。

二、研究內容

晚明，黃河之水患，主要在三方面：漕運、祖陵、民生，茲以此三項和整治黃、淮二河之方策，論述本文之探討內容、資料蒐集、和研究方法。

在漕運上：黃河水對漕河之沖阻，其所產生之影響，主要有二：(1)在無

〔註5〕 本文於民國86年（1997）5月刊於《慶祝王恢教授九秩嵩壽論文集》（臺北：中國文化大學史學系），頁25～70。

〔註6〕 本文於民國86年（1997）9月刊於《中國歷史學會史學集刊》（臺北：中國歷史學會），第二十九期，頁251～300。

〔註7〕 本文於民國81年（1992）10月刊於《明史研究專刊》（臺灣：明史研究小組），第十期，頁83～149。此文曾獲八十一學年度國家科學委員會甲種研究獎助。

〔註8〕 參見註5，頁25～29；及註7，頁123～140。

〔註9〕 本文於民國85年（1996）7月23日發表於《第一屆兩岸明史學術研討會》（臺北：中國明代研究學會等）。

法善治黃河之情勢下，爲維護「河漕」運道之暢通，是時興起「以運避黃」之治河方策（此亦屬於「不與河爭地」之一說）在此方策下，爲使運道遠離黃河，或減少利用黃河爲運道，乃有南陽新河（從魚臺縣之南陽至沛縣之留城，長一百四十一里）、泇河（從沛縣之夏鎮至宿遷縣之董、陳二溝入黃河，長二百六十餘里）之開鑿（見圖二、圖三）。(2)爲避免糧船北上，行經「河漕」運道，遇上黃河水汛而遭傾覆，於隆慶六年六月（時神宗已登基），重新頒訂糧船北上之程限，依規定：糧船最遲於三月以前，須經過「河漕」入「閘漕」，否則予以重罰。此二問題，拙著《明代漕河之整治與管理》一書中，已有詳論〔註10〕，於此不再贅述。

在祖陵上：晚明，黃、淮二河交會於清口（淮安府城西二十里），由於「黃強淮弱」等因素，導致淮水無法順流東北出清口，而潴蓄於洪澤湖內；遇淮河泛漲，淮水則逆浸泗州之祖陵。由於祖陵是國家萬民之根本，對篤信風水觀之朱室子孫，爲避免動搖國本，乃全力挽救祖陵水患，故祖陵有無河水浸灌，成爲晚明各項治河方策是否具有成效之重要指標，因此祖陵之安危，對晚明之治河方策具有重大影響力。但有關祖陵水患問題之探討，目前尚乏專文論述，故本文予以深論。此外，近人研究明代黃河之論著，文中雖有提及陵寢之水患，但受制明代部份史料將鳳陽之皇陵、壽春諸王墳，和泗州之祖陵相混淆，以致誤認晚明淮水逆浸之陵寢，包括皇陵〔註11〕；此一問題，亦

〔註10〕 參見拙著《明代漕河之整治與管理》（臺北：臺灣商務印書館，民國 81 年 1 月初版），第三章三節〈黃河正流行經二洪產生之影響〉，頁 94～107。

〔註11〕 明代史料，有述河水浸及鳳陽皇陵者，如明・王在晉，《通漕類編》（臺北：臺灣學生書局，民國 59 年 12 月，依明天啓間刊本景印），卷八〈古今治河要略〉，頁 31：「廣東・陳建云：嘉靖數年間，河益南徙，而衝渦（河）奔亳（州），震驚皇陵。」又明・張萱，《西園聞見錄》（臺北：華文書局，民國 57 年 10 月初版），卷八十七〈治河上・黃綰〉，頁 19：「欲自渦河疏導入海，稍殺豐（縣）、徐（州）之患，是亦權救之說也，但泗州、鳳陽，祖陵、皇陵所在，國家基本，又須迴避拱抱，不可逼衝反跳，或致傷犯，厥害非細。」又明・褚鈇，《漕撫疏草》（明萬曆二十五年刊本），卷十〈再議分導未盡事宜疏〉，頁 29：「一塞黃堌口（單縣西南），以防河徙。……今黃（河）分而流疾，徐（州）、邳（州）之間，幾於無河，伏秋若此，冬春可知，萬一全河徙去，無論運道梗阻，其於祖陵、皇陵大有可慮者。」又《漕河奏議》，卷三〈遵奉明旨勘議上源疏〉，頁 18：「若（黃）出鳳陽并渦河等處，則二洪未免乾涸，爲患不少，況鳳、泗逼近皇陵，所關尤大。」近代論著述及河水威脅皇陵者，有水利部黃河水利委員會，《黃河水利史述要》（北京：水利電力出版社，1984 年 1 月新一版），第八章第二節〈明代後期河患與潘季馴等人的治河成就〉，頁 252：

需釐清，以闡述淮河流域，明代之陵寢，何時遭受水患，以及受害之實況。

在民生上：明代河患既然最為嚴重，其中下游沿岸州縣不知有多少民命和田產喪失在滾滾洪濤之中，但據所知，迄今尚乏專文論述此一問題，故本文予以述明黃河沿河州縣如何受害於黃河？以及淮南、泗州二地為免除水患，所整建之水利工程。

在治河上：晚明，各項整治黃、淮二河之方策中，論其影響力最為深遠者，莫過於潘季馴執行之「束水攻沙論」。此一治河方策雖不乏專著予以論述，如岑仲勉之《黃河變遷史》〔註12〕，賈征之《潘季馴評傳》〔註13〕，張含英之《明清治河概論》〔註14〕，谷光隆之《明代河工史研究》等〔註15〕，但本文仍予探討，乃基於以下六項原因：

第一，潘季馴在中國水利史上，位居不朽之地位，主要是實踐「束水攻沙論」，要瞭解此一治河觀之形成和內容，筆者以為須與其治河前後各種不同

「明代後期治河，不但仍然以保漕為最高指導原則，而且在嘉靖年間，又出現所謂「護陵」的任務，即保護鳳陽皇陵、壽春王陵、和泗州祖陵，不可侵犯，這就使治河工作更加錯綜複雜。」又姚漢源，《中國水利史網要》（北京：水利電力出版社，1987年12月第一版），第六章第一節〈治河防洪〉，頁356：「嘉靖十年（1531），……當時又提出淮（河）大水，恐水淹及鳳陽壽春王陵，皇陵（朱元璋父、叔墳墓），及泗州祖（朱元璋祖父以上墳墓），向南分水也有了限制。」又鄒逸麟，〈黃河下游河道變遷及其影響概述〉（《復旦學報》，社會科學報增刊，1980年8月），頁15：「明永樂年間，建都北京以後，治河有兩個原則：一是保運，一是護陵，……護陵就是防止黃河在睢寧、泗陽一帶，向南決入泗州的祖陵，或奪渦（河）、潁（河）入淮後，至下游、黃、淮交會口，因排泄不暢，而引起倒溢及鳳陽的皇陵。」

〔註12〕岑仲勉，《黃河變遷史》（臺北：里仁書局，民國71年1月出版），第十三節下五項〈批評潘季馴的束水攻沙〉，頁524～540。

〔註13〕賈征，《潘季馴評傳》（江蘇：南京大學出版社，1996年2月第一版），全文分十二章：第一章〈太湖之子〉；第二章〈從政簡史〉；第三章〈治河背景〉；第四章〈艱苦探索的前期治河活動〉；第五章〈走向成熟的中期治河活動〉，第六章〈老驥伏櫪的後期治河活動〉；第七章〈交友和著述〉；第八章〈工程技術思想〉；第九章〈工程管理思想〉；第十章〈科學思維方法〉；第十一章〈基本哲學傾向〉；第十二章〈不朽的歷史地位〉。

〔註14〕張含英，《明清治河概論》（北京：水利電力出版社，1986年2月第一版），第四章〈治水與攻沙的探索〉；第五章〈築堤與分流的爭論和實踐〉；第六章〈堤防體制〉；第十章〈容水、留沙與溯源探本之論〉；第十二章〈泗水運道的變遷及清口、高堰等工〉。

〔註15〕谷光隆，《明代河工史研究》（東京：同朋社，1991年3月，東洋史研究叢刊四十五），第三編第二章〈黃淮交匯與潘季馴の河工〉，頁366～399。

圖一：明代黃、淮、運三河形勢圖

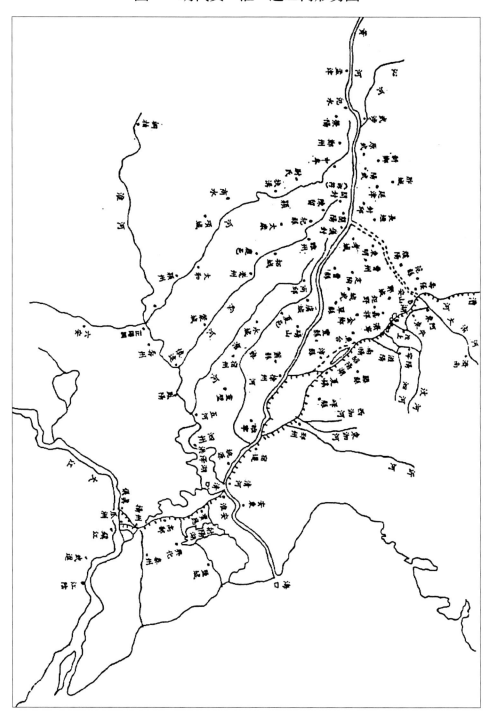

圖二：明代南陽新河圖

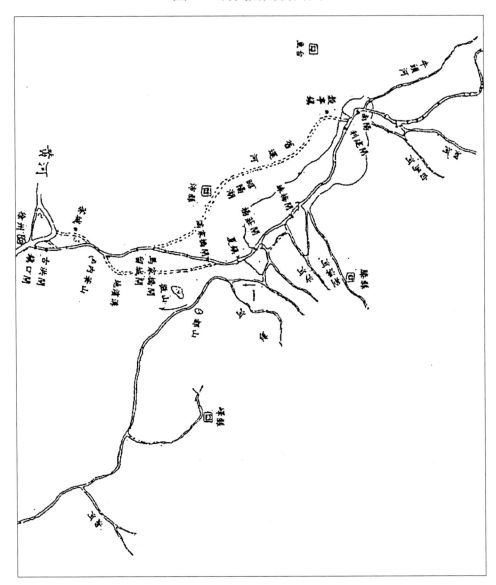

（採自武同舉，《淮系年表全編》，淮系歷史分圖五十三）

圖三：明代泇河圖

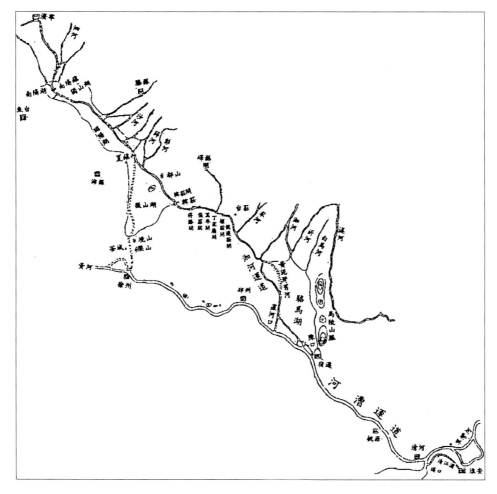

（採自武同舉，《淮系年表全編》，淮系歷史分圖五十四）

之治河方策，如「挑濬論」、「分黃論」、「導淮論」等，相互比較論述，並探討各項不同治河方策之執行成效和被採行之背景，如是方能洞悉束水攻沙論與傳統治河方策間有何不同之處。

　　第二，潘季馴之束水攻沙論，有二大軸心理論，一是「復故道」，另一「築堤束水」，此為其治河方策之一體二面。但近人之研究成果，多偏重於「築堤束水」，少有論及「復故道」，因此無法瞭解潘季馴之整體治河觀。

　　第三，潘季馴於嘉靖四十四年首次參與河務，在此之前，其並不瞭解黃河，但其負責河務後，卻能提出有別於傳統之治河觀，其束水攻沙論之治河

理念源自何處？雖然賈征之《潘季馴評傳》已有述及〔註 16〕，但本文另從潘季馴之各項治河計畫中，理出其治河思想之來源。

第四，近來研究中國水利史之專家學者，多主張明代束水攻沙之治河理論，多完成於萬恭，至於潘季馴僅是一位大力實踐者；此一問題須予述明。

第五，近人對潘季馴之治河評價，一致認為其未能有效治理黃河，原因在於：其治河工程多著重於黃河中下游，而忽略黃河泥沙來源之上游（山西、陝西二省），僅依靠堤防之束水，仍無法將黃河水中挾帶之泥沙盡刷入海。潘季馴為何不整治黃河上流，此一問題尚無論及者。

第六，潘季馴用以束水之場防，其形式有四種：縷堤、遙堤、隔堤、月堤，其中遙堤、隔堤、月堤，並非黃河中下游各河段均有構築，如是其建造於那些河段，目前尚乏述明者。

本文為闡明前述各問題，計分六章，各章之要點如下：

第一章：緒論。闡述本文研究之動機、內容和所採方法；以及藉明代沿河州縣所遭受之水患，論述黃河河道之變遷，和整治黃河方策之演進。

第二章：晚明黃河泛濫原因。闡述晚明黃河下游為何嚴重泛濫，依明人之治河觀，乃是河道淤高成「懸河」，和清口淤塞所造成。

第三章：泗州與祖陵水患及禦水工程。闡明泗州與祖陵、壽春諸王墳之水患，以及為防範淮水浸灌，所構築之保護城池、陵寢等工程。

第四章：淮南水患與整治。探討淮南六州縣為何水患之原因，以及該地區為整治水患所建造之各項水利工程。

第五章：潘季馴整治黃淮二河。論述潘季馴之治河經歷，治河方策之內容、來源和執行，以及其治河前後各項與其不同之治河方策。

第六章：結論。總結前述各章要旨，並申述己見。

上述各章，採用歸納、分析、考證、比較和綜合等方法，以求客觀論述。資料之使用，以明、清二代河工專書、明實錄、臨黃、淮二河各州縣之明、清地方志，參與治河者之奏疏、文章為主；並參考相關之奏疏、文章、筆記、小說，和明、清二代所繪黃、淮二河之地圖等；舉凡中外史家關於黃河、淮河、漕河之重要論著，皆為蒐集參考。

〔註16〕《潘季馴評傳》，第十章〈科學思維方法〉，頁 275～310；及第十一章〈基本哲學傾向〉，頁 313～350。

第二節　臨河州縣罹河患

　　黃河是一條神河，以善淤、善潰聞名。黃河史上，明代河患最爲嚴重，依沈怡之統計，明代二百七十六年，河患高達七百次（溢一三八次，決三一六次，大水二四六次）〔註17〕。論其原因在於整治黃河之目標雖然有三：通漕運、護陵寢、爲民生，但以通漕運爲首要，其次護陵寢，至於民生則遭漠視。因此，爲維護「閘漕」運道（臨清州城至徐州城，長六百八十九里）免遭黃河之沖阻，和「河漕」運道（徐州城至淮安府城，長六百零五里）爲通行糧船需引黃河水濟助水量，明代始終秉持黃河不可北徙之治河觀，於明代中葉，乃以人力導引黃河水盡行南流入淮河，至晚明，更將黃河全流導向其認爲百利而無一害之「中道」，從此黃河奪行泗河下游河道，於淮安府城西會同淮河入海。（見圖一、圖四、圖五）

　　依明人之地理觀，河南、山東、南直隸三地交界，其地勢呈現南高而北下，如弘治六年（1493）右副都御史劉大夏言：「河南、山東、南直隸地方，西南高阜，東北低下，黃河大勢，日漸東注。」〔註18〕又隆慶年間（1567～1572）工部尙書朱衡言：「蓋南高而北下，北順而南逆。」〔註19〕又萬曆二年

〔註17〕沈怡，《黃河問題討論集》（臺北：臺灣商務印書館，民國60年3月初版），附錄六〈黃河史料之研究〉，頁381：「自周定王五年（西元前602年），河徙砱礫（河南滑縣）起，至今（民國22年）二千五百三十餘年，已有決溢一千五百七十三次，大水九百七十三次，共計二千五百四十六次，平均每一年一次。」又《明清治河概論》，第一章第一節〈明清黃河河道形勢〉，頁2：「根據黃河水利委員會所編的《人民黃河》的統計（這個統計雖然還有可議之處，但大體上尚足以說明一些問題），在1946年以前的三、四千年中，黃河決口泛濫達一千五百九十三次，較大的改道有二十六次。改道最北的經海河，出大沽口，最南的經淮河，入長江，黃河水災波及的廣大地區，約爲其下游的二十五萬平方公里的沖積平原。僅在明代（公元1368～1644年）的二百七十六年間，黃河決口和改道就達四百五十六次，平均每七個月一次，其中大改道七次。」

〔註18〕清‧顧炎武，《天下郡國利病書》（臺北：廣文書局，民國68年11月初版），卷四十〈山東六〉，頁18；又明‧王在晉，《通漕類編》（臺北：臺灣學生書局，民國59年12月初版，依明天啓年間刊本景印），卷八〈古今治河要略〉，頁19；又清‧傅澤洪，《行水金鑑》（臺北：臺灣商務印書館，民國57年12月臺一版，國學基本叢書），卷二十〈河水〉，頁308，引「北河續記」。

〔註19〕明‧朱衡，《漕河奏議》（明隆慶六年刊本），卷一〈欽奉聖諭疏〉，頁27：「議得黃河之勢，遷徙不常，爲患已久，宋元以前，河半北行，而鮮河患；宋、元以來，河盡南徙，而河屢決，蓋南高而北下，北順而南逆也。」

圖四：明代以前泗河下游河道圖

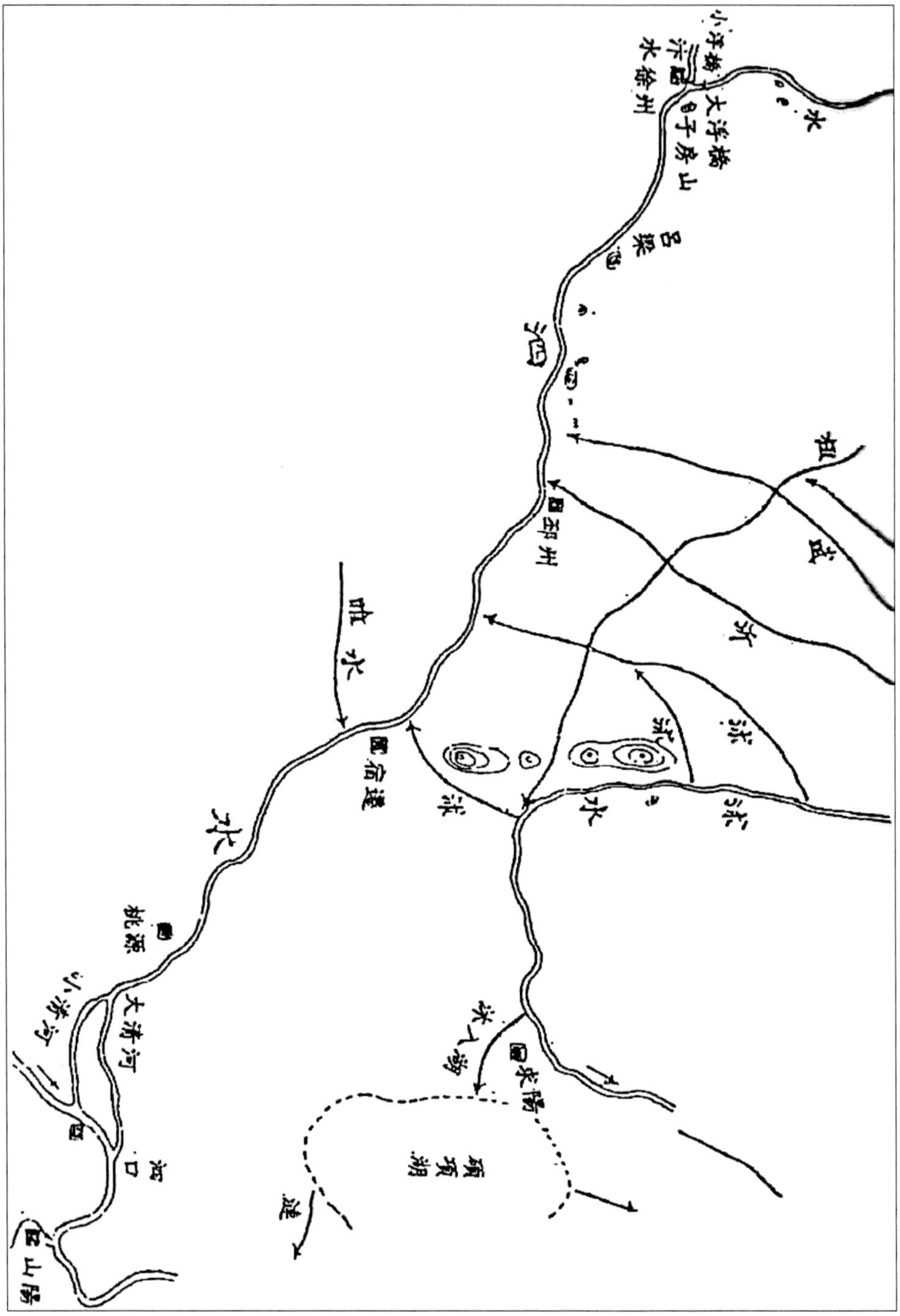

（採自武同舉，《淮系年表全編》，淮系歷史分圖五十六）

圖五：明代河漕運道圖

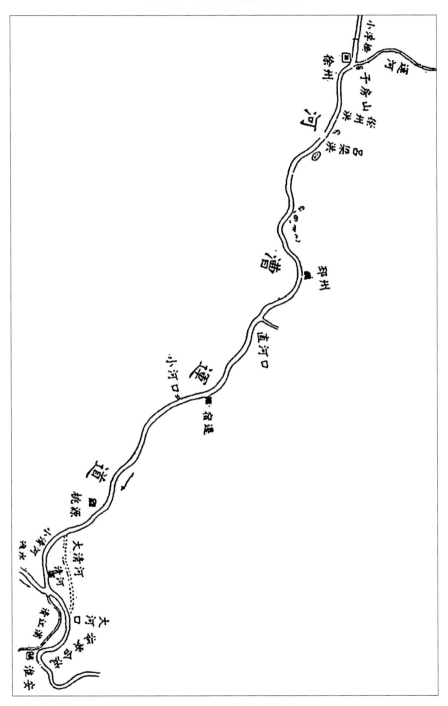

（採自武同舉，《淮系年表全編》，淮系歷史分圖五十七）

（1574）總理河道（以下簡稱總河）兵部侍郎萬恭亦言：「河南屬（黃）河上源，地勢南高而北下，南岸多強，北岸多弱。」〔註 20〕因此，黃河下游河道之自然流向，以北行入海爲順，南行入淮爲逆，但明代中葉以後，黃河水被迫盡行南流入淮河，黃河既失其本性，遂屢決於中下游。

黃河潰溢，對其中下游沿岸州縣所造成之危害，茲以三項說明：

一、城池遷徙

州縣城爲當地行政、商業之重心，亦是百姓群聚之處；爲避河患，將其遷離，得以反應是時水患之嚴重性。國史上，遠從商代已有遷徙都城以避河患之說；至漢代，賈讓更提出：「不與河爭地」爲治河之上策（詳見本文第二章一節二項三款〈築堤束水〉）；於北宋，神宗亦認爲：「如能順水所向，遷徙城邑以避之，復有河患」〔註 21〕；至明代，在無法善治黃河之情勢下，仍受此一治河觀之影響。明代中下游沿岸州縣在飽受河浸灌下，有將其城池遷徙者，詳見於下表：

表一：明代黃河中下游沿岸州縣為避河患遷徙城池表

時　間	州縣城池	遷徙原因	新城址	資　料　來　源
洪武元年（1368）	曹州（河南曹縣）	河溢	安陵鎮	陵鈛，《嘉靖・山東通志》（上海書局，天一閣明代方志選刊續編），卷三十九〈災祥〉，頁 1195。
	蘭陽（河南蘭封）		馬邨	管竭忠，《開封府志》（清康熙己亥刊本），卷九〈城池〉，頁 20。
	汜水（河南汜水）	避水患	錦陽川	《康熙・開封府志》，卷九〈城池〉，頁 2。
洪武二年（1369）	曹州	河沒安陵鎮	磐石鎮	《嘉靖・山東通志》，卷三十九〈災祥〉，頁 1195。

〔註 20〕明・萬恭，《治水筌蹄》（北京：水利電力出版社，1985 年 5 月出版，中國水利古籍叢刊），卷一〈黃河・四・河南地勢及河患〉，頁 15；又同前書，卷一〈黃河・二十五・論治黃爲通運〉，頁 37：「河利於北，而不利於南徙。」又《天下郡國利病書》，卷四十一〈劉堯誨治河議中〉，頁 5：「愚嘗歷於徐、淮、梁、宋之間，而以中原之地勢，測之，大抵河之南岸高於北岸。」

〔註 21〕元・脫脫，《宋史》（臺北：鼎文書局，民國 67 年 9 月初版，點校本），卷九十二〈河渠二〉，頁 2286：「帝謂輔臣曰：河之爲患，久矣，後世以事治水，故常有礙；夫水之趨下，乃其性也，以道治水，則無違其性，可也。如能順水所向，遷徙城邑以避之，復有河患，雖神禹復生，不過如此。」

洪武初年 （1368～1370）	洧川（河南 洧川）	水患		陳夢雷，《古今圖書集成》（臺北：鼎文書局，民國74年4月再版），卷三七三〈職方典·開封府部〉，頁3416。
洪武三年 （1370）	河陰（河南 滎陽北）	舊城圮於河水		孫灝，《河南通志》（清乾隆四十三年刊本，臺北：臺灣商務印書館，文淵閣四庫全書），卷九〈城池〉，頁49。
洪武八年 （1375）	東阿（山東 東阿）	河水淹沒邑城	穀城	鄭廷瑾，《東阿縣志》（清康熙五十四年重修本），卷二〈建置志·城池〉，頁2；及卷八〈政紀〉，頁10。
洪武十三年 （1380）	范縣（山東 范縣）	河決城壞	舊治西北二十里	周弼遺，《嘉靖·范縣志》（上海書局，天一閣明代方志選刊續編），卷二〈城池〉，頁3。
洪武二十二年 （1389）	儀封（河南 蘭封東北）	河決城圮	通安鄉白樓村	紀黃中，《儀封縣志》（臺北：成文出版社，民國57年8月臺一版，民國24年鉛印本），卷二〈地理志·城〉，頁8。
洪武二十三年 （1390）	考城（河南 考城）	避河患	江墓店	《古今圖書集成》，卷三九二〈職方典·歸德府部〉，頁3591。
宣德三年 （1428）	項城（河南 項城）	舊城於洪武末年圮於河	舊城西南六十里	《古今圖書集成》，卷三七三〈職方典·開封府部〉，頁3419。
正統二年 （1437）	考城	避河患		《古今圖書集成》，卷三九二〈職方典·歸德府部〉，頁3591。
景泰二年 （1451）	濮州（山東 濮縣）	正統中，河水衝囓城圮	王村	鄧敏，《嘉靖·濮州縣志》（上海書局，天一閣明代方志選刊續編），卷一〈城池志〉，頁7。
景泰三年四月 （1452）	原武（河南 原武）	河決城沒	古卷，去舊治十餘里	孫灝，《河南通志續通志》（臺北：華文書局，光緒八年刊本），卷十四〈河防〉，頁9。
天順五年 （1461）	中牟（河南 中牟）			《古今圖書集成》，卷三七三〈職方典·開封府部〉，頁3417。
成化十五年正月 （1479）	滎澤（河南 滎澤）	成化八年（1472），城圮於河	北丁鋪，舊治南五里	《康熙·開封府志》，卷九〈城池〉，頁30。
正德六年 （1511）	歸德府（河南商邱）	弘治十五年（1502），舊治圮於水	舊城北門高地	王崇，《嘉靖·歸德府志》（上海書局，天一閣藏明代方志選刊續編），卷二〈建置志，城池〉，頁1。
嘉靖五年 （1526）	單縣（山東 單縣）	嘉靖二年（1523），城為河水所圮	舊城北一里	覺羅普爾泰，《單縣志》（清乾隆二十四年刊本），卷二〈輿地志·城池〉，頁7。

嘉靖九年（1530）	虞城（河南虞城）	河水淹沒舊城	舊城北三里	張元鑑，《虞城縣志》（清乾隆十年刊本），卷一〈城池〉，頁 8。
嘉靖十三年五月（1534）	孟津（河南孟津）	大水城圮	聖賢莊，舊城西二十里	《乾隆·河南通志》，卷十四〈河防三〉，頁 24。
嘉靖十五年三月（1536）	豐縣（江蘇豐縣）	河患	故城	談遷，《國榷》（臺北：鼎文書局，民國 67 年 7 月初版），卷五十六，頁 3525。
嘉靖十六年七月（1537）	夏邑（河南夏邑）	避河患		《乾隆·河南通志》，卷十四〈河防三〉，頁 25。
嘉靖二十四年（1545）	五河（安徽五河）	避水患		《明世宗實錄》，卷三〇五，頁 2，嘉靖二十四年十一月癸酉條。
嘉靖二十四年（1545）	蒙城（安徽蒙城）	避水患		《明世宗實錄》，卷三〇五，頁 2，嘉靖二十四年十一月癸酉條。
嘉靖三十三年（1554）	柘城（河南柘城）	嘉靖二十一年（1542），大水城圮	舊城南關	《乾隆·河南通志》，卷九〈城池〉，頁 14。
萬曆四年（1576）	宿遷（江蘇宿遷）		馬陵山，距舊城北二里	劉光業，《淮安府志》（清康熙二十四年刊本，臺北：國家圖書館漢學研究中心景印），卷二〈城池〉，頁 3。
萬曆五年（1577）	蕭縣（江蘇蕭縣）	大水城崩	三台山之陽	傅澤洪，《行水金鑑》（臺北：臺灣商務印書館，國學基本叢書），卷二十九〈河水〉，頁 422。
萬曆二十六年（1598）	碭山（江蘇碭山）	水沒城址，蕩然無存	秦家堂，舊城西里餘	劉王瑗，《碭山縣志》（清乾隆三十二年刊本），卷三〈城池〉，頁 4。
天啓四年六月（1624）	徐州城（江蘇銅山）	河水從東北倒灌州城，城內水深一丈三尺	雲龍山	張廷玉，《明史》（臺北：國防研究院明史編纂委員會，民國 52 年 4 月臺初版），卷八十四〈河渠二·黃河下〉，頁 892。

從前表可知：曹州等二十七州縣，遷徙城池計有二十九次。從遷徙時間言，嘉靖二十五年（1546）以前之一百七十八年（此時間是以黃河正流東北徙循泗河入淮河計之），計有二十四次，而此後九十八年，則有五次。晚明，城池遷徙爲何僅有五次，並非此時期河患已趨於緩和，而是有以下二原因：

（一）創築護城堤防

此種堤防之功能，依《嘉靖·夏邑縣志》載：

護城堤，周圍八里，其闊三丈，頂一丈五尺外，植柳二千餘株，蔚然成林，時內窪下勢，如陷阱，議者欲復築重堤，以防水衝突之

患。〔註22〕

又《萬曆・原武縣志》載：

> 正統十三年（1448），河溢至城；弘治十四年（1501）知縣張愷築護
> 城堤，週圍十四里，城中始無水患。〔註23〕

又《嘉靖・儀封縣志》載：

> 弘治、正德時（1488～1521），河溢阽于危，始築護城堤。〔註24〕

可知於城外約一里處，構築護城堤，其具有保護城池以抗拒洪水浸灌之功能。
故從明初，沿河州縣爲「與河爭地」，逐漸創建此一堤防，以避免遷城，如弘
治八年（1495）之封邱縣城（河南封邱）〔註25〕，嘉靖十五年（1536）之歸
德府城〔註26〕，萬曆十三年（1585）之睢寧縣城（江蘇睢寧）〔註27〕，在屢
遭河水浸灌下，原均有遷城之議，但構築護城堤防後，即罷議。晚明，黃河
中下游河道已淤高爲「懸河」，而沿河州縣並不輕易遷徙城池，則有賴於護城

〔註22〕明・李念，《嘉靖・夏邑縣志》（上海書局，天一閣明代方志選刊），卷三〈建
置第二・城池〉，頁1。
〔註23〕明・張祥，《原武縣志》（明萬曆二十二年刊本），卷上〈河防〉，頁33。
〔註24〕不著撰人，《嘉靖・儀封縣志》（上海書局，天一閣藏明代方志選刊），卷上〈城
池〉，頁114；清・劉王瑗，《碭山縣志》（清乾隆三十二年刊本），卷三〈建置
志・城池〉，頁6：「堤防之設，所以禦水災也。碭（山）濱大河，其藉以捍衛
者尤重，是以城建而（護城）堤亦建焉。……護城堤，高一丈二尺，闊四丈，
週圍一千二百一十四丈，仍植楊柳千株，以爲外護。」
〔註25〕清・王賜魁，《封邱縣志》（清康熙三十六年刻本），卷二〈堤廠〉，頁17：「護
城堤，周圍十一里，頂闊一丈，高如之，宏治八年（1495）知縣袁仕創築，
先是河決荊隆口（封邱縣西南三十里），灌封邱，當事者議遷封邱於蔣村鎮，
不果，乃築外郭，以禦水患，今護城堤是也。」
〔註26〕清・劉德昌，《商邱縣志》（清康熙四十四年刻本），卷十五〈李嵩・護城堤記〉，
頁14：「嘉靖丙申（十五年），河決大潰，蕩我郭廬，幾塹我城，有司率議遷
城，……庚子（十九年）春，都御史餘姚淺齋魏公有本，自大理被命撫河南，
時（李）嵩待罪禁垣，與魏公言：堤障水便，公憮然是之，慨然趣所司以從
事，堤四面環郭門，周十有六里，高視城之半，厚倍之，樹之柳，不數月而
工竣，遂成巨障云。」
〔註27〕清・劉如晏，《睢寧縣志》（清康熙五十七年重修本），卷五〈名臣・申其學〉，
頁12：「城池、官衙、民舍，蕩然無存，公（申其學）承凋散之餘，創建城署，
築護城堤八百五十餘丈。……論曰：睢（寧）當黃水衝沒之後，議廢議遷，
岌岌難保，公特重築城墾荒。」又清・葛之莫，《睢寧縣舊志》（清康熙二十
二年刊本），卷二〈建置志・城池〉，頁2：「睢寧，舊有土城，約四里許，高
僅丈餘，……隆慶三年（1569）圮于大水，時議遷，附之邳州，不果，萬曆
十三年，知縣申其學移文當道，發粟捐金，多方措置，大工告成。」

堤防之保障，故萬曆二十年（1592）右都御史潘季馴即言：「查得濱河州縣，河高於地者，在南直隸，則有徐、邳（江蘇邳縣）、泗（安徽泗縣）三州，宿遷、桃源（江蘇泗陽）、清河（江蘇淮陰東北）三縣；在山東，則有曹、單、金鄉（山東金鄉）、城武（山東城武）四縣；在河南，則有虞城、夏邑、永城（河南永城）三縣；而河南省城（開封府城），則河高於地丈餘矣。惟宿遷一縣，已於萬曆七年（應為四年）改遷山麓，其餘州縣，則全恃護城一堤，以為保障，各處久已相安，並無他說。」〔註28〕

（二）不同治河方策

明初，在「保漕運」之大環境下，為資用黃河水以濟助漕河水量之不足，黃河從開封以東，其河道約分為三支：

1. 北行河道：從封邱縣之金龍口（縣西南三十餘里），至壽張縣（山東壽張）入會通河（東平縣至臨清州城，長二百五十餘里，屬閘漕北段運道），轉東循大清河入海。

2. 東行河道：即賈魯河（詳見本文第五章三節二項〈力倡束水攻沙論〉），從開封，經山東之曹縣、單縣，至徐州之小浮橋〈徐州城東北〉，入「河漕」運道。

3. 南行河道：即於開封一帶，黃河水南循潁河、或渦、澮諸河入淮河。（見圖一）

前述黃河之三道支河中，北行河道和東行河道得輸送黃河水濟助「閘漕」和「河漕」兩段運道。但正統十三年（1448）至景泰六年（1455）間，以及弘治五年（1492），黃河於壽張縣之沙灣（縣東北三十里），或東阿縣（山東東阿）之張秋（縣西六十里），相繼潰決七次，洪水沖阻會通河〔註29〕。使朝

〔註28〕 明·潘季馴，《河防一覽》（臺北：文海出版社，民國 60 年出版，點校本），卷十二〈河上易惑浮言疏〉，頁 390。

〔註29〕 《天下郡國利病書》，卷四十〈山東六〉，頁 9：「景泰三年（1452）正月，自河決沙灣，水徑趨海，運河膠淺。景泰三年六月，大月決旬，河復決沙灣北馬頭七十餘丈，掣運河之水，以東旁近田地悉皆淊沒。景泰四年（1453）正月，河復決沙灣，新塞口之南。……景泰四年五月，沙灣大雷雨，復決北馬頭河岸四十餘丈，運河水掣入鹽河，漕運之舟悉阻。景泰四年九月，沙灣復決。……弘治五年（1493）七月，河復決金龍口（封邱縣西南三十里），潰黃陵岡（儀封縣東五十里），東北入漕河。」又清·張廷玉，《明史》（臺北：國防研究院明史編纂委員會，民國 52 年 4 月臺初版，新刊本），卷八十三〈河渠一·黃河上〉，頁 870：「正統十三年，衝張秋潰壽張沙灣，壞運道東入海。」

廷深知引用黃河水濟助運道，亦必帶來沖阻運道之危害。弘治八年（1495）
副都御史劉大夏奉命治河，為確保會通河之暢通，遂築塞黃河北行河道各水
口，如儀封縣之黃陵崗、封邱縣之金龍口等七處，從此北行河道斷絕。是時
為分導黃河水南流入淮河，乃挑濬賈魯河、潁河、渦河、睢河等四道支河；
為防黃河再度北徙，於黃河中游河道北岸構築二道堤防：一從胙城縣（河南
延津北）至虞城縣（河南虞城西南），長三百六十里，稱之「太行堤」，另一
從祥符縣（河南開封）之于家店，至儀封縣之小宋集（縣東北），長一百六十
里。〔註30〕

劉大夏之治河方策，稱之「北堤南分」，即於徐州城以西之黃河北岸，築
堤防守，以免黃河北決，侵犯會通河；而在黃河南岸，則挑濬數道支河以分
流黃河水。此一方策為正德、嘉靖二朝整治黃河所遵行之主要方法。因此，
弘治朝以前，黃河中下游南、北兩岸均缺乏能抗洪之堤防；正德、嘉靖年間，
黃河南岸亦尚未構築堤防；倘逢伏秋水漲，河水易於沖決沿岸各州縣，各州
縣城池為避免河患，不得不予以遷徙。

嘉靖末年，黃河南行之潁、渦諸河道，經黃河水長期流經，其河道均已
淤高；況且，黃河南行入淮河時期，為引用黃河水濟助「河漕」運道亦不容
易，故嘉靖二十五年以後，黃河漸趨東北徙，其與漕河交會於徐州城與沛縣
（江蘇沛縣）之間。隆慶、萬曆初年（1567～1578），負責整治黃、淮二河者，
如工部尚書朱衡、總河兵部侍郎萬恭、總河副都御史潘季馴等，其治河觀基
本上均屬「束水攻沙論」，使明代整治黃河之方策，從「北堤南分」演進為南、
北兩岸均築堤防，此後黃河中下游河道被固定下來，趨向單一河道。

束水攻沙論者，如潘季馴之治河觀是反對遷移城池以避河患，故其四次
治河時期，從未遷徙任何城池，茲列舉徐州城為例說明：

徐州城，其位於黃、漕二河交會處，為黃河中下游三大城市之一（另二
大城市是開封府城、淮安府城，見圖一、圖二十五Ⓐ）因其濱臨黃河，且河道
寬度僅有六十八丈，於晚明乃飽受黃河水之浸灌，清代靳輔評論其形勢言：
「迨至徐州，而北岸係山嘴，南岸係州城，中央河道僅寬六十八丈，將千支
萬派，浩浩無涯之水，緊緊束住，不能暢流，河流既艱于下達，則自難免上
壅，是以明代二百餘年之間，徐城屢屢潰沖。」〔註31〕故萬曆十八年（1590）

〔註30〕《明史》，卷八十三〈河渠一‧黃河上〉，頁873。
〔註31〕清‧靳輔，《靳文襄奏疏》（臺北：臺灣商務印書館，民國75年3月出版，文

夏秋，黃河沖灌徐州城，城內積水逾年未消，軍民房舍拆毀過半〔註32〕。地方士民論析徐州城之水患原因，在於黃河已高懸地上，其河堤高度已與徐州城相等；為避免河患，必須遷徙城池，不然則是黃河改道南流。

是時潘季馴負責河務，其分析徐州城積水原因有三：

1. 山西、陝西二省，連年乾旱，今年雨水較多，於伏秋時節，河水不免泛漲。

2. 去年十一月，知州張世美剛到任，因不瞭解河務，為灌溉田畝，採納義民官盧泰之建言，開挑河堤洩放河水，但事後未將缺口堵塞；今年適逢河水泛漲，遂由此口沖灌城內。

3. 黃河之堤防高度僅有一丈餘，為何謂與徐州城同高；若河堤之高度與州城相等，則徐州城以東之各州縣，均已「陸沈」矣。〔註33〕

潘季馴基於前述三項理由，認為徐州城之水患，不能怪罪黃河，而應歸罪於知州張世美和義民官盧泰，因此反對遷徙城池。為整治城內積水，並保障徐州城免遭河水浸灌，其採行如下三項方法：(1)採用泥土墊高城內低窪之處；(2)為排洩城內積水，除派夫役置水車抽洩積水外，並於城南開挑魁山支河一道（即奎河，見圖二十五Ⓑ）；(3)為增強護城堤防之禦水功能，將其臨近河岸處約一百餘丈，改採石塊包砌〔註34〕。此三項整治工程所獲成效，依潘季馴之奏報：「挑成支河一道，隨開涵洞放水，勢若建瓴，而徐城積水，數日之間，日見消落，今驗城濠水，已洩四尺九寸三分，城水已洩三尺七寸九分。見今滔滔南流，居址街衢，盡成亢爽，已危再安，士民既徙復返。」〔註35〕可知已達「使內水可洩」，「使外水不入」之效果〔註36〕，於是前此主張遷城池或改河道之說，逐罷議。〔註37〕

潘季馴雖認為黃河堤防高度尚未與徐州城同高，但依萬曆二十二年

淵閣四庫全書），卷五〈善後事宜疏〉，頁43。

〔註32〕《河防一覽》，卷十二〈會勘徐城、鎮口疏〉，頁402。

〔註33〕同前書，卷二十二〈河上易惑浮言疏〉，頁390。

〔註34〕同註33，和同註32，頁406；以及同前書，卷十二〈工部覆前疏（會勘徐城、鎮口疏）〉，頁411。

〔註35〕同註32。

〔註36〕同註33，頁391。

〔註37〕明・溫體仁，《明神宗實錄》（臺北：國立中央研究院歷史語言研究所，民國55年4月出版，依國立北平圖書館紅格鈔本校勘影印），卷二三七，頁1，萬曆十九年六月丙申條。

（1594），巡按御史高舉之勘查報告：

> 奉命巡按淮（安）、揚（州），比五月入徐（州）時，徐城月河新成，
> 積水盡洩，臣一望黃流，見城外有堤，幾與城齊，堤外有河，水與
> 堤齊，且水日益漲，堤日益高，將不知所終，是黃水之日高，爲徐
> 城害如此。〔註38〕

可知是時徐州城，「城外有堤，幾與城齊，堤外有河，水與堤齊。」故天啓四
年（1624）六月，黃河泛漲，堤防潰決，河水沖灌徐州城，城內水深一丈三
尺，淹死人畜甚多〔註39〕。是時遂又興起遷徙城池之議，兵科給事中陸文
獻雖基於運道、要害、省費、倉庫、民生和府治等六項理由，反對遷移城池
〔註40〕，但因情勢危急，不得不遷移州城於雲龍山（城南二里）。（見圖二十
六）〔註41〕

　　潘季馴之治河觀，可謂屬於「與河爭地」，其不僅反對黃河改道，亦反對
遷移州縣城池以避河患，故主張厚築堤防以固河道，修築護城堤以衛城池，
故晚明遷徙城池以避河患乃明顯減少，但「束水攻沙論」，尚無法善治黃河淤
沙，在黃河河道日益澱高之情勢下，「不與河爭地」之說，仍具影響力。

二、人口遷移

　　河患頻繁，百姓爲求生存，必然逃離四方覓食，故從該州縣人口之銳
減，亦得以反應出是時河患之實情。明初之河患，主要發生在河南和山東北

〔註38〕　《行水金鑑》，卷三十七〈河水〉，頁538。
〔註39〕　《明史》，卷八十四〈河渠二·黃河下〉，頁89；又《行水金鑑》，卷四十四〈河
　　　　　水〉，頁631。
〔註40〕　同前書，卷六十三，頁11，天啓五年九月丙辰條，兵科給事中陸文獻上徐州
　　　　　城不宜改遷六議：「一爲運道不當遷：每歲糧艘緣清河而入，近雖有洳河可行，
　　　　　然河勢狹窄，冬春回空，必資黃河故道。……二爲要害不當遷：徐城三面阻
　　　　　山，一面臨河，南引邳（州）、宿（遷），北控克（州）、濟（寧），西扼汴（開
　　　　　封）、泗（州），一瀉千里之勢，以保障江、淮，險要之設。……三爲省費不
　　　　　當遷：蓋主徙城之說者，亦爲城基易陷，不可復居耳，然黃水所灌，無不立
　　　　　淤者。……四爲倉庫不當遷：徐設衛所，宿重兵，貯廣運倉改兌米一十九萬
　　　　　六千有奇。……五爲民生不當遷：……今徐城之有蓋藏者已他徙矣，其城外
　　　　　臨河而處者，皆負販之細民也，舉盈於時，訕而輕徙焉，民方失廬舍之安，
　　　　　又無濱水漁鹽，舟車之利，民生無賴，而國計有妨矣。六爲府治不當遷：徐
　　　　　（州），惟以險重，故有改州爲府之議，若退處平地三十餘里，其去邳（州）、
　　　　　宿（遷）幾何而不已撤府之險阻乎？」
〔註41〕　同註39。

部臨河州縣；至明代中葉，轉移至黃、漕二河交會之徐州和山東西南，以及河南歸德府臨河州縣；於晚明，則以黃河下游之淮安府和徐州所屬州縣最為嚴重。

臨河州縣重罹河患，影響及人口之遷徙。晚明以前，州縣人口逃移之數據，從知見資料，尚無法全面瞭解，茲僅列舉三州縣為例說明：

曹州：於洪武元年（1368）、二年（1369），曾因河患有遷徙州城二次（安陵鎮、磐石鎮），洪武四年（1371），又因「河水湮沒，戶口減少」，而被降級為縣。〔註42〕

金鄉縣：明初，原設有二十四里，後因人口增加，又添置九個里，合計三十三里，但「尋遭黃河為患，民漸流移」，於嘉靖年間，裁併為二十里，後「逃亡尤甚」，再減為十二里。〔註43〕

沛縣：其河患情形，依《萬曆・沛志》載：於正德朝（1506～1521），有「徙」一次，「水」四次；嘉靖朝，「決」二次，「大水」二次，「水」三次，「溢」一次；隆慶朝，「大水」一次，合計水患共有十四次〔註44〕。尤其嘉靖四十四年（1565）之河患最為嚴重，故《漕河奏議》載：「嘉靖四十五年之間，沛縣被決凡八次，而未有如（嘉靖）四十四年之甚者。」〔註45〕河患對該縣戶口之影響：於嘉靖二十一年（1542），其人口數是七萬二千四百三十一人；隆慶六年（1572），降為六萬二千一百零九人；萬曆二十年（1592）再驟降為四萬二千四百七十人〔註46〕。可知從嘉靖二十一年至萬曆二十年之五十年間，共減少二萬九千九百六十一人，其減少原因，依《萬曆・沛志》載：

> 邑罹河害後，……屋宇半為瓦礫，坊表且盡歸烏有。……邑舊為里三十有八，自嘉靖乙丑（四十四年）河變後，田盧蕩析，人民流徙，版籍空存，而戶口趨凋落。萬曆九年（1581），知縣周治，升牒諸當道，報可，迺併為三十里。〔註47〕

可知嘉靖四十四年之大水患，導致該縣人口驟減，而且其里數，亦從原有之

〔註42〕清・楊兆漢，《荷澤鄉土志》（臺北：成文出版社，民國57年3月臺一版，清光緒三十四年石印本），〈戶口〉，頁90。

〔註43〕清・孫巽，《金鄉縣志》（清乾隆三十三年刊本），卷八〈方社〉，頁1。

〔註44〕明・羅志學，《萬曆・沛志》（明萬曆三十七年刊本，臺北：國家圖書館漢學研究中心景印），卷一〈邑紀〉，頁16。

〔註45〕《漕河奏議》，卷五〈敷陳時政以備採擇以圖久安疏〉，頁11。

〔註46〕《萬曆・沛志》，卷八〈賦稅志・戶口〉，頁2。

〔註47〕同前書，卷六〈輿地志・街市・鄉村〉，頁6～8。

三十八里，裁併爲三十里。

在晚明，黃河下游沿岸州縣之戶口數變動，有較完整資料記載。其下游臨河州縣，計有邳州、宿遷、睢寧、桃源（江蘇泗陽）、清河（江蘇淮陰東北）、山陽（江蘇淮安）、鹽城（江蘇鹽城）、安東（江蘇漣水）等八州縣，其中山陽、鹽城二縣，本文於第四章〈淮南水患與整治〉中另有詳載，於此暫不論述，其它六州縣戶口增減數，詳見於下表：

表二：晚明黃河下游臨河州縣戶口數增減一覽表

州縣	時　　間	戶數	口數	州縣	時　　間	戶數	口數
邳州	景泰三年（1452）	5,848	111,780	桃源	景泰三年	6,848	58,990
	弘治五年（1492）	5,289	113,181		弘治五年	6,887	55,952
	嘉靖二十一年（1542）	5,163	116,518		嘉靖四十一年	6,689	65,400
	隆慶六年（1572）	5,890	115,226		隆慶六年	4,360	11,775
	萬曆元年（1573）	7,735	101,177		萬曆元年	5,110	26,055
	萬曆四十一年（1613）	9,888	102,222		萬曆十一年	5,110	11,211
	天啓四年（1624）	99,77	10,1387		萬曆三十一年	5,330	13,550
宿遷	景泰三年	6,848	58,099		萬曆四十一年	5,666	20,128
	弘治五年	7,482	152,110		天啓四年	5,777	20,233
	嘉靖二十一年	7,721	124,433	清河	景泰三年	5,546	45,567
	隆慶六年	7,665	138,262		弘治五年	5,224	32,725
	萬曆元年	4,222	99,990		嘉靖二十一年	5,930	40,200
	萬曆十一年（1583）	4,222	99,990		嘉靖三十一年	5,510	36,300
	萬曆二十一年	4,333	101,111		嘉靖四十一年	6,300	41,200
	萬曆三十一年（1603）	4,555	112,222		隆慶六年	6,200	36,440
	萬曆四十一年	4,777	123,333		萬曆元年	4,444	11,759
	天啓四年	4,888	136,377		萬曆二十一年	4,776	12,223
睢寧	景泰三年	4,200	66,548		萬曆四十一年	4,996	15,573
	弘治五年	4,341	55,166		天啓四年	4,117	16,666
	嘉靖二十一年	4,163	61,552	安東	景泰三年	6,570	72,200
	嘉靖三十一年	4,279	62,675		弘治五年	6,887	55,952

嘉靖四十一年	4,624	8,648	嘉靖二十一年	6,221	52,272
隆慶六年	4,532	7,437	隆慶六年	6,581	50,491
萬曆十一年	5,555	12,222	萬曆元年	4,111	21,540
萬曆二十一年	5,666	23,333	萬曆二十一年	4,223	23,222
萬曆三十一年	5,777	24,444	萬曆三十一年	4,330	37,110
萬曆四十一年	5,888	35,551	萬曆四十一年	4,555	39,999
天啓四年	5,999	37,777	天啓四年	4,722	40,866

資料來源：

(1) 方尚祖，《淮安府志》（明天啓間清順治五年印本），卷一〈戶口合府總數〉，頁2～10。

(2) 秦文淵，《重修邳州志》（明嘉靖丁酉刊本），卷二〈戶口〉，頁15。

(3) 喻文華，《萬曆‧宿遷縣志》（上海書局，天一閣明代方志選刊續編），卷四〈戶口〉，頁2。

(4) 劉如晏，《睢寧縣志》（清康熙五十七年重修本），卷四〈戶口〉，頁1。

(5) 孟仲遴，《清河縣志》（明嘉靖三十年刊本），卷一〈戶口〉，頁9。

從前表，反應出隆慶朝前後，各州縣人口數均有明顯減少：

邳州：隆慶六年（115,226人）至萬曆元年（101,177人），一年間減少一萬四千零四十四人。

宿遷縣：隆慶六年（138,262人）至萬曆元年（99,990人），一年間減少三萬八千二百七十二人。

睢寧縣：嘉靖三十一年（62,675人）至嘉靖四十一年（8,648人），十年間減少五萬四千零二十七人；嘉靖四十一年至隆慶六年（7,437人），十年間又減少一千二百一十一人。

桃源縣：嘉靖四十一年（65,400人）至隆慶六年（11,775人），十年間減少五萬三千六百二十五人。

清河縣：嘉靖四十一年（41,200人）至隆慶六年（36,440人），十年間減少四千七百六十人；但隆慶六年至萬曆元年（11,759人），一年間則減少二萬四千六百八十一人。

安東縣：隆慶六年（50,491人）至萬曆元年（21,540人），一年間減少二萬八千九百五十一人。

前述各州縣人口銳減原因，依《康熙‧睢寧縣志》載：

嘉靖四十一年（1562），戶四千六百二十四，口八千六百四十八；戶仍舊，口比前減幾十之八，當由河患爲之。〔註48〕

<hr>

〔註48〕《康熙‧睢寧縣志》，卷四〈戶口〉，頁5；又《康熙‧睢寧縣舊志》，卷九〈災

又《康熙‧清河縣志》載：

> 按隆慶二年（1568），距萬曆二年（1574），才五載耳。四萬之丁口，僅餘一萬，彼三萬者焉往哉。考高（家）堰之工（詳見本文第四章二節一項〈修建高家堤堰〉），始於隆慶六年（1572），迄於萬曆元年（1573），（高家）堰成水溢，自新市至洪澤（湖）六十餘里，清（河）之人，爲四方之水矣。〔註49〕

又《明神宗實錄》載：

> 萬曆十年（1582）一月壬午，戶部覆鳳陽巡撫凌雲翼，題淮安府屬安東縣原額六十一里，徐州屬蕭縣四十六里，沛縣三十八里，邇因黃河變遷，地失人逃，安東縣爲四十里，蕭縣三十七里，沛縣三十里。〔註50〕

可知河患爲百姓逃徙之主因，但百姓重罹災傷，是時未能即時予以賑濟和免除賦役亦是促動因素之一，茲以崇禎五年（1632）十一月戶部尚書畢自嚴對於睢寧縣之評述爲例說明：「江北連年被災，民情孔亟，……至于河工夫料，自有河官買募，今年年派買花戶，領一賠十，節年窮累，逃幾千人矣，其苦于夫役，五也。……睢寧額設三十四里，大里四、五百丁，小里三、二百丁；邇年，逃者八、九，今一里存者，不過三、五十人，小者一、二十人，甚至一里全無一人，況今縣丞既裁，似應歸併爲十七里。」〔註51〕

　　朝廷治河既忽視民生，在河患威脅下，治河州縣之百姓無法與黃河水爭地，遂大量流徙於他鄉。

三、田土漂蕩

　　黃河中下游臨河州縣，沿河一帶之土質，因含沙量高，多屬貧瘠，如陽

祥〉，頁2：「萬曆四年秋七月，河決，大水浸城三尺許，米價增倍，百姓逃移者三之一。」

〔註49〕清‧汪之藻，《清河縣志》（清康熙三十四年序刊本，臺北：國家圖書館漢學研究中心景印），卷二〈戶口〉，頁26；又同前書，卷二〈里甲〉，頁38：「清河，舊有四鄉，編四十里，明嘉靖間編爲二十里，……清河之里圖，何以寥寥也，沒於水者幾鄉，出於水者幾鄉，縣無全鄉百四十年矣，無全里者近八十年。」

〔註50〕《明神宗實錄》，卷一二○，頁5，萬曆十年正月壬午條。

〔註51〕明‧畢自嚴，《度支奏議》（明崇禎六年刊本），卷三〈四川司五‧再覆江北州縣水災賑濟蠲折疏〉，頁107。

武縣（河南陽武）：「濱河瘠土，產無異物。」〔註52〕又延津縣：「延（津）乃邑之僻也，衝衢梁（開封）、衛（輝），地多磽砂。」〔註53〕又衛輝府城（河南汲縣）：「沙鹼過半，軍民稅糧之外，僅可養生。」〔註54〕又儀封縣：「儀邑瀕河，土田半雜沙磽。」〔註55〕又夏邑縣：「地本下下，歲多水患。」〔註56〕又永城縣：「孤懸譙芒之間，地廣賦重，屬以水患，田多賤。」〔註57〕又蕭縣：「濱黃河，地多沙瘠。」〔註58〕又沛縣：「田地沙瘠過半，畝才收數升，衣食率不給。」〔註59〕又徐州：「徐（州）之田，多淤沙，……奈之何，民不窮而遷哉。」〔註60〕因此黃河流貫其間，其河水中挾帶之肥沃泥沙，得用以放淤改善土壤，增加肥力〔註61〕，依《漢書‧溝洫志》對白渠灌溉功能之描述：

> 田於何所，池陽、谷口（陝西雲陽縣治谷），鄭國在前，白渠起後，
> 舉臿為雲，決渠為雨，涇水一石，其泥數斗，既溉且糞，長我禾黍，
> 衣食京師，億萬之口。〔註62〕

白渠是鄭國渠敗壞後，漢武帝太始二年（西元前95年）所修建之新渠。因涇水「一石，其泥數斗」，白渠引用涇水灌溉農田，以致作物豐收，足以供養「京師億萬之口」。

但明代，黃河中下游臨河州縣對於黃河卻有負面之評價，此見於下表：

〔註52〕 清‧談諟曾，《陽武縣志》（清乾隆十一年刊本），卷五〈土產志〉，頁21。

〔註53〕 清‧余心孺，《延津縣志》（清康熙四十一年刊本），卷八〈藝文‧碑‧邑侯張公去思碑〉，頁17。

〔註54〕 明‧劉吉，《明憲宗實錄》（臺北：國立中央研究院歷史語言研究所，民國57年2月二版，依國立北平圖書館紅格鈔本景印），卷七十九，頁7，成化六年五月辛卯條。

〔註55〕 清‧紀黃中，《儀封縣志》（臺北：成文出版社，依民國24年鉛印本景印），卷五〈食貨志〉，頁1。

〔註56〕 清‧陳錫輅，《歸德府志》（清乾隆十九年刻本），卷十〈形勢〉，頁12。

〔註57〕 同註56。

〔註58〕 清‧閻允吉，《蕭縣志》（清康熙二十二年刊本），卷七〈風俗〉，頁2。

〔註59〕 《萬曆‧沛志》，卷六〈土產〉，頁15。

〔註60〕 明‧姚應龍，《徐州志》（明萬曆刊本，臺北：國家圖書館漢學研究中心景印），卷三〈賦役〉，頁76。

〔註61〕 《明清治河概論》，第一章第三節〈黃河水運的開發和農田水利的發展〉，頁6；以及第十一章〈農田水利的議論與實踐〉，頁160。

〔註62〕 漢‧班固，《漢書》（臺北：鼎文書局，民國68年2月二版，點校本），卷二十九〈溝洫志第九〉，頁1685。

表三：明代黃河中下游沿岸州縣論述黃河對產業影響表

州　　　縣	黃　河　對　產　業　影　響	資　料　來　源
孟津（河南孟縣）	以丸封而當衝要，地瘠民貧，難苦且數倍於他邑。	徐元燦，《孟律縣志》（清康熙四十八年刊本），卷一〈風俗〉，頁19。
孟縣（河南孟縣）	邑土狹而多瘠，濱河稍腴，近半爲洪濤。	張之紀，《孟縣志》（清康熙三十四年刊本），卷二〈田賦〉，頁6。
河陰（河南滎陽北）	以河流遷徙，欲設河防，連歲夏秋間，協濟他邑稍柳，無河之利，而民瘁於河。	申奇彩，《河陰縣志》（清康熙年刊本），卷二〈河防〉，頁1。
武陟（河南武陟）	顧黃（河）性善崩淤，而沁（河）易衝決，邑當其下流，倏忽巨浸，化桑田膏腴，變成沙坵，有糧無地，有地者反無糧。	秦之英，《武陟志》（明萬曆十九年刊本），卷一〈諸山川〉，頁2。
原武（河南原武）	黃河，古經縣北，後徙縣南，溢決靡常，朝桑田而暮巨壑，每秋霖泛溢，一鼠穴輒潰防，沸騰電澈，雖神禹臨流，難辦倉卒矣，萬古此黃河，則萬古此患。	張祥，《原武縣志》（明萬曆二十二年刊本），卷上〈河防〉，頁31。
陽武（河南陽武）	嘉靖間，黃河始徙縣南，去城僅十五里，兩岸皆本縣境，每逢霖雨暴漲，砥柱三門建瓴而下，廬舍地畝，歲遭渰沒，而修築捍禦之勞，胼胝無寧日，且樁麻、草費孔百出，眞有醫瘡剜肉之嘆。	談諟曾，《陽武縣志》（清乾隆十一年刊本），卷五〈山川志〉，頁2。
中牟（河南中牟）	黃河在中牟境內，曲折綿互九十餘里，沿河築堤，以防衝決，蓋牟邑之患，莫大於此。自黃河南徙，其害久而益劇，民勞於河，貧於河，且死徙於河。	孫和相，《中牟縣志》（清乾隆十九年刊本），卷一〈河渠〉，頁16。
蘭陽（河南蘭封）	自黃河南徙入淮，蘭陽重承其害，崩我土地，決我城郭，溺我人畜，傾圮我禾稼，爲患有不可勝言者。	李希程，《嘉靖·蘭陽縣志》（上海書局，天一閣明代方志選刊），卷一〈河瀆〉，頁11。
儀封（河南蘭封東北）	蕞爾小邑，爲七河所衝，黃河尤甚，地之高者，盡是沙薄；地之下者，又成水鄉，況復坍塌崩潰，遷徙無常，數年以來，民窮財盡，率由于斯，是黃河雖自古爲中國之害，於今尤爲儀封大害。	不著撰人，《嘉靖·儀封縣志》（上海書局，天一閣明代方志選刊續編），卷上〈黃河〉，頁116。
考城（河南考城）	中州河患，最甚者莫如考城，每逢秋夏水發，城郭漂沒，民鮮定居。	陳錫輅，《歸德府志》（清乾隆十九年刊本），卷十四〈河防〉，頁13。
睢州（河南睢縣）	黃河自滎澤至儀封，上下三百餘里，凡有決口，睢州皆當其衝。崇禎十五年李自成決黃河衝灌開封，洪水浸睢州數年，及黃河復歸原道，舊地盡沮洳，蘆葦，白茅一望無際。	《乾隆·歸德府志》，卷十四〈河防〉，頁10。

商邱（河南商丘）	黃河為商邱大害，土弱地勢卑，民貧無恒產，百年之間，輕者兩溢，重者三溢。溢則房舍、雞犬，湮沒一空，又無高阜山陵可以暫救民命，墳墓衝擊，變遷動搖，雖神禹復生，莫能施其智於一邑。	劉德昌，《商邱縣志》（清康熙四十四年刻本），卷一〈山川〉，頁 19。
夏邑（河南夏邑）	境距黃河四十餘里，屢有河患。嘉靖中，河決張家口，行縣境，數年為災。近（嘉靖年間）圮於河，厥土卑濕，而田桑沮洳，且不能以耕且蠶矣。	李念，《嘉靖‧夏邑縣志》（上海書局，天一閣明代方志選刊），卷三〈田賦第三〉，頁 4。
鹿邑（河南鹿邑）	自宋中葉，河道南徙，合淮以趨海，而汴、宋之間，始多水患。至明正德間，引河達亳（安徽亳縣），而河愈南徙；至嘉靖二十一年，河決野雞岡（睢州北六十里），遂南徙至鹿邑，至嘉靖二十三年始北還故道，自後每有潰溢，則鹿邑承其下流。黃河之於鹿邑，多害而少利，遇黃河衝決，則漂沒百里，即淫霖暴漲，亦淼若江湖，及其涸也，則沮洳中，一線涓涓，所謂魚、蛤、菱、荷之饒，舟船、商賈之便，又蔑有也。	《乾隆‧歸德府志》，卷十四〈河防〉，頁 18。
曹縣（山東曹縣） 單縣（山東單縣） 城武（山東城武）	三縣地濱河北，各距河僅數十里，且倒灣東衝，勢甚湍急，地平土疏，性易潰決，倘防患少疏，害何可勝言哉。	朱泰，《萬曆‧兗州府志》（上海書局，天一閣明代方志選刊續編），卷二十一〈黃河〉，頁 10。
豐縣（江蘇豐縣）	廣野平原，綿邈四際，時或河決，則四境為壑。	顧炎武，《天下郡國利病書》（臺北：廣文書局，民國 68 年 11 月初版），卷三十一〈江南十九〉，頁 7。
碭山（江蘇碭山）	地勢窪，屢經水患，地多淤泥、浮土；縣南北皆阻大河，間開引河，灌流畎澮，然疏淤不常，卒緣為病。	《天下郡國利病書》，卷三十一〈江南十九〉，頁 6。
徐州（江蘇銅山）	邇年，重罹河患，民失恒業，至無以自賴。	姚應龍，《徐州志》（明萬曆刊本，臺北：國家圖書館漢學研究中心景印），卷三〈賦役〉，頁 92。
宿遷（江蘇宿遷）	黃河，歲囓宿遷之田，不禾而沼矣；宿遷之地，不民而魚矣。	喻文華，《萬曆‧宿遷縣志》（上海書局，天一閣藏明代方志選刊續編），卷四〈田地〉，頁 3。
清河（江蘇淮陰東北）	嘉靖三十年（1551）以後，數大水，田盡沙漫，居民逃竄過半，此清河地瘠民窮之始。	江之藻，《清河縣志》（清康熙三十四年刊本），卷一〈祥異〉，頁 7。
安東（江蘇漣水）	至嘉靖三十一年（1552），黃河衝決草灣口（淮安新城東北二十里），水勢趨該縣，將田地淤沒，隨後雖經疏築，然冷沙淤漫，不長五穀，繼以隆慶年來，黃、淮復漲，田無犁鋤，民鮮居食，故流亡接踵。	喬弘德，《安東通志》（清康熙三十七年刊本），卷八〈藝文〉，頁 11。

從前表可知：臨河州縣視黃河，「河性如虎」〔註63〕，「利一而害百」〔註64〕，「河爲中州患，此稱其首。」〔註65〕主要原因在於：「河性淊悍，衝決靡常。」〔註66〕「河患譬之虜患，無十年可恃之黃河。」〔註67〕在無法有效整治黃河之情勢下，黃河一旦潰決，其對沿岸農田所造成之影響有三：

（一）農地沙鹹

如《康熙・延津縣志》載：

　　天順癸未（七年）春，（黃）河徙縣南五十里于家店，其渰沒極苦。

　　河徙之後，地土俱沙礫，四野多屬不毛之地。〔註68〕

又《萬曆・原武縣志》載：

　　自嘉靖癸丑（三十二年），河決縣境，沃壤化爲沙鹵。〔註69〕

又《乾隆・中牟縣志》載：

　　（萬曆十年）邑自黃河渰沒，沙石淤塞，田不可純種，其南北不毛者，類若甌脫，設牧民者，徵輸無法。〔註70〕

又《康熙・睢寧縣舊志》載：

　　萬曆二十四年（1596），黃堌口（屬單縣）決，經年寸草不生。〔註71〕

又《乾隆・杞縣志》載：

　　崇正（禎）十五年（1642），流寇決黃河，以灌大梁（開封城），濁

〔註63〕明・張萱，《西園聞見錄》（臺北：華文書局，民國57年10月初版），卷八十九〈治河下・于愼行〉，頁6。

〔註64〕《康熙・封邱縣志》，卷一〈山川〉，頁11。

〔註65〕清・徐元燦，《孟津縣志》（清康熙四十八年刊本），卷一〈形勝・山川〉，頁8。

〔註66〕《康熙・蕭縣志》，卷四〈河防〉，頁14。

〔註67〕明・王家屏，《朱文懿公奏疏》（明山陰王氏家刊本），卷六〈請急治漕河揭〉，頁27。

〔註68〕《康熙・延津縣志》，卷七〈災祥〉，頁12；及同前書，卷九〈條陳〉，頁45：「明初原額地三千九十頃有奇；宣德年間，黃河決溢，益加淘決；正統間，黃河南遷，四境盡屬不毛之地；成化間，奉旨踏勘，不勘種沙壓硝鹹之地，四百八十二頃。」

〔註69〕《萬曆・原武縣志》，卷上〈田賦〉，頁12；又明・壽濂，《柘城縣志》（明藍格鈔本），卷九〈藝文志・柘城均田記〉，頁1：「自洪武迄今，黃河南徙者三，小民流移，地多荒曠。」

〔註70〕清・孫和相，《中牟縣志》（清乾隆十九年刊本），卷九〈藝文・梁煥・喬公條鞭錄記〉，頁44。

〔註71〕《康熙・睢寧縣舊志》，卷九〈災祥〉，頁3。

流洶湧，由杞（縣）東下，幅員百里，一望浩渺，其後水涸沙淤，

昔之饒腴，咸成磽鹵，盡杞（縣）之地，皆為石田。〔註72〕

可知經洪水淹浸過之農田，「地土俱沙磧，四野多屬不毛之地。」

（二）作物改變

如清河縣：「利捕魚而宜稻、麥，土性固；然洪水之後，變埴為沙鹵，其所產者亦變。」〔註73〕又延津縣：「延地沙磧，……紅花，鹼地多，宜種之，甚茂；綿，有白、紫二種，惟綿利鹼地。」〔註74〕又蘭陽縣：「今黃河變流，吾邑之地，肥磽靡常，故其為農也，亦以時登降焉，……蘭陽之陽，平地沙，比歲多種木綿。」〔註75〕從前述州縣，可知「沃壤化為沙鹵」後，其地質已不適合種植穀物，遂改種紅花、木綿等。

（三）田土坍塌

晚明以前，黃河河道尚未固槽，常隨潰決而改道，使沿河居民有「十年河東，十年河西」之嘆，例如原武縣：「縣舊在（黃）河之南，正統十三年（1448），（黃）河決滎澤，南徙（循潁河入淮河），始在（黃）河北。」〔註76〕又歸德府城：「明正統以後（1436），（黃）河決而南，歸德又在（黃）河北；正德以後（1506），則仍在（黃）河南。」〔註77〕又中牟縣：「明正統間，（黃河）經縣南，天順間（1457～1464），徙縣北。」〔註78〕亦因黃河改道，必將原為百姓耕植之土地，沖刷成河道，如天順七年（1463）七月，黃河潰決，河水分兩派，一從滎澤縣，南循潁河入淮河，另一從新鄉縣（河南新鄉）八柳樹北流，於壽張縣之張秋入會通河，是時大僕寺少卿黃仕儁奏報

〔註72〕 清·周璣，《杞縣志》（清乾隆五十三年刻本），卷七〈田賦志·地畝〉，頁 16。

〔註73〕 《康熙·清河縣志》，卷二〈物產〉，頁 59。

〔註74〕 《康熙·延津縣志》，卷六〈物產〉，頁 27。

〔註75〕 明·李希程，《嘉靖·蘭陽縣志》（上海書局，天一閣藏明代方志選刊），卷二〈農業〉，頁 16。

〔註76〕 明·李濂，《河南通志》（明嘉靖三十五年刊本），卷十二〈河防一〉，頁 13；又清·原文炘，《原武縣志》（清乾隆十二年刻本），卷五〈河防〉，頁 2：「洪武二十四年（1391），河決原武縣黑洋山，東經開封城北，南行項城，過潁上，東至壽州正陽關，全入淮，而故道遂淤。是時，陽武在河北，而原武仍在河之南，正統十三年（1448），河決滎澤姚村口，南徙過開封西南，經陳留入渦，原武始在河之北。」

〔註77〕 不著撰人，《川瀆異同》（明舊鈔本），〈川瀆三〉，頁 7；《嘉靖·河南通志》，卷十二〈河防一〉，頁 10。

〔註78〕 明·張民表，《中牟縣志》（明天啟六年刊本），卷一〈地志〉，頁 7。

所見：

> 兩派河流，皆經六、七州縣，約有二千餘里，俱係民間耕植之地，
> 民皆蕩析離居，老稚不相保，或死或徙，或聚爲盜。〔註79〕

可知黃河水北沖，新河道所經之「六、七州縣，約有二千餘里，俱係民間耕植之地。」茲再舉各州縣之實例說明，中牟縣：天順年間，因黃河北徙，該縣崇寧、聖水等保田，遭浸沒二百十七頃五十六畝〔註80〕。又儀封縣：弘治初年，黃河南徙，以致「東坍西塌，歲無虛日，甚至一村一落，百數十頃，盡入河者，舊日大家，今爲貧民，舊稱多丁，今盡流徙。」〔註81〕又氾水縣：「天啓二年（1622），黃河南徙，其地三百餘頃，「塌陷一空」，由於田租未能即時免徵，因此「百姓苦之，賣妻鬻子，辦納不前，逃散四方者無數。」〔註82〕

　　黃河，除洪水所造成之禍害外，爲維護其南、北兩岸堤防，沿河州縣，距離黃河較近者，每年春季爲修護堤防，須徵調民夫應役三個月；距離黃河較遠者，雖不需親身應役，但須依應役人數，每名繳納工食銀三兩以抵三個月做工之數。以河南省爲例：於隆慶四年（1570），距離黃河五百里以內之州縣，應派「做工河夫」，一萬零五百二十三名，在五百里以外之州縣，需繳「徵銀夫銀」，七千四百一十七名，另「做工河夫」七百七十九名〔註83〕。故臨河川縣每年均苦於河役之繁重，如《嘉靖・儀封縣志》載：

> 濱於黃河，常苦差繁賦重。〔註84〕

又《乾隆・曹州府志》載：

> 邱如嵩，……（隆慶年間）任城武縣，縣瀕黃河，逐歲夫役、樁草
> 各項費金二萬餘兩，如嵩申當道，減削所費之半。〔註85〕

〔註79〕 明・陳文，《明英宗實錄》（臺北：國立中央研究院歷史語言研究所，依國立北平圖書館紅格鈔本景印，民國57年2月二版），卷二三一，頁1，天順四年七月乙未條。

〔註80〕 《乾隆・中牟縣志》，卷一〈河渠〉，頁17；又《天啓・中牟縣志》，卷一〈地志〉，頁7。

〔註81〕 《民國・儀封縣志》，卷十二〈藝文志・王廷相・與徐都憲朝儀書〉，頁3。

〔註82〕 清・許勉燉，《氾水縣志》（清乾隆九年刊本），卷五〈職官〉，頁24；又《乾隆・原武縣志》，卷二〈物產〉，頁37：「原地多濱河，多河患，而鮮水利，自元、明迄今，平原蕩爲溝壑，田疇變爲草宅者屢矣。」

〔註83〕 不著撰人，《兩河觀風便覽》（明萬曆刻本），卷三〈河夫〉，頁10～15。

〔註84〕 《嘉靖・儀封縣志》，卷上〈風俗〉，頁18。

〔註85〕 清・李登明，《曹州志》（清乾隆二十一年刊本），卷十二〈名宦〉，頁10。

又《康熙・永城縣志》載：

> 曹鐸，……萬曆三十五年（1607）除山東曹縣……邑濱河，每歲簽
> 夫輸柳，征役不支，公（曹鐸）爭于上，官募役招商，民不與焉。
>
> 〔註86〕

可知各州縣長官若能體恤民艱，爭取減免河役，百姓則感恩不盡。但此尚為
臨河州縣平時河役之負擔，倘逢黃河潰決，為整治之，其治理經費雖由朝廷
發帑金支應，但亦需沿河州縣協助，以萬曆四十一年（1613）黃河潰決曹、
單二縣為例說明：是時曹、單諸州縣，因「佐其役者，夫、柳、椿、縴之費，
何止鉅萬」，以致「蕩家覆產，十室而九敝。」〔註87〕

　　國史上，黃河中下游沿河州縣重罹河患，故均冀盼黃河能遠離本鄉土；
為瞭解各朝代沿河士民此一心聲，茲引二首詩文說明之，如宋代邵雍之〈黃
河〉：

> 誰言為利多於害，我謂長渾未始清，西至崑崙東至海，其間多少不
> 平聲。〔註88〕

又明代楊慎之〈渡黃河〉：

> 廣武（河南廣武）城邊河水黃，沿河百里盡沙岡，麥苗短短榆錢小，
> 愁聽居人說歲荒。〔註89〕

可知沿河居民抱怨黃河所帶來之水患，故云：「其間多少不平聲」，「愁聽居人
說歲荒」。

〔註86〕清・周正紀，《永城縣志》（清康熙三十六年刻本），卷六〈人物〉，頁17；明・
　　　　焦竑《國朝獻徵錄》（臺北：臺灣學生書局，民國54年元月初版），卷三十六
　　　　〈李本・資善大夫南京禮部尚書季泉孫公陞行狀〉，頁58：「（嘉靖三十一年）
　　　　襄、鄧間，黃河之役，民多菜色，道遇荷鋤者，停輿問疾苦。」又《明神宗
　　　　實錄》，卷三，頁12，萬曆六年七月乙未條：「詔均派兩直隸、山東、河南河
　　　　夫于各州縣，不得偏累瀕河地方。」

〔註87〕清・黃維瀚，《鉅野縣志》（清道光二十六年刊本），卷二十一〈邑侯王朝德政
　　　　碑〉，頁23。

〔註88〕明・陳瑄，《河南郡志》（明弘治十二年刊本），卷三十七〈七言律詩・宋・邵
　　　　堯夫・黃河〉，頁28。

〔註89〕《乾隆・汜水縣志》，卷十一〈藝文・楊慎・渡黃河〉，頁16。為瞭解明、清
　　　　二代詩文對黃河水害之描述，可參考拙著〈中國傳統詩文之黃河觀〉（《慶祝
　　　　王恢教授九秩嵩壽論文集》，臺北：中國文化大學史學系，1997年5月出版），
　　　　頁63～69。

第二章　晚明黃河泛濫原因

　　黃河自潼關（陝西潼關）以東，是從西向東流，漕河則從北京（北平）南達杭州（浙江杭州），黃、漕二河流向不同，必有交會處，在何地交會，最能符合朝廷「通運道」,「護陵寢」之治河目的。隆慶元年（1567），總理河道尚書朱衡主張二河交會於徐州城（江蘇銅城）以北，鏡山（徐州城北四十餘里）以南之四十餘里間，能獲得「避害」而「資其利」之成效，因在此地交會，得降低黃河對「閘漕」南段運道之沖阻，且亦遠離鳳陽（安徽鳳陽）、泗州（安徽泗縣）之陵寢，並能資引黃河水濟助「河漕」運道通行糧船所需之水量。在此「兩利而無害」之考量下，朱衡導引黃河循秦溝（徐州城北三十五里）於徐州城北三十里之茶城會漕河〔註1〕，奪行泗河下游河道，在淮安府城（江蘇淮陰）會同淮河向東流，至安東縣雲梯關海口（江蘇漣水）入海。（見圖一、圖四、圖五、圖二十六）

　　在此以前，黃河正流河道尚未固槽，遷徙不定，茲朱衡等之治河方策又配合「築堤束水」之推行，從此黃河正流河道被固定下來。由於黃河下游河道，奪行泗河和淮河，使黃河之整治，邁向複雜且難治之時期，此因徐州城至淮安府城間六百零五里之河道，既屬於黃河亦是運河（泗河）；淮安府城至安東縣海口間二百六十里之河道既為黃河亦屬淮河，黃、淮、運等三河相合為一，但因黃河水勢之強盛，搗亂淮、泗二河原有調和之局面。往後，不僅要整治黃河，亦需治理淮河，故《萬曆・淮安府志》載：「黃河超徐（州）、

〔註1〕　明・張居正，《明穆宗實錄》（臺北：國立中央研究院歷史語言研究所，民國54年1月出版，據國立北平圖書館紅格鈔本校勘景印），卷三，頁16，隆慶元年正月甲申條。

邳（州），亂洸（泗河）、沂（河），直下其勢，奔湃不能復，東過清河縣（江蘇淮陰東）北，……而南下于淮（河），以趨海，非復泗（河）、沂（河）之舊，清河以東之淮身，亦皆黃流，而支河反爲主矣。」〔註2〕可知黃河反客爲主，其與淮河成爲敵對之二造，使晚明之河患愈趨嚴重。茲乃探討黃河於其下游爲何易於泛濫？以及黃河水灌淤清口之原因於後。

第一節　河床淤高成懸河

一、河床淤高現象

　　黃河下游河道，原屬泗河和淮河，淮、泗二河之水質原是清流，故泗河別稱「清河」〔註3〕，淮河亦稱「清淮」〔註4〕。其河道寬度，徐州城一帶，因兩岸爲山岡（北岸有子房山，南岸有洞山、九里山、雲龍山），寬度僅有六十八丈；徐州以下，邳州、宿遷縣、桃源縣、山陽縣、安東縣等地，寬約二、三百丈至五、六百丈不等〔註5〕。河道雖狹隘，但岸高水清，水勢平穩，號稱「銅幫鐵底」。（見圖五）〔註6〕

　　黃河中游河道寬度，從孟津縣（河南孟津）以下，均寬二、三十里，位於徐州城上游之豐縣（江蘇豐縣）、碭山縣（江蘇碭山東）等地，亦有一、

〔註2〕　明·陳文燭，《淮安府志》（明萬曆元年刊本），卷五〈河防志〉，頁1。

〔註3〕　明·秦駿生，《皇明奏議選》（明崇禎己卯刊本），卷三〈徐光啓·漕河議〉，頁110；又清·陳夢雷，《古今圖書集成》（臺北：文星書局，民國53年10月出版），卷一七四〈食貨典·漕運部〉，頁789：「漕河原不用黃河之水，惟用汶、洸、沂、泗諸泉溝湖之水，足以濟之，渡淮而曲，皆是清水，故名清河。」

〔註4〕　從歷代詩文可知淮河稱爲清淮，如清·李調元，《全五代詩》（臺北：新文豐出版社，民國75年3月臺一版，叢書集成新編），卷八十一〈徐鉉·醉題邑宰南塘屋壁〉，頁1220：「萬古清淮碧繞環，黃河濁浪不相關。」又清·喬弘德，《安東通志》（清康熙三十七年刊本），卷八〈藝文志·元·薩天錫·過黃河〉，頁17：「淮水清，黃水黃，出門偶爾同異鄉，排空捲雲若飛電，隨風逐浪庸何傷，東流入海殊不惡，萬里同行有清濁。」

〔註5〕　岑仲勉，《黃河變遷史》（臺北：里仁書局，民國71年1月出版），第十三節下〈明代河患的鳥瞰·批評潘季馴的束水攻沙〉，頁528。

〔註6〕　清·朱忻等，《徐州府志》（臺北：成文出版社，民國57年3月臺一版，據清同治十三年刊本景印），卷十六〈建置考〉，頁3：「六十年前，徐州以下，號爲銅幫鐵底，以河至此安瀾。」又《治水筌蹄》，卷一〈黃河二·治河論點·十七·治黃思想及論證〉，頁28：「二洪以下，經徐（州）、邳（州），歷宿（遷）、桃（源），河身皆寬百餘丈，皆深二丈有奇。」

二十里。因此，黃河中下游河道之寬度相互比較，下游不及中游之十分之一〔註7〕。但黃河中游水勢，匯納百川，水量盈盛，於非汛期，下游河道尚能容納黃河水；但逢夏秋霖潦，河水泛漲，「黃流湍激，驚濤駭浪，如山如雷，如怒吼馳電。」〔註8〕則無法容受，容易產生潰決之患，隆慶六年（1572）總河兵部侍郎萬恭曾言：「徐（州）以上，河廣，廣則水有所匯而縈迴；徐（州）以下，河狹，狹則水無所容而泛濫。」〔註9〕因此晚明之河患，主要發生在下游地區，如隆慶四年（1570）總河侍郎翁大立言：

> 邇來，黃河之患，不在河南、山東、豐（縣）、沛（縣），而專在徐（州）、邳（州）。〔註10〕

又《天下郡國利病書》載：

> 今之河道，非昔河道。昔所患河南、山東，今則移之徐（州）、邳（州）、淮（安）、揚（州）。昔所患惟（黃）河，今則併淮（河）患之。昔所理惟（黃）河，今併淮（河）理之。〔註11〕

又〈歸仁堤貽麥堂記〉載：

> 嘉靖末造，歷隆慶以迄萬曆之六載，淮西之民，罹昏墊而苦水之爲青也，久矣。一望沮洳，四野瀰漫，居鮮室廬，無論土田，故轉徙者半之，即存者，四壁蕭然，不蔽風雨。〔註12〕

可知「今之河道，非昔之河道」，以一條淮河容受黃河全流水，致使黃、淮二河均易於泛濫，如《河史述要》載：「徐州以上，河長逾千里，……其水直趨二洪（徐州洪，徐州城東南二里；呂梁洪，徐州城東南五十里）；徐（州）以下，泗渠故漕，安可容納全河之水。」〔註13〕又吏部侍郎徐顯卿亦言：「全河東下，瀰漫洶湧，而一淮受之，欲疏其怒，萬無是理。」〔註14〕

　　黃河易於泛濫原因，除下游河道狹隘外，主要則在隆慶、萬曆年間下游

〔註7〕同註5。

〔註8〕明·褚鈇，《漕撫疏草》（明萬曆二十五年刊本），卷二〈報糧船過洪疏〉，頁17。

〔註9〕《明神宗實錄》，卷七，頁5，隆慶六年十一月乙未條。

〔註10〕《明穆宗實錄》，卷四十九，頁5，隆慶四年九月甲戌條。

〔註11〕《天下郡國利病書》，卷二十九〈江南十七·儀瓜工部分司〉，頁4。

〔註12〕清·胡鼎宗，《宿遷縣志》（清康熙三年刊本），卷七〈藝文志·歸仁堤貽麥堂記〉，頁46。

〔註13〕鄭肇經，《中國水利史》（臺北：臺灣商務印書館，民國65年2月臺三版），第一章〈黃河·潘季馴治績〉，頁52，引「河史述要」。

〔註14〕《西園聞見錄》，卷八十九〈治河下·徐顯卿〉，頁6354。

河床已淤高成懸河，如隆慶四年（1570）工部郎中張純言：

> 徐、呂二洪間，漸成淤平，河堤寢薄，假令來年水溢，必有衝決之
> 患。〔註15〕

又萬曆三年（1575）總河傅希摯言：

> 頃見徐（州）、邳（州）一帶，河身澱後，壅決變徙之患，不在今秋，
> 則在末歲。〔註16〕

又萬曆六年（1578）御史王許之言：

> 顧自徐（州）、邳（州）之大河口，約三百餘里，一路河身高出於岸，
> 宿遷而下，漸逾城垛。〔註17〕

又萬曆十六年（1588）禮科給事中王士性言：

> 徐（州）以下，河身日高，而爲堤以束之，水行堤上，與徐州城
> 等。〔註18〕

又萬曆二十年（1592）揚州知府吳秀言：

> 今徐（州）、淮（安）要害，城在河底，決水壅之，其何能禦，念此
> 寒心，將爲拔地懸河。……以保萬全者，二十年前，底尚深，兩崖
> 之間，其高如山，呂梁（洪）之險，有若登天，經行士夫，誰不見
> 及，而今河身高於岸，岸高於城。〔註19〕

又崇禎六年（1633）廣東道監察御史吳振纓言：

> 夫沙泥逐水而下，故河身漸高，徐（州）、邳（州）、睢（寧）、宿（遷）
> 之間，往往水平於城，蟻穴不支，遂同魚鱉，室廬漂蕩。〔註20〕

可知原爲「河底高深」之泗河河道，經黃河奪行後，於萬曆初年已「河身高
且數倍於前」〔註21〕，不僅徐、呂二洪已淤平，臨河諸州縣城，亦漸次位居

〔註15〕《明穆宗實錄》，卷五十二，頁10，隆慶四年十二月癸亥條。

〔註16〕《明神宗實錄》，卷三十五，頁16，萬曆三年二月戊戌條。

〔註17〕明・朱吾弼，《皇明留臺奏議》（明萬曆三十三年原刊本），卷二〈條議國家事
務乞及時經理疏〉，頁41。

〔註18〕《明神宗實錄》，卷一九六，頁6，萬曆十六年三月癸巳條。

〔註19〕明・潘鳳梧，《治河管見》（明萬曆間刊本），卷四〈治河左袒・爲治河有要多
議無成〉，頁8。

〔註20〕《行水金鑑》，卷四十五〈河水〉，頁646。

〔註21〕明・王在晉，《通漕類編》（臺北：臺灣學生書局，民國59年12月初版，依
明天啓年間刊本景印），卷八〈古今治河類編〉，頁29：「御史陳堂疏云：黃河
自汴城南下，經徐（州）、邳（州）、桃（源）、宿（遷）、而後會淮入海，先
年徐、邳河身，尚未淤而高也，猶有張秋之決，今徐、邳而下，河身高且數

河堤之下。

二、河床淤高原因

黃河下游河道爲何快速淤成懸河,依明人之治河觀,有以下三項原因:

(一)海口淤塞

黃河含沙量高,若安東縣雲梯關海口遭泥沙嚴重淤澱,將形成海口三角洲,造成海水逐漸後退,河口逐漸延伸,如是黃河之水流速度降低,下游河床乃逐漸淤高。因此,晚明之治河方策中,主張分黃論,或挑濬論者,均將河患歸因於「下壅而上決」。

黃河奪行淮河,始於北宋神宗熙寧十年(1077),是年七月黃河潰決於澶州(河北濮陽)曹村,河水分二道,一支循北清河(山東大清河)從山東入海;其正流則南循南清河(泗河)於淮陰(江蘇淮陰)會淮河,東流入海。此次潰決雖未及一年即修塞,黃河又恢復北流,但此爲黃河正流水首次入侵淮河水系〔註22〕。至金世宗大定二十年(1180)黃河決於延津縣(河南延津),其全流從商邱縣(河南商邱)東出徐州,合泗河入淮河〔註23〕,此爲「有史時期,這是第一次以一淮受全黃之水。」〔註24〕元太宗七年至元憲宗二年間(1235~1252),黃河正流轉南循渦河入淮河〔註25〕。可知從金大定二十年以後至明代,黃河正流已長期浸入淮河,在淮河流域廣大地區遷徙不定。但黃河水挾帶之泥沙沿途停滯淤澱於泗河、渦河等河道,會入淮河時,河水已成清流;況且黃河北流河道尚未斷絕,因此黃、淮下游河道,此時期尚未淤高,故元代得在洪澤湖畔屯田,大收灌溉之利〔註26〕。至明代前期,黃河正流河道於開封(河南開封)一帶,長期循賈魯河(東接泗河)、或潁河、渦河等入淮河,黃河所含泥沙日益在淮河下游河道淤積,以致淮河尾閭不暢,沿河各州縣已屢有水患;尤其弘治八年(1495)副都御史劉大夏治河後,因其築塞

倍於前矣,地勢南昂北下,所持以防北徙者,尋丈堤耳。」

〔註22〕《宋史》,卷九十二〈河渠二・黃河〉,頁2284。

〔註23〕元・脫脫,《金史》(臺北:鼎文書局,民國68年3月再版),卷二十七〈河渠・黃河〉,頁671。

〔註24〕《黃河變遷史》,第十一節〈再從管勾河防州縣來推定北流於何時斷絕〉,頁407。

〔註25〕前同書,第十二節〈黃河入渦兼入潁〉,頁431。

〔註26〕水利部淮河水利委員會,《淮河水利簡史》(北京:水利電力出版社,1990年8月出版),第二章〈明代淮河水系・治淮主張與工程〉,頁207。

黃陵岡（儀封縣東五十里）等水口，黃河北流河道為之斷絕，從此以一條淮河，容受黃河之全流水，淮安府城以下之黃、淮河道遂日益淤高，至嘉靖年間，海口淤塞業已形成。

淮河獨自入海時，安東縣雲梯關海口之兩旁，有澗河（淮安府城東南）、馬邏（淮安府城東北九十里）等港溝分洩河水入海〔註27〕。嘉靖十三年（1534），澗河、馬邏等港溝已呈淤塞，雲弟關海口亦因潮汐及歷年淤沙，越趨狹隘，逢伏秋水漲，河水無法速洩，有「下壅上溢」之患，總河朱裳為廣開入海之道，採用龍爪船往來挑濬海口套沙〔註28〕。嘉靖二十六年（1547）提督漕運署都督僉事萬表亦因海口淤塞，奏請調派順天、永平等衛所軍及民夫挑濬之〔註29〕。嘉靖三十年（1551）總督漕運都御史（以下簡稱總漕）應檟亦提及「澗口、安東等處俱漲塞，河流壅而漸高。」〔註30〕可知是時海口淤塞尚非嚴重，可採人力予以挑濬，但時日越久，淤塞情況愈趨嚴重，終至「壅塞成阜。」其形成之因，除自然淤澱外，尚有二項因素促成：

1. 缺淮水滌蕩泥沙

依萬曆四年（1576）總督河漕尚書吳桂芳言：

> 河為濁，非得清淮滌蕩之，則海口純是濁泥，必致下流壅塞之勢，愈增旁決。……致宋（神宗）熙寧中，則入淮之勢成矣，歷宋、元、我朝正德以來，經五百年，黃河自淮入海，而不壅塞海口者，以黃河至河南，即會淮河同行，循穎（州）、壽（州）、鳳（陽）、泗（州），清以滌濁，泥滓得以不停，故數百載無患也。蓋是時黃水循穎（州）、壽（州）者十七，其分流入徐州小浮橋流經徐（州洪）、呂（梁洪）。二洪屢涸，當事者不務遠覽，乃競引黃河全流，經徐（州）、邳（州），至清河始於淮會，於是河勢強而淮流弱，滌蕩功微，故海口漸高，而泛濫之患，歲亟矣。……今若永絕淮流不與黃會，則渾濁獨下，淤澱日增，雲梯、草灣（淮安府城東北二十里）、

〔註27〕明‧徐孚遠，《皇明經世文編》（臺北：國聯圖書公司，民國53年1月出版，據明崇禎間刊本景印），卷一六九〈漕撫奏議‧預處黃河水患疏〉，頁20。

〔註28〕明‧徐學聚，《國朝典彙》（臺北：臺灣學生書局，民國54年元月初版），卷一九○〈治河〉，頁22。

〔註29〕明‧張居正，《明世宗實錄》（臺北：國立中央研究院歷史語言研究所，民國54年11月初版，據國立北平圖書館紅格鈔本校勘景印），卷三二九，頁7，嘉靖二十六年十月戊辰條。

〔註30〕同前書，卷三七五，頁3，嘉靖三十年七月己亥條。

灌口（安東縣北）之間，滄海將爲桑田，而黃河益無歸宿，此其大可憂也。〔註31〕

又萬曆二年（1574）刑科左給事中鄭岳言：

詢之地方父老，皆言自嘉靖四十四年（1565），河水大發，淮口出水之際，海沙漸淤，今則高與山等。〔註32〕

又《天下郡國利病書》載：

然堰（高家堰）之利害與海口相關（見圖十二），嘗觀嘉（靖）、隆（慶）間，堰每壞，則海口輒淤，徐、邳之河，輒澱，輒溢。〔註33〕

可知海口淤塞，始於嘉靖二十五年或嘉靖四十四年以後，因黃河全流東行「河漕」運道，黃、淮二河交會於清口（清河縣南五里），由於黃河水勢強盛，淮河水勢緩弱，濁水遂不斷灌淤清口；清口遭淤塞，淮水無法順流東北出，遂瀦蓄於洪澤諸湖內，終必潰決高家堰，沖灌於淮南。淮水既南下，黃河水缺乏淮水之滌蕩，以致黃河泥沙逐漸淤積於海口，而「高與山等」。〔註34〕

2. 海嘯倒灌論

依隆慶六年（1572）工部尚書朱衡言：

至於海口，訪自隆慶三年（1569）海嘯之後，壅水倒灌，低窪之地，積瀦難洩，御史吳從憲所謂：河潦內出，海潮逆流，停蓄莫聚，愈壅愈溢，蓋亦得於目擊者。〔註35〕

此議主張海口淤塞原因，乃是隆慶三年海嘯發生後，將「壅水」倒灌入海口一帶之低窪地區，因而阻塞河道。其實海口附近有「壅水」，與黃河水挾帶大量泥沙有關，只不過因海嘯突發，加速淤塞速度而已。

海口淤塞之時間，約在嘉靖末年至隆慶初年，已呈現嚴重，至萬曆二年

〔註31〕《天下郡國利病書》，卷二十六〈江南十四・淮南水利考〉，頁64。

〔註32〕《明神宗實錄》，卷二十三，頁6，萬曆二年三月己亥條；又清・汪武曹，《黃河考》（青照堂叢書七十冊），卷一，頁4：「（嘉靖）四十四年，海沙淤高，至與（化）、山（陽）等上流，益多河患。」

〔註33〕《天下郡國利病書》，卷二十六〈江南十四・高加堰〉，頁64。

〔註34〕同註32。

〔註35〕《皇明經世文編》，卷三五一〈漕河奏議・勘報淮河海口疏〉，頁15；《明神宗實錄》，卷三，頁10，萬曆六年七月甲午條；明・陳仁錫，《皇明世法錄》（臺北：臺灣學生書局，民國54年元月初版），卷四十九〈河道〉，頁1：「隆慶三年，黃河及南直隸、山東、河南俱大漲，秋，復海嘯，徐（州）、邳（州）、豐（縣）、沛（縣）爲患。」

則積高如山。其形成所造成之危害，除促成清口淤塞外（詳見本章第二節〈清口淤成門限沙〉），亦導致黃河下游河床淤高，河水易於泛濫。萬曆六年以前和萬曆二十一年（1593）以後，主張分黃論、挑濬論者均有如是之主張，如《黃河考》載：

> 嘉靖三十一年（1552），黃河下流入海者既壅，遂自徐州房村（徐州東南五十里）決而北至邳（州），運道淤者五十里。〔註36〕

又萬曆元年兵科給事中趙思誠言：

> 黃河挾百川萬壑之勢，……輸洩之路，則海口也。海口梗塞，一夕則無淮安，再夕則無清河，無桃源，運道衝決，傷天下之大計。……淮安舊有八口，今止存其一，委既少，則流必緩。〔註37〕

又萬曆三年直隸巡按御史舒鰲言：

> 以爲海口淤塞，橫絕下游，故淮（安）、揚（州）、徐（州）、邳（州）諸處，頻年水害，郡邑幾廢。〔註38〕

又萬曆二十三年（1595）御史高舉言：

> 海口日壅，則河泥日積，河身日高，欲二瀆安流不得也。〔註39〕

又萬曆二十四年（1596）總漕褚鈇言：

> 鳳（陽）、泗（州）、淮（安）、揚（州），乃國家腹心重地，咽喉要路，自隆慶以來，海口久堙，河身淤澱，以致泗（州）、陵寢水浸，運道常決，桑田盡成湖海。〔註40〕

前引諸論，均將晚明之河患，歸因於「下無所歸，故上有所壅。」

（二）上決下壅

明代後期，甚多治河官不相信海口淤塞之說，如嘉靖十三年總河劉天和

〔註36〕《黃河考》，卷一，頁47。

〔註37〕《明神宗實錄》，卷十五，頁1，萬曆元年七月辛巳條，趙思誠屬「挑濬論」。

〔註38〕同前書，卷三十七，頁12，萬曆三年四月甲午條，舒鰲屬「分黃論」和「挑濬論」；又同前書，卷五十三，頁10，萬曆四年八月丙戌條：「巡按直隸御史邵陛言：淮（安）、徐（州）、揚（州），自海口沙橫，河身淤澱，桑田盡爲湖泊。」

〔註39〕同前書，卷二八五，頁11，萬曆二十三年五月庚子條，高舉屬「分黃論」。

〔註40〕《漕撫疏草》，卷六〈重地水災乞恩蠲折疏〉，頁3，褚鈇屬「導淮論」；又《西園聞見錄》，卷八十九〈治河下‧管志道〉，頁8：「瀕年淮（安）、徐（州）水患，……今以西域、中原所會合之水，而拘之一道以入海，海口復塞，能無溢乎？又《皇明奏議選》，卷十六〈修治黃河議‧劉餘澤〉，頁71：「惟是入海之路，沙套淤塞，日積月累，此安窮，愚謂下流不濬，河之害未有彌也。」

治河時，是時之治河議，有主張：近年海口淤塞，以致黃河水下壅而上溢，應設置龍爪船抓盪海口套沙。劉天和最初亦頗感好奇，乃前往海口勘查，所見「河、淮入海之處，北口實有漲沙，南口更衝廣爾」，因此認爲海口淤塞實爲誤傳〔註41〕。嘉靖三十二年（1553）四月，總河曾鈞等亦因時論將淮安、徐州等地之水患，歸因於「海口積沙，壅閣下流所致」，乃親往海口，勘得「販鬻之舟，往來無滯」，「乃知積沙之說，出自傳聞。」〔註42〕隆慶三年、四年、六年，淮安連續三年發生大水，有主張「海口淤，宜濬之」者，總河萬恭派治河官員探測海口，得知河口廣達三十里，一望無際，而且清河縣等地水流順暢，若海口遭淤塞，清口一帶之河水必呈現壅阻。因此，萬恭認爲：「古無濬海者，有由然哉；而怨淮水，罪海口者，謬矣。」〔註43〕萬曆六年，總河潘季馴治河時，其不僅反對海口淤塞之論，且另提出黃河下游河床淤高原因。

潘季馴於萬曆六年和萬曆十九年治河時，曾親自或派員探測海口。萬曆六年其親自乘船巡視雲梯關至海口，測知：雲梯關至海口，河道面闊七、八里至十餘里不等；水深有三、四丈；至於相傳海口之橫沙，其距海口有三十餘里遠，不能阻礙河水入海〔註44〕。萬曆十九年，因有主張挑濬海口者，潘季馴派淮安府同知趙坰等勘查海口，得知：「雲梯關以下，自夾套至十三套，面闊三、五、七、八里，及十里不等；水深一丈五、六尺及二、三丈，滔滔迅馳，原無隘窄。至云：對口有橫沙一段，在四十里外，望之不見，潮長，上可行舟；潮退，尚深三、四尺，人言自來如此，並無淤梗。」〔註45〕可知潘季馴反對將黃、淮二河潰溢原因，歸於海口淤塞。

潘季馴主張黃河下游河道淤高原因，在於「上決而後下壅」，其列舉萬曆四年桃源縣崔鎮（縣西北三十里）之潰決爲例說明：崔鎮之堤防潰決後，黃河水汪洋迅馳，從河道北岸決口刷出新河道，至灌口（安東縣城北）入海，以致崔鎮至清口之原河道，從冬季至初夏，水深不及三尺；伏秋以後，亦僅

〔註41〕 明·劉天和，《問水集》（臺北：文海出版社，民國59年出版），卷二〈淮海〉，頁30；又《天下郡國利病書》，卷二十六〈江南十四〉，頁33。
〔註42〕 《明世宗實錄》，卷三九六，頁6，嘉靖三十二年閏三月辛酉條。
〔註43〕 《治水筌蹄》，卷一〈黃河·淮安水患及海口形勢〉，頁25。
〔註44〕 明·潘季馴，《兩河經略》（臺北：臺灣商務印書館，民國65年出版，文淵閣本，四庫全書珍本七集），卷一〈議治兩河經略以圖永利疏〉，頁17。
〔註45〕 《河防一覽》，卷三〈併勘河情疏〉，頁421；《明神宗實錄》，卷二四七，頁3，萬曆二十年四月己亥條。

有七、八尺；由於水流淺緩，泥沙逐填塞於河床。但決口上游，從徐州至宿遷縣，水深均有四丈至三丈，一過決口，則以尺計之，可知「水分則勢緩，勢緩則沙停。」〔註46〕

事實上，潘季馴之所以反對海口淤塞之說，是其特別強調束水攻沙論中「上決而下壅」之治河觀，以及批評分黃論等主張「下壅而後上決」乃倒果為因；否則在其議論中是常提及海口淤塞現象，如〈河工告成疏〉載：

> 惟開濬海口一節，於理為順，……臣等親詣踏看，則見積沙成灘，中間行水之路，不及十分之一，然海口故道，則廣自二、三里以至十餘里，詢之土人，皆云：往時深不可測，近因淮、黃分流，止餘涓滴入海，水少而緩，故沙停而積，海口淺而隘耳；若兩河之水，仍舊全歸故道，則海口仍舊，全復原額，不必別尋開鑿（海口）。〔註47〕

又〈勘工科道疏〉載：

> 雲梯關以下，海口深廣，原足容泄，但因隆慶年間，黃水從崔鎮（桃源縣）等口北決，淮水從高（家）堰東決，而海口遂堙。蓋水不行，則河自塞也，今諸決既築，兩河復合，水行沙刷，海口仍舊深廣，海口既闢，河流自駛，河身日深，水落岸高，並無淤淺。〔註48〕

又〈河議辯惑〉載：

> 或有問於（潘季）馴曰：河以海為壑，自海嘯之後，沙塞其口，以致上流遲滯；必須疏濬或別尋一路，另鑿海口之為得也。馴應之曰：海嘯之說，未之前聞，但縱有沙塞，使兩河之水，順軌東下，水行沙刷，海能逆之不通乎？〔註49〕

可知潘季馴正視海口淤塞及下游河床淤高之現象，只是其解釋淤塞原因，仍秉持「上決而下壅」之治河觀，若就史實言：此為隆慶三年黃河潰決桃源縣崔鎮，淮河亦決高家堰，黃、淮二河水無法相會東下，水流速度趨於緩慢，泥沙遂淤積於河床；若能築塞各決口，導引黃、淮二河水盡歸入海，不僅下游河道沖刷日深，海口亦能恢復舊觀。是時治河議論中，贊同潘季馴之觀點者，有給事中拜公謹、太常卿余毅中等人。〔註50〕

〔註46〕《兩河經略》，卷四〈堤決白附〉，頁22。
〔註47〕《河防一覽》，卷八〈河工告成疏〉，頁215。
〔註48〕同前書，卷十三〈勘工科道〉，頁442。
〔註49〕同前書，卷二〈河議辯惑〉，頁57。
〔註50〕不著撰人，《古今治河要策》，卷四〈議疏〉，頁3：「余毅中言：有謂海口淺墊，

黃河水挾帶大量泥沙入海，海口三角洲之發展必然快速，自無疑議。雖然嘉靖中葉以來，甚多治河官漠視海口淤塞，尤其是束水攻沙論者；但束水攻沙論者有時亦能正視河床淤高和海口淤塞現象，但其形成原因，仍主張「上愈決，則下愈壅」之治河觀。〔註51〕

（三）築堤束水

因潘季馴整治黃河採行束水攻沙之治河方策，無法有效清除河床淤沙和門限沙，河患愈趨嚴重。因此萬曆二十一年以後，分黃論、導淮論和挑濬論等治河方策趁勢興起，為彰顯其治河方策之功效，一致批評束水攻沙論之缺失，將河床淤高原因，歸於築堤束水不當所導致，如萬曆二十三年工科給事中吳應明言：

> 先因黃河遷徙不常，設遙、縷二堤，束水歸槽，乃水過沙停，河身日高，徐（州）、邳（州）以下居民，盡在水底。〔註52〕

又萬曆二十四年總漕褚鈇言：

> 蓋自黃身漸高，當事者（潘季馴）計無所出，傍河兩岸，各築長堤，……以夾束之。……不知黃稱濁流，其水益深，則其沙益多，其淤益速，以故河身日高。……今十數年來，業已高至丈餘，平望運船若行地上，倘再十數年後，不知其高又當何如？〔註53〕

又明代陳懿典之〈治河議〉：

> 河性猛迅，非人力所可制，獨奈何與爭尺寸之利。……且河歲圮而堤歲築，堤歲築而河身日高，積尺累丈，登堤而望，水且駕出民屋，秒甚；且與城郭並，而徒持數丈之堤為防禦，何怪乎？一朝決裂，淹廬舍，摧城郭。……夫黃河之水，沙居其半，以一升之水，而載

須別鑿一口者，不知非海口不能二瀆，乃二瀆失其注海之本體耳，使二瀆仍復故流，則海口必復故額。」；又同註49，頁15：「給事中拜公謹言：自隆慶年，黃河從崔鎮等口北決，淮水從高加（家）等處東決，二瀆之水，散漫而無歸，故入海之路，停滯而不達，此非河之淺也，水不行而沙自塞耳，今惟諸決盡塞，兩河復合，水行沙刷，海口復通。」

〔註51〕 《兩河經略》，卷四〈堤決白附〉，頁24。

〔註52〕 《明神宗實錄》，卷二八三，頁1，萬曆二十三年三月乙亥條；又《治河管見》，卷一〈濬河疏草〉，頁3：「甲戌之秋，值黃、淮大泛，……議縷水堤者，曰：賴堤以刷水，堤近則刷易深，而十年之後，縷水堤俱墮河中，反為填河之害，此縷水堤之不效也。」

〔註53〕 《漕撫疏草》，卷四〈水患孔殷源流已審疏〉，頁43。

二升之沙，其勢易於壅淤，苟日事版築而沙不濬，此壅則彼潰，堤何益乎？〔註54〕

從前述諸論可知：

1. 明代之治河論，仍有部份議論深受西漢，賈讓治河三策之影響，明代丘濬曾言：「古今之治河者，莫出于賈讓三策。」〔註55〕此三策是：上策，遷徙百姓不需與黃河爭地；中策，開挑河渠以分洩泛漲河水；下策，惟知修築堤防〔註56〕。故陳懿典等批評潘季馴之築堤束水是與黃河「爭尺寸之利」，僅得賈讓治河議之下策；若依近人岑仲勉之觀點，「遙堤就是讓地，季馴喫虧卻在只顧下游，不顧上游。」〔註57〕

2. 楊一魁等批評築堤束水雖能刷起此地之淤沙，但卻淤積於彼處，以致下游河床益高，兩岸堤防亦增築不已，造成河床「駕出民房，且與城郭並。」

晚明，黃河全流奪行泗河入淮河，由於黃河水含沙量高，致使黃河下游河道淤高成懸河。其形成原因，不同之治河議論，各有互異之解釋，束水攻沙論者主張「上決下壅」，分黃論、挑濬論等則認爲「海口淤塞」、「築堤束水」所促成。

第二節　清口淤成門限沙

一、清口淤塞現象

　　清口，位於清河縣南五里（淮安府城西二十里），爲黃、淮二河交會處，亦是運道必經之所。黃河正流尚未長期奪行泗河以前，泗河於桃源縣之三義鎭（縣東三十里），其河道分爲二路，一是大清河，經清河縣北，於大清口（即葉家衝）會淮河；另一是小清河，經清河縣南，於清口入淮河（見圖四、圖五）。是時船隻往來主要行於大清河。正德四年（1509），黃河正流東行泗河後，其正流河道在桃源縣仍循於大清河；至嘉靖二年（1523），大清河爲泥沙所淤塞，從

〔註54〕《西園聞見錄》，卷八十八〈治河中・陳懿典〉，頁2。
〔註55〕《古今圖書集成》，卷二二三〈山川典・河部・治河説〉，頁2045。
〔註56〕漢・班固《漢書》（臺北：鼎文書局，民國68年2月二版），卷二十九〈溝恤志〉，頁1692。
〔註57〕《黃河變遷史》，第八節〈兩漢的黃河・賈讓的治河之策〉，頁266。

此黃河全流轉行小清河於清口會淮河，大清河則被稱爲「老黃河」。〔註58〕

　　門限沙，其字意：清口一帶長約十餘里，遭黃河水挾帶之細碎石屑所堙塞，形成堅硬如石之大板沙。此淤沙所造成之危害，依萬曆八年總河潘季馴言：

> 淮（河）自西來，歷世不爲患者，以下流無壅，得望海而直趨也，故泗州不倒灌，淮南無決堤。乃清口之壅，則自近年始，泗州以釜底，不得不蒙倒灌之害；淮南以釜底，不得不受決堤之害。〔註59〕

又萬曆二十一年戶部郎中華存禮言：

> 近來河患，在於河身日高，高在清口，則淮水不得出，而爲祖陵憂。〔註60〕

又萬曆二十四年總漕褚鈇言：

> 淮水發源桐柏，由汝（寧）、潁（州）、鳳（陽）、泗（州），至清口會黃河，名爲二瀆，俱由雲梯關，束入於海，此自然之道也。頃年以來，沙淤積累，黃身日高，以致清口阻過。淮（河）不得順其河流之性，未免橫溢四散。〔註61〕

可知淮水遭受門限沙之阻礙，河水無法順流東北出，遂停蓄於洪澤諸湖內；一旦淮水亦泛漲，洪水將逆浸泗州、祖陵，而且潰決高家堰，泛濫於淮南。

二、清口淤塞原因

　　清口淤塞之時間和原因，依明人之治河觀，有以下三項：

（一）黃強淮弱

　　黃河之水勢強盛，淮之水勢則緩弱，每年二河水泛漲時間，黃河早於淮河，依《天啓・淮安府志》載：「黃河來水，多四、五月發；鳳（陽）、泗（州）來水，多七、八月發，消長之時不齊。」〔註62〕故每逢黃河水泛漲，

〔註58〕《明神宗實錄》，卷二五一，頁6，萬曆二十年八月丁酉條；又《天下郡國利病書》，卷二十七〈江南十五・萬曆四年二月御史陳世寶條陳河道〉，頁52。

〔註59〕《皇明世法錄》，卷五十一〈論高家堰利害〉，頁18。

〔註60〕《明神宗實錄》，卷二七〇，頁1，萬曆二十一年二月乙卯條。

〔註61〕《漕撫疏草》，卷八〈恭報分黃導淮完工疏〉，頁37。

〔註62〕明・方尚祖，《淮安府志》（明天啓間刊本），卷十三〈河防志〉，頁3；又《古今圖書集成》，卷二三五〈山川典・河部〉，頁2152：「每歲四、五月間，淮陰畚土塞成，竇穴出入，而城中衝衢，盡可爲舟。」又《皇明世法錄》，卷五十一〈南河・治河諸義〉，頁27：「每歲伏秋之際，黃必先溢，而淮繼之，二水

必倒灌清口；黃河水遭淮水頂托作用，所含泥沙逐淤澱於清口，如萬曆十五年（1587）工科都給事中常居敬言：

> 自嘉靖中年（二十五年），黃河以全流經徐、呂二洪，由邳（州）、宿（遷）、清（河），橫絕淮口（清口），……則積沙內灌，淮弱黃強，（淮水）不得以縱其東注之性，勢必泛濫於盱眙、泗州之墟，洪澤諸湖，汪洋數百里，室盧田畝，盡為汙地。〔註63〕

又萬曆二十五年總河楊一魁言：

> 嘉靖二十五年以後，南流故道（潁、渦、澮、睢等河）盡塞，或緣秦溝入漕（河），或緣濁河入漕（河），五十年來，全河盡出徐（州）、邳（州），奪泗（河）入海。……以致河流日壅，淮不敵黃，退而內瀦，遂貽今日祖陵之患。〔註64〕

可知清口遭淤塞，乃在嘉靖二十五年以後，黃河全流東行泗河，由於「淮不敵黃」，逐漸淤積而成；至隆慶、萬曆年間，因海口淤塞、下游河床淤高等因素，致使濁水益加浸灌清口，加速門限沙之形成，如萬曆五年（1577）南河工部郎中施天麟言：「清口之淤塞者，又緣黃河淤積日高，淮水不得不讓河而南徙。」〔註65〕又萬曆二十年勘河給事中張貞觀言：「惟清口，自海沙開濬無期，因而河身日高，自河流倒灌無已，因而清口日塞，以致淮水停蓄。」〔註66〕又萬曆二十三年勘河工科給事中張企程言：「蓋以淮（河）壅，緣以河身日高；河高，緣海口不深。」〔註67〕又萬曆二十四年工部言：「向者，淮流壅遏，由于清口河身墊高，黃流倒灌，淤沙阻塞，漸成門限。」〔註68〕

清口淤塞，不論束水攻沙論、分黃論和導淮論均主張「黃強淮弱」、「黃高淮低」為其促成主因。

（二）淮水南潰

束水攻沙論者，如潘季馴等，其解釋清口淤塞原因，在「黃強淮弱」之

俱溢，勢能排山。」

〔註63〕《河防一覽》，卷十四〈常居敬撰祖陵當護疏〉，頁520，常居敬屬「束水攻沙論」。

〔註64〕《明神宗實錄》，卷三〇八，頁1，萬曆二十五年三月戊午條，楊一魁屬「分黃論」。

〔註65〕同前書，卷六十七，頁4，萬曆五年九月丁卯條，施天麟屬「導淮論」。

〔註66〕同前書，卷二五一，頁6，萬曆二十年八月丁酉條，張貞觀屬「分黃論」。

〔註67〕同前書，卷二八九，頁5，萬曆二十三年九月壬辰條，張企程屬「分黃論」。

〔註68〕《通漕類編》，卷七〈河渠・黃河〉，頁16。

基礎上，特別強調淮河東潰高家堰（見圖十二），因淮水南徙，黃河水遂乘機倒灌清口，如〈河議辯惑〉載：

> 高家堰，居淮安城之西南隅。……隆慶四年（1570）大潰，淮河之水泙洞東注，合白馬（屬寶應縣，長三里）、氾光（即寶應湖，長三十里）諸湖，決黃浦八淺（寶應縣黃浦南），而山陽、鹽城、泰州、高郵、寶應、興化匯爲巨浸。……淮（水）既東，黃水亦躡其後，濁流西溯，清口堙塞，運道梗阻者數年。〔註69〕

又〈高堰請勘疏〉：

> 清口，塞于高（家）堰未決之前，抑既決之後也。僉（泗州百姓）曰：高（家）堰決而清口塞也。蓋高（家）堰決則淮水東，黃河躡其後，故清口塞。〔註70〕

潘季馴認爲：「淮（水）退一步，黃（河水）進一步；淮（水）退一丈，則黃（河水）進一丈。」〔註71〕因此隆慶四年，黃河水沖灌清口；淮河又東潰高家堰，清口遂遭淤塞。

（三）草灣導河

萬曆二十四年，總漕褚鈇爲反對「分黃論」，主張清口淤塞爲草灣導河所促成。

褚鈇雖亦贊同「黃強淮弱」是造成清口淤塞之原因，但其批評分黃論者過於偏執此一因素，不能深入瞭解黃、淮二河之水性。因此認爲：淮水後退一步，黃河水則前進一步，此爲黃河泛漲時，其下游河道一時宣洩不及所造成之短暫現象；俟洪水消退，淮水即能順流東北出，並刷除沈澱在清口之淤沙。茲若能採用人力挑濬清口淤沙，恢復淮水入海故道，則淮水全流滔滔東下，「安見黃之高強，淮之低弱。」〔註72〕

是時分黃論者爲挽救泗州祖陵免遭水浸，計畫於清口上游之桃源縣黃家壩開挑支渠一道，分洩黃河水入海（詳見本文第五章五節〈分黃、導淮論及其實行〉），以避免黃河水勢強盛遏阻淮水東北出清口（見圖二十三）。褚鈇不僅反對開挑支渠分洩黃河水，且將清口淤塞原因，歸於萬曆四年總漕吳桂芳

〔註69〕《河防一覽》，卷二〈河議辯惑〉，頁65。
〔註70〕同前書，卷九〈高堰請勘疏〉，頁247。
〔註71〕《皇明世法錄》，卷五十〈南河・開周家橋疏〉，頁19。
〔註72〕《漕撫疏草》，卷四〈水患孔殷源流已害疏〉，頁48。

開鑿之草灣導河（詳見本文第五章二節二項〈挑濬論、濬海口論和分黃論〉，見圖二十三），其於〈水患孔殷源流已塞疏〉中言：

　　從隆慶、萬曆年間以來，黃河河床逐漸淤高，下游河道因逼近淮安府城，當事者（吳桂芳）為避免黃河水沖灌淮安府城，乃從草灣（淮安府城東北二十里）開挑一道支渠，分洩黃河水；因草灣之地勢低窪，以致黃河全流奔行此一支渠，原正河河道遂淤塞。但草灣導河是屬新挑河渠，其河道寬深均不及原河道，故每逢黃河水泛漲，草灣導河無法立即宣洩洪水，黃河水遂停蓄於草灣一帶，而傾灌於清口。萬曆四年，黃、淮二河同時泛漲，二河水勢在清口「稍停持」，致使淮水東潰高家堰，漫流於淮南；淮水既南下，清口「遺有空缺」，黃河水遂乘其空虛灌淤清口，遠達十餘里。〔註73〕

　　褚鈇解釋清口淤塞原因，頗與束水攻沙論者相似，只是黃河水益加灌淤，乃是黃河下游之草灣導河疏洩洪水不及所促成，其目的在於：黃家壩新河亦將如同草灣導河一樣，無法整治黃、淮二河之水患，反而促成清口之淤塞。

　　門限沙，為嘉靖二十五年以後，因「黃強淮弱」等因素逐漸形成，若其呈現「僅存一線，人皆褰裳而渡」，或「中間如岡如阜」〔註74〕，依潘季馴之治河議是在隆慶四年，《帝鄉記略》為萬曆二年〔註75〕，若是施天麟在萬曆五年〔註76〕，可知從隆慶四年以來，淮水屢次潰決高家堰，加速清口之淤塞，形成門限沙。

〔註73〕同註72，頁47。
〔註74〕同前書，卷五〈會題條陳漕運六事疏〉，頁29；《河防一覽》，卷九〈高堰請勘疏〉，頁251。
〔註75〕明·曾惟誠，《帝鄉紀略》（明萬曆二十七年刊本），卷十〈繪奏志·查勘清口闢沙議〉，頁又65：「萬曆二年，一時伏漲，諸湖水溢，以致清口稍有空缺，黃水漲溢，餘波從旁漾上，直至十餘里之外，沙隨波停，遂將此口盡行淤塞，今所稱門限沙是也。」
〔註76〕《明神宗實錄》，卷十七，頁4，萬曆五年九月丁卯條：「南河工部郎中施天麟言：萬曆五年夏，黃、淮泛漲，淮水南潰，清口向未淤塞，而今淤塞矣。」

第三章　泗州與祖陵水患及禦水工程

　　黃河水浸灌清口，洪澤諸湖之湖底墊高；淮水逆浸，首及於泗州。泗州水患所以倍受朝廷重視，因其為祖陵所在，故泗州士民擁抱帝鄉自重，希朝廷重視此地水患。

第一節　泗州水患與禦水工程

一、泗州水患

　　泗州位居洪澤湖畔，地勢低窪，形勢如「釜底」，夙稱「天井」，為眾水所歸之鄉（見圖六、圖七）〔註1〕。洪澤諸湖匯聚淮、潁、渦、澮諸河以及天長（安徽天長）等縣七十二山溪之河水（見圖一）。每逢夏秋二季，淮河、洪澤湖諸水泛漲，泗州常遭河水浸灌，宋代歐陽修撰〈先春亭記〉載：宋仁宗景祐三年（1036）泗州守張侯為探求民隱，詢訪百姓，眾人皆言：「莫大於淮」，明年春，遂重修護城堤，堤高三十三尺〔註2〕。從堤防高度，可知是時黃河尚未浸入淮河，泗州已苦於水患。

　　明代黃河水浸入淮河漸盛，於嘉靖二十五年（1546）以前，觀黃河正流河道於開封（河南開封）以東，其會入淮河所循河道之變遷，奪行賈魯河、泗河，約有四十九年，潁河有二十五年，渦河有七十七年，睢河有六年〔註3〕；

〔註1〕　清・朱忻，《徐州府志》（臺北：成文出版社，民國57年3月臺一版，據清同治十三年刊本景印），卷十六〈建置考〉，頁2；又《漕撫疏草》，卷八〈恭報分黃導淮完工疏〉，頁18。

〔註2〕　《河防一覽》，卷二〈河議辯惑〉，頁67。

〔註3〕　參見《明代漕河之整治與管理》，第三章〈二洪運道之整治及其影響・二洪水量之維護與黃河之變遷〉，頁64～84。

圖六：明代泗州、祖陵形勢圖（一）

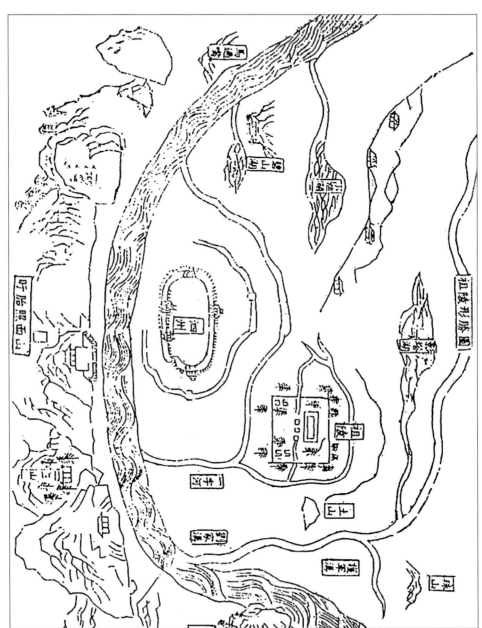

（採自曾惟，《帝鄉紀略》，祖陵形勝圖）

圖七：明代泗州、祖陵形勢圖（二）

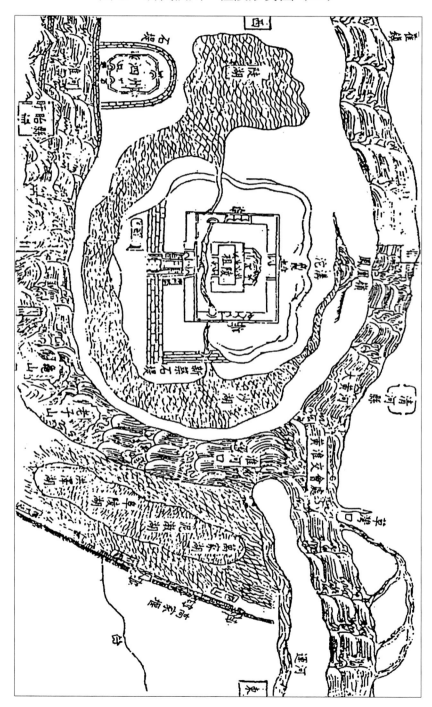

（採自潘季馴，《河防一覽》，祖陵圖說）

嘉靖二十五年以後，黃河全流東行泗河會淮河。黃河水入淮河之河道變遷，對泗州水患構成不同程度之危害，其歷年水患情形，詳見於下表：

表四：明代泗州水患一覽表

時　　　間	季　節	災　情	時　　　間	季　節	災　情
洪武十九年（1386）	夏四月	大水	嘉靖四十三年（1564）		大水
正統二年（1437）	夏	水	嘉靖四十五年（1566）		大水
正統三年（1438）	夏五月	大水	隆慶二年（1568）	夏	大水
天順四年（1460）	夏	水溢	隆慶三年（1569）	夏	大水
正德三年（1508）	秋	水溢	隆慶五年（1571）	夏	大水
正德六年（1511）	夏	水溢	隆慶六年（1572）	夏	大水
正德八年（1513）		大水	萬曆元年（1573）		水
正德十二年（1517）	五月	水溢	萬曆三年（1575）		大水
嘉靖七年（1528）	夏四月	大水	萬曆四年（1576）		大水
嘉靖十一年（1532）	夏秋	大水	萬曆五年（1577）		大水
嘉靖十五年（1536）		大水	萬曆六年（1578）	夏	大水
嘉靖十六年（1537）		大水	萬曆七年（1579）	夏	大水
嘉靖十八年（1538）	夏秋	大水	萬曆八年（1580）	夏	大水
嘉靖二十年（1541）	夏秋	大水	萬曆九年（1581）	夏	大水
嘉靖二十一年（1542）	夏秋	大水	萬曆十年（1582）	伏秋	水
嘉靖二十二年（1543）	夏秋	大水	萬曆十三年（1585）		水
嘉靖二十四年（1545）	夏	大水	萬曆十四年（1586）		大水
嘉靖二十五年（1546）		大水	萬曆十五年（1587）		水
嘉靖三十年（1551）	夏	大水	萬曆十九年（1591）		水
嘉靖三十一年（1552）	夏秋	大水	萬曆二十年（1592）	夏	大水
嘉靖三十四年（1555）		大水	萬曆二十一年（1593）		大水
嘉靖三十七年（1558）		大水	萬曆二十二年（1594）	夏	水
嘉靖四十年（1561）		大水	萬曆二十三年（1595）	夏	大水
嘉靖四十二年（1563）		大水	萬曆二十四年（1596）		水

資料來源：曾惟誠，《帝鄉紀略》（明萬曆二十七年刊本），卷六〈災患〉，頁 2～4。

從上表可知：

（一）明代於萬曆二十五年以前之一百七十八年，計有四十八次水患記錄，若與黃河正流河道之流向兩相對照，得知：(1)正德二年（1507）以前之一百三十九年，黃河正流河道，循賈魯河（東接泗河），或潁河、渦河、睢河會淮河之時間約有一百三十年，泗州水患僅有四次。(2)正德三年至嘉靖十二年（1533）之二十五年，黃河正流於魚臺縣（山東魚臺）或沛縣（江蘇沛縣）會漕河，再奪行泗河入淮河，水患有六次。(3)嘉靖十三年至嘉靖二十四年之十一年，黃河正流循渦河或澮河（僅一年，嘉靖二十四年）入淮河，水患有七次。(4)嘉靖二十五年至萬曆二十四年之五十一年，黃河全流東行泗河會淮河，水患有三十一次。因此，可知嘉靖十二年以前，無論黃河正流東行賈魯河，或南循潁、渦、澮等河入淮河，黃、淮二河之下游河道尚未淤高，所以泗州水患僅有十次；但嘉靖十三年以後，海口已漸呈淤塞，門限沙亦漸形成，以致泗州水患趨於頻繁，平均不及二年發生一次。

（二）泗州之四十八次水患中，有詳載災情，或州民於水患時曾避徙城頭，或逃樓盱眙山（盱眙縣東四十里）者，詳見於下表：

表五：明代泗州水患災情嚴重表

時　　間	災　　　　　　　　情
正統二年夏	淮水溢，城東北老君堂後崩圮，河水灌入城內，水深高與簷等，居民均奔盱眙山，或樓城上。
天順四年夏	淮水溢，水自北門水關入城，水勢高，至大聖寺佛座，比正統二年水患小些。
正德六年	自四月至六月霪雨，淮水溢，登盱眙山四望，泗州城若一巨舟，高塔若一危檣，浮在水上。城內水深達八尺，小船直抵東、北二城門。泗民人心惶惶，朝不保夕，泗州守張綸乃命居民移居城上，及東門外倉高地，或渡淮河登樓盱眙山。
正德十二年	淮水又溢，至七月乃消，水勢比正德六年，更高一尺二寸，城門、水關均填塞，幸無虞。
嘉靖四十八年	大水去城堞不盈三尺，城西北崩坍，水幾灌入城，泗民多奔盱眙山，泗州守戴大禮督塞，幸免，為百年來僅見。
萬曆七年夏	南門內城崩，壓死男婦十三口。
萬曆八年夏	淮大水，灌進南門，滿城驚懼，且至祖陵。
萬曆十九年九月	泗州大水，州治淹沒三尺，淮水高於城，祖陵被浸。

萬曆二十一年	水浸泗州城，居民半徙；城壞，半徙盱眙山。
萬曆二十二年六月	黃水大漲，清口淤塞，阻遏淮水，淮水不能東下，挾上源阜陵諸湖，與山溪之水，暴浸祖陵，泗城淹沒。
萬曆二十三年	江北大水，淮浸泗州、祖陵。

資料來源：
(1) 曾惟誠，《帝鄉紀略》（明萬曆二十七年刊本），卷六〈災患〉，頁 2～4。
(2) 王錫元，《盱眙縣志稿》（清光緒十七年刊本），卷十四〈祥異〉，頁 15～23。

可知：泗州迭遭嚴重水患，依《帝鄉紀略》載：泗州百姓遭受二種痛苦，一是居住之苦，二為出入之苦，前者指「隆慶、萬曆間，淮水大漲，終年不得消，以致湟水內壅，前街後市，處處沮洳，官署民廬，在在破壞，故下則架閣水面，而上則棲止城頭，近則徙避盱（眙）山，而遠則散處鄉井。」〔註4〕後者為：「水深則為之採舟，乘筏以通往來；水淺則為之褰裳濡之，以便出入。」〔註5〕總之，泗州百姓，在河水威脅下，居住、出入均無法安適。

（三）人口流徙，泗州之土地貧瘠，賦役亦繁重，又飽受水患，以致州民逃徙四方覓食，戶口數隨之減少。泗州戶口之異動，詳見於下表：

表六：明代泗州戶口數逐年遞減表

時　間	正德七年（1512）	嘉靖二十一年（1542）	隆慶六年（1572）	萬曆五年（1577）
戶　數	7,945	7,545	7,545	7,545
口　數	49,899	35,340	25,234	23,634

資料來源：曾惟誠，《帝鄉紀略》，卷五〈政治志‧戶口〉，頁 15。

可知泗州之人口數，萬曆五年不及正德七年之半數，此一情形，不僅泗州而已，其鄰近之盱眙、天長兩縣亦復如此；此三州縣於成化二年（1466）之人口數為一十萬六千六百零九人，至萬曆七年（1579）僅存五萬四千二百二十六人，其銳減原因，在於「死徙者眾，故口數半也。」〔註6〕

泗州從嘉靖末年以來，迭逢水旱，泗民生活，「十室而九貧」〔註7〕，造成百姓流徙他鄉，甚有淪為強盜者。

〔註 4〕《帝鄉紀略》，卷六〈衢路〉，頁 20。
〔註 5〕同註 4。
〔註 6〕同前書，卷五〈政治志‧戶口〉，頁 14。
〔註 7〕同前書，卷十〈綸奏志‧泗州判官候公廷訓題請守護祖陵疏〉，頁 51。

二、禦水工程

為防範淮水浸灌泗州城，治河官和當地士民所採行防禦洪水之方法，有以下三項：

（一）築護城堤

泗州城之地勢，城內較城外為低，每逢淮水泛漲，惟有緊閉五座城門和各處水關，以防洪水內灌；是時登城四望，城池浮於水面，如同漂釜。惟城內西南之香花門，地勢較高，得開啟以通往來；此門右方，有水關一座，稱「南關」，其地勢稍低，且濱臨河岸，於冬夏二季開啟此座水關，能疏洩城內潦水；逢夏秋，則須予以緊閉，以防淮水經此浸城。〔註8〕

嘉靖十九年（1540）以前，淮水浸城，「或十數年一焉，或三、五年一焉」，近年則「年年不免」〔註9〕。嘉靖二十年（1541）王宗尹初任泗州知州一職，是時正逢大水消退，一日登城閱視，眼見五座城門緊閉，造成百姓不能出入，而無法營生，乃認為：「南關，可以杜外水，洩內水」，為泗州城之咽喉，一旦遭洪水衝壞，將遺害嚴重。為求事先預防，遂於南關之南側，約五十丈之處，興建護城土堤一道，從香花門至西門，計長二里；土堤上並建造水閘一座，適時啟閉。此堤閘之構建，預期能達成「雖洪濤巨浪，衝激無處」，「他日大水臨城，可以洞開諸門，坐享平成之福。」〔註10〕但嘉靖三十四年（1555）淮水大漲，洪水從南關灌入城內，淹沒無數民房和倉庫。〔註11〕

萬曆四年七月，御史邵陛巡視泗州，正逢大水，其登城所見，城內「生靈如坐井中」，城外一片汪洋，乃感嘆言：城外所恃以防禦淮水者，僅有一道土堤，此如同「驅羊格虎」，遂決定重修護城堤，改採石塊包砌。是時石材難得，有建言：紫王城已沉於河中，取其石塊，可得萬石以築石堤。此議獲得採行，於同年十一月興工，明年五月告成，石堤長一千四百二十七丈，高九尺，底闊一丈，稱之「邵公堤」。〔註12〕

萬曆九年，總漕左副都御史凌雲翼因城外石堤年久失修，曾經奏請重建

〔註8〕 同註7，〈綸奏志・郡進士張鵾新建泗州南關堤閘記〉，頁又54。

〔註9〕 同註8。

〔註10〕 同註8。

〔註11〕 同註7，卷十〈綸奏志・泗州軍民署戶周良等奏止建高牆疏〉，頁58。

〔註12〕 同註7，卷十〈綸奏志・巡按御史餘姚邵公陛新築二堤記〉，頁又63；又《皇明世法錄》，卷四十九〈河道〉，頁12。

〔註 13〕。萬曆十六年，總河潘季馴認爲惟有修守堤防，方能免除泗州水患；但前此護城石堤之結構，其外側雖以石塊包砌，但其內部多屬浮沙，若遇雨水沖刷，容易坍塌，遂覓「老土」予以重建。此外，又增建石堤和子堤，從西門至新橋，各長一千九百三十二丈、一千六百八十丈。（見圖七）〔註 14〕

（二）重修城牆

泗州城，在元代原爲土城兩座，隔著「汴泗」河東西對峙；洪武初年改建爲磚城，始合和爲一。〔註 15〕

泗州城，其城牆外側雖以磚石包砌，但內部多用沙土添築，經河水長期浸滲，有坍塌之虞。隆慶四年，御史蔡應陽代巡泗州，防察民隱，州父老均舉出：有城牆不堅固之憂。蔡應陽得知後乃言：「城者，民之扞；民扞不固，吾何以安。」遂從鳳陽府籌得修城銀二千餘兩，各級官吏亦捐俸一千餘兩助工，重修西門至東門，長七百五十丈，牆內外皆如式砌以磚石。〔註 16〕

（三）置車排水與舖高街道

泗州城周圍九里，城內長三里，有「汴泗」河流貫其中，從北水關流入，由南水關流出會淮河，遇有淫雨，城內各處積水均匯集於汴泗河，排出城外〔註 17〕。萬曆年間，淮河之河床和洪澤湖之湖底均墊高，泗州城之地勢相對更爲低下，以致南、北等水關終年均嚴閉，無法開啓達「數十餘年」。城內積水無處洩放，乃壅積爲患，導致街市泥濘，官舍、民房蕩析，景象蕭條，令人心寒。〔註 18〕

泗州士民爲整治城內積水，前後採取二項方法：

1. 置車排水

從萬曆初年，即因各座水關緊閉，城內積水無處洩放，遂創置水車抽水，以救燃眉之急，每年均派民夫二、三百人負責抽水。至萬曆二十四年施行「分黃、導淮」治河方策後，泗州城方能開啓水關洩水，而車夫之役始停。〔註 19〕

〔註 13〕《明神宗實錄》，卷一一八，頁3，萬曆九年十一月乙亥條。
〔註 14〕《河防一覽》，卷十〈申明修守事宜疏・如幫眞土以保護堤〉，頁 282；又《皇明世法錄》，卷四九〈河道・南河〉，頁 16。
〔註 15〕《帝鄉紀略》，卷十〈綸奏志・大學士趙公志皐修內城記〉，頁又 58。
〔註 16〕同註 15。
〔註 17〕同前書，卷六〈衢路〉，頁 20。
〔註 18〕同前書，卷十〈綸奏志・王守陞塡城事記〉，頁又 71。
〔註 19〕同前書，卷六〈力役〉，頁 14。

2.舖高街道

萬曆二十三年（1595），基於各項治河方策均無法挽救泗州水患，時議興起遷移州城於盱眙縣等地，總河舒應龍亦有此議，但遭給事中楊其休反駁言：泗州城或許可以遷移，但祖陵能遷徙乎？此議遂停〔註20〕。是時泗州士民為謀長遠之計，另有提議添高城內街道者，但初經估算，因經費龐大，泥土亦取得困難，乃暫時擱置，俟它日再議。

萬曆二十四年春，南水關外，發生大火，燃燒民房四千餘間，總漕褚鈇截留漕米二萬石，作為填高街道之經費。州守王陞主其事，派民夫二千餘人，從萬曆二十五年冬興工，至明年夏告成，計填過大小街巷二十一道，土方一萬四千有餘，不僅焚毀之區，四千餘間民房，恢復舊觀，數十年洪泛之區，亦能重見平成之象。〔註21〕

舖高街道，是否能使泗州城長期免遭水患，依《帝鄉紀略》記載：街道逐年舖高後，城內積水未見減低，此因填高街道多採用浮沙，經雨水沖刷後，泥沙易淤積於城內河道；河道一旦淤高，水流不暢，容易泛濫〔註22〕。況且舖高地方，只限於百姓居住之街道，而官舍所在地區之地勢，則相對更為低下，容易積水為患，造成官舍建築日益敗壞，將來又需勞動百姓予以修建。〔註23〕

泗州為水鄉，故迭遭水患；為防水浸，採行建造護城堤防等各項工程，但黃、淮二河未能有效整治前，泗州城終必沈沒於湖底。

第二節　祖陵水患與陵堤興建

一、地勢與風水

（一）祖陵地勢

祖陵位於泗州城東北十三里，坐北朝南，較泗州城址高二丈三尺一寸，前臨淮河、背負黃河。（見圖六、圖七）〔註24〕

〔註20〕同前書，卷三〈河防〉，頁44。

〔註21〕同註18；及《明史》，卷二十九〈五行二・火異〉，頁221。

〔註22〕同註17，頁21。

〔註23〕同註19，頁15。

〔註24〕《河防一覽》，卷一〈祖陵圖序〉，頁 30；又同前書，卷二〈河議辯惑〉，頁69：「自淮河見流水面至岸，地比水岸高七尺；又自岸至下馬橋邊，地高八尺

祖陵地勢屬於山岡，稱爲基運山，平原中突起高阜。山岡之西北，龍脈源自徐州諸山，經靈璧縣（安徽靈璧）、虹縣（安徽虹縣），蜿蜒起伏數百里而來，會秀含靈，聚止於基運山。祖陵北方、有土岡倚負；其南方亦有小岡阜，橫亙依憑；由於西、北二面之土岡連屬相結，永奠無憂。〔註25〕

祖陵南方小岡小阜之北麓，時有溪水漲流，溪上建橋一座以通往來，凡謁陵官員均在此下馬，稱之「下馬橋」（見圖八）。小岡阜之前，有沙湖（泗州城北五里）、陡湖（泗州城西十里，夏季水漲通沙湖）瀦蓄，作「內明堂」（見圖七）。淮河從西而來，環繞東流，與黃河合襟清口，爲「外明堂」（見圖七）。祖陵東面，有老汴河〔註26〕，遠從東北而來，塔影湖（泗州城西北四十里）、蘆湖、韓家湖等湖水和祖陵北方土岡後面之沱溝（泗州城北十三里）河水，均會入老汴河。祖陵西面，有源自本山岡之溪水，引入金水河（見圖八），經祖陵前向東流，亦注入老汴河。前述祖陵四面諸湖、河水，逢夏秋，水勢盛大，眾水會合，從東南之直河（泗州城東北二十里，由汴河達於淮河），奔往於淮河；若值冬春，水勢較小，眾水則匯聚於祖陵東、南二側之沙、徒諸湖；若逢淮水泛漲，洪水西從黃岡口（泗州城西二十里），東由直河口（泗州城東），浸灌瀰漫，與沙、徒諸湖水通連會合，有時洪水會淹至基運山下，或下馬橋邊（距淮河水面高十五尺四寸）。〔註27〕

祖陵背枕山岡，龍騰鳳躍，黃、淮二河相交會合，乃天地四瀆之氣，均融結於此，爲億萬年鍾祥毓秀之地。〔註28〕

（二）祖陵風水

明代治河官爲求貫徹其治河方策，對祖陵風水有不同之見解。

「水會天心」，是束水攻沙論者如潘季馴等之風水觀。其認爲：祖陵位於黃、淮二河會合處，稱之「水會天心」，或「萬水朝宗」。此因二條河川之發源地，相距萬里，蟬蜿而來，河水於沿途沒有涓滴旁洩，卻交會於清口，同

四寸；橋邊至陵門，地高六尺；陵門地至陵地，高一尺七寸，其高二丈三尺一寸。」

〔註25〕《問水集》，卷六〈事體重大欽遵敕旨奏請定奪貳條〉，頁106。
〔註26〕明·柳英，《中都志》（明弘治元年刊本），卷二〈湖〉，頁20：「汴河，即隋時所開，自大梁通淮達邗溝，至揚州之河也。今上流堙塞，夏月水漲，舟楫可通虹縣，冬月水涸不通，汴口南對盱眙山。」
〔註27〕同註25；及《河防一覽》，卷二〈河議辯惑〉，頁67。
〔註28〕同註25下引書，卷二十四〈祖陵當護疏〉，頁518。

圖八：明代祖陵圖

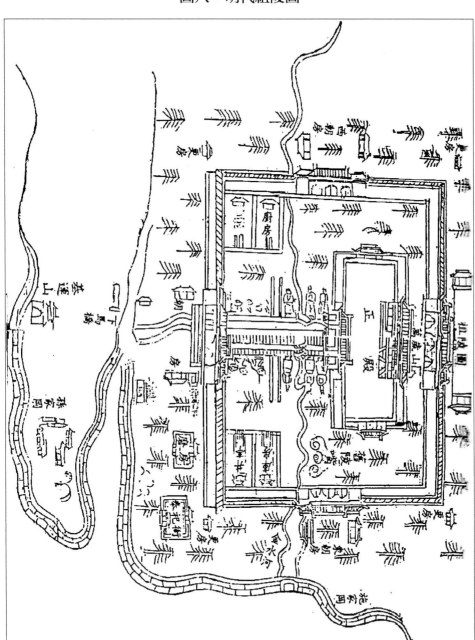

（採自曾惟誠，《帝鄉紀略》，祖陵圖）

流入海；而龜山（安徽盱眙縣東北）於陵前（見圖六、圖七），橫截淮水，河道彎曲如牛角，約攔去流於後，以致風氣完固，為億萬年無疆之基地〔註29〕。因此，若分導淮水，從高家堰旁洩入高郵、寶應諸湖；或於清口上游一帶，另開支渠分洩黃河水入海，均將導致抱身之水，反跳而去，有損祖陵王氣，觸犯堪輿家之大忌，「過宮反跳」，萬一有誤，令人心寒。〔註30〕

　　但導淮論者，如泗州鄉官常三省等，於萬曆九年其治河方策是主張分洩淮水入高郵諸湖，以免淮水浸灌泗州。因此其對「過宮反跳」，有不同解釋：祖陵風水，關係重大，從馬過湖至龜山，一草一木均有明禁，此範圍以外，則非禁例所及；何況堪輿家所謂反跳，是指：「橫龍之水，正當穴前，乃翻轉而去，或過宮未遠，翻轉而去。」茲大澗口（高家堰南十三里）位於祖陵左後一百四十里（見圖十一、圖十二），相距遙遠，不是位於「龍穴前」，若分導黃河水經此南流，稱為反跳，則與堪輿家所言不同。〔註31〕

　　至於分黃論者，為分洩黃河水入海，以免黃河水灌淤清口，於萬曆二十四年計畫於桃源縣開鑿黃家壩新河（見圖二十三），由於分水口位於清口之上游，如是將破壞潘季馴所稱：黃、淮二河交會清口之祖陵風水。於是工科都給事中張企程為求此一工程能順利進行，對於「水會天心」之說，提出反駁言：清口交會之說，毫無根據，經查《大明會典》，並無黃、淮二河交會清口之記載。正德朝以前，黃河正流河道遷徙不定，或由中牟縣（河南中牟），循潁河入淮河；或於亳州（安徽亳縣），循渦河會淮河；或循澮河於泗州入淮河。只是近年（嘉靖二十五年）南流諸河道均淤塞，以致黃河全流，東奔徐州，奪行泗河，始與淮河交會於清口。築堤束水者，創造「水會天心」之說，實聳人聽聞，拘泥於堪輿家之說。〔註32〕

　　熙祖於元代末年葬於泗州，是時黃河水流經泗河，與淮河交會於大清口，僅為正流，而非全流，故明代國基與黃、淮二河交會清口無關。御史夏之臣言：「有託形勝之說，以存高（家）堰者，必曰：淮、黃合襟，形勝在焉，然當淮、黃會合，篤生聖祖之時，未有高（家）堰也。」〔註33〕張兆元亦言：「殊不知二流之合，始於武廟初年，祖陵之葬，肇於勝國（元代）末

〔註29〕同註24。
〔註30〕同註27；又同前書，卷十〈申明修守事宜疏〉，頁282。
〔註31〕《帝鄉紀略》，卷十〈郡進士常公三省上北京各衙門水患揭帖〉，頁68。
〔註32〕《行水金鑑》，卷三十九〈河水〉，頁555，引「張企程題覆河工奏議疏」。
〔註33〕《明神宗實錄》，卷二八六，頁3，萬曆二十三年六月壬子條。

造。」〔註34〕可知均否定明代建國與「水會天心」之關係。

二、家世與建陵

　　明太祖之先世，隸籍於江東句容縣（江蘇句容）之通德鄉朱家巷。熙祖生於宋季元初，於元世祖至元二十六年（1289）前後，舉家渡淮河，居於泗州城北之招賢鄉凡有三十八年，卒於元泰定帝泰定四年（1327），葬於離家不遠（屋後）之楊家墩。同年十二月，仁祖再遷於濠州鍾離縣（安徽鳳陽）東鄉，明年（1328，元文宗天曆元年）九月十八日生太祖。經十年又遷於鍾離縣西鄉，後再遷居於太平鄉。元順帝至正元年（1341），仁祖年六十四歲，淳皇后為五十九歲，相繼崩卒。〔註35〕

　　明太祖於洪武元年（1368）即帝位，依禮制，追封上四世尊號，皇高祖為元皇帝，廟號德祖；皇曾祖為恒皇帝，廟號懿祖；皇祖為裕皇帝，廟號熙祖；皇考為淳皇帝，廟號仁祖〔註36〕。洪武二年（1369）營建仁祖皇陵於鳳陽府城南，因命懿文太子至泗州，祭告祖考妣，卻不知玄宮所在，遂於城西之潮河壩，瀕河吊祭。洪武四年（1371）立祖陵廟，奉祀德祖、懿祖和熙祖之牌位〔註37〕。洪武十七年（1384）因龍驤衛百戶朱貴，為泗州招賢鄉人，相傳其先世與熙祖是鄰居，且屬同宗，是年因年老返鄉，得知太祖追念三祖功德，乃親赴北京，獻祖陵圖於御前，解說熙祖真穴位於楊家墩，自願護守祖宗根本之地。太祖遂授朱貴為祖陵署令，後改名為奉祀，並於洪武十八年（1385）命懿文太子營建祖陵於萬歲山，明年十月陵工告成，外土城有九里，內城四里，栽種松柏七萬餘株〔註38〕，寢殿內奉祀德、懿、熙三祖帝后之冠服。〔註39〕

　　舊龍嘴（位於萬歲山正殿前，亦稱舊陵嘴），古名楊家墩（見圖八），為

〔註34〕《行水金鑑》，卷三十七〈河水〉，頁535，引「張兆元，分黃、導淮議論」。
〔註35〕《帝鄉紀略》，卷一〈帝跡志・本紀〉，頁1；又明・李上元，《盱眙縣志》（明萬曆二十三年刊本），卷一〈聖跡志・祖陵事實〉，頁4；和張正祥，〈明祖陵〉（《考古》第八期，1963年），頁439，其引用朱元璋之〈朱氏世德碑〉、崇禎十四年工部侍郎蔣德璟之〈鳳陽皇陵記〉論述明太祖之家世、熙祖遷居泗州之時間和卒年。
〔註36〕同註35下引書，卷一〈聖跡志・祖陵事實〉，頁5。
〔註37〕《明史》，卷五十八〈禮十二・山陵〉，頁626。
〔註38〕《帝鄉紀略》，卷一〈帝跡志・興建〉，頁8；同前書，卷十〈綸奏志・令旨〉，頁1。
〔註39〕同註37。

熙祖舊居所在，熙祖眞體有否埋葬於此，泗州官民如州守王陛等，爲使朝廷重視泗州水患，引用王文祿撰〈龍興寺記〉之內容，主張寢殿雖奉祀三祖之衣冠，但熙祖眞穴確位於舊龍嘴。〈龍興寺記〉之內容大要，茲述於後：

　　楊家墩，氣候冬暖夏涼，草木四季常青，墩下有一窩，爲熙祖平日農耕閒暇，臥趟休息之處。有一日，二位黃冠道士路經此地，年長道士言：若能安葬於此，後世子孫出天子；其徒問其故，乃回答：此處之地氣溫暖，若採枯枝栽種之，十日後，枯枝將生出新葉。是時，熙祖聽聞此言，隨身而起，年長道士問之，有否聽及吾等之對話，熙祖回答：是時在睡覺，年長道士遂將枯枝栽入土裏。十日後，熙祖先至該處，見枯枝果然長出嫩葉，即拔除之，另採枯枝栽入原地。不久，二位道士重返楊家墩，其徒言：爲何枯枝未生出新葉，此時熙祖在旁觀看，年長道士指向熙祖言：必爲此人拔去；熙祖不再欺騙，乃據實陳述。年長道士言：你有福氣，死後安葬於此，子孫必生天子。熙祖將此事告知仁祖，其死後遂安葬於此地。半年後，仁祖妻陳氏孕太祖，不久，仁祖遷居鍾離縣東鄉，乃生太祖。〔註40〕

　　此段文辭，顯然穿鑿附會，但王陛撰〈辯祖陵衣冠公移〉，引述此文內容時，卻言：「熙祖眞穴不在此，……王文祿之記，豈空懸附會之說。」〔註41〕王陛並言：朱貴獻祖陵圖之後，太祖原辭要以王者之禮改葬熙祖眞穴，但因時間久遠，惟恐輕洩王氣，乃備其冠服與德、懿二祖同葬於萬歲山，而眞穴仍在舊龍嘴。假若眞穴不在舊龍嘴，則得以熙祖衣冠附葬於仁祖皇陵，何必再營建祖陵。況且，朱貴授官守陵是在洪武十七年，而祖陵營建完成，則在洪武十九年，如此，前二年朱貴護守之陵墓，爲何人之塋墳。〔註42〕

　　由於泗州士民均反對束水攻沙論之治河方策，將泗州和祖陵水患，歸因於高家堰之建立，雖然洪水從未淹及萬歲山之正殿，但舊龍嘴卻時遭水浸，已成爲污泥之地。泗州士民爲提醒朝廷，舊龍嘴才是龍興之地，要求朝廷拆毀高家堰，如萬曆二十三年御史夏子臣言：「三祖眞穴，名舊龍嘴，其地多夏，草色常青，旺氣所鍾者也，萬曆初年，（高家）堰成而金水河壅而不行，節年水流日增，玄宮之上，水且盈尺，議者既不敢言。」〔註43〕但束水攻沙論者，

〔註40〕《帝鄉紀略》，卷一〈陵墓〉，頁18，引「王文祿，龍興寺記」。
〔註41〕同前書，卷十〈綸奏志·王守陛詳潁州道李公弘道辯祖陵衣冠公移〉，頁84。
〔註42〕同註41。
〔註43〕《明神宗實錄》，卷二八六，頁3，萬曆二十三年六月壬子條。

因其治河方策無法挽救祖陵水害，遂否定舊龍嘴之存在，潘季馴於萬曆十六
年上奏之〈報消泗水疏〉言：

> 職會勘祖陵時，泗州士民即指出沱溝水濱之土堆為三祖舊陵，臣（潘季
> 馴）遂回答：萬曆九年該州鄉官常三省亦曾提及此事，臣曾親往閱視，則見
> 祖陵東南隅，沱溝水通流之處，有亂草土堆，詢問之，並沒有封號；注視
> 之，亦沒有封植。此地若為三祖舊陵，如是，洪武十九年封樹之巍峨玄宮，
> 是否植錯地方；況且，高皇帝御制碑文，亦沒有提及所謂舊陵者，難道其亦
> 記載錯誤嗎？是時眾人聽聞此言，均相顧驚嘆，言辭激切，而不知其已淪為
> 不臣。〔註44〕

祖陵正殿，所奉祀者為三祖之冠服，舊龍嘴是否存在，泗州士民言之確
鑿，束水攻沙論者卻視為亂草土堆。

三、水患與陵堤

泗州城有水患，洪水未必及於祖陵，若祖陵遭水浸，泗州城已呈漂沒，
此因祖陵地勢高於泗州城。茲配合黃河河道變遷和治河方策之採行，依朝代
順序，探討祖陵水患及護陵堤防之興建。

（一）嘉靖朝

此一時期，若黃河水由渦河進入淮河，遭到河水侵犯之陵寢，以鳳陽之
壽春諸王墳最為嚴重，其次是泗州之祖陵；至於鳳陽之仁祖皇陵，則從未有
水害。

正德四年至嘉靖十二年之二十年間，黃河正流東北行，於魚臺縣或沛縣
一帶會「閘漕」南段運道。黃河正流之所以維持此一流向，一是得引用黃河
水濟助魚臺縣以南至淮安府城間運道之水量；二為潁、渦等河乃是黃河南行
入淮河經行之河道，於明代前期，經黃河長期奪行後，諸河道均已淤高，無
法再流通黃河水。但引黃河水濟助運道，必然招來黃河沖阻運道之危害；嘉
靖六年（1527）六月，黃河決於沛縣，淤塞「閘漕」南段運道數十里，總河
章拯為分洩黃河水，挑濬潁河和睢河。是時疏洩黃河水之南行諸河道中，為
何不挑濬渦河？原因在於「渦河東入淮，又東至鳳陽，……經壽春王等園寢，
為患叵測。」〔註45〕此是明代整治黃河，為分洩黃河水南行入淮河，首次顧

〔註44〕《河防一覽》，卷十二〈報消泗水疏〉，頁415。
〔註45〕《明世宗實錄》，卷七十七，頁1，嘉靖六年六月丙午條。

及河水侵犯陵寢。

壽春等王墳，位於鳳陽府城西北二十五里之白塔，爲十王、四妃之衣冠塚。此十王是熙祖長子壽春王（皇考仁祖爲熙祖次子）及其四子（霍丘王、下蔡王、安豐王、蒙城王）、五孫（寶應王、六安王、來安王、都梁王、英山王）。四妃爲壽春王妃劉氏、霍丘王妃翟氏、安豐王妃唐氏和仁祖第三子臨淮王妃劉氏。〔註46〕

嘉靖十二年（1533）十月，黃河決於蘭陽縣（河南蘭封），以致黃河正流南循渦河入淮河，此一流向維持至嘉靖二十四年。此十二年間之治河議，常論及黃、淮二河水合流有衝嚙陵寢之憂，如嘉靖十四年（1535）總河劉天和言：「至於渦河，倘黃河正流水循此南行，則二洪水澀（河漕運道），亦有陵寢之犯。」〔註47〕又《嘉靖・徐州志》載：「嘉靖庚子（十九年），然河流所趨，泥沙相半，……全入渦河，陵寢所繫，尤難輕議。」〔註48〕又嘉靖二十年工科給事中張翼翔言：「黃河南入渦河，經亳州，逼近陵寢。」〔註49〕前引各治河議並無明述河水侵犯何座陵寢，但嘉靖十五年（1536）御史李如珪則言：「黃河大勢，盡徙而南，……若不導引分殺，聽其奔崩，則壽春王陵與州縣城郭，俱有可虞。」〔註50〕又嘉靖十六年（1537）總河于湛言：「俱入亳州，經渦河，漸及壽春王陵。」〔註51〕又張鳳盤〈復邵梅墩論河議〉載：「且渦河口，近祖陵，誠不可議。」〔註52〕可知黃河水南徙是惟恐河水侵犯壽春等王墳和祖陵。

壽春等王墳和祖陵，於明代前期遭河水侵犯情形，以及嘉靖十三年以後爲防禦水患而整建之各項工程，茲述於後：

〔註46〕 《萬曆・盱眙縣志》，卷一〈聖跡志〉，頁2；及《中都志》，卷四，頁35，可知壽春王之五孫；霍丘王有一子，爲寶應王；安豐王有四子，是六安王、來安王、都梁王、英山王。壽春王之四子皆生於泗州；其五孫皆生於鍾離縣。諸王俱無後，其名亦無可考，皆因洪武中追封始見者。仁皇有四子：長子南昌王、次子盱眙王、三子臨淮王、四子即明太祖。
〔註47〕 《明神宗實錄》，卷一七二，頁5，嘉靖十四年十二月辛亥條。
〔註48〕 《嘉靖・徐州府志》，卷七〈漕河〉，頁49；又《同治・徐州府志》，卷十六〈建置考〉，頁2：「昔出滎澤，由壽州入淮；出祥符由懷遠入淮，近以陵寢故塞，統由秦溝直射城（徐州）之東北。」
〔註49〕 《明世宗實錄》，卷二四九，頁1，嘉靖二十年五月丁亥條。
〔註50〕 《皇明世法錄》，卷五十三〈黃河〉，頁20。
〔註51〕 《明神宗實錄》，卷二〇七，頁2，嘉靖十六年十二月癸丑條。
〔註52〕 《皇明經世文編》，卷一〈張鳳盤集・復邵梅墩論河漕〉，頁14。

1.壽春等王墳

王墳位於淮河南岸，距離河岸僅有一百餘丈，明代前期黃河正流或支流已長期由渦河入淮河〔註53〕。黃、淮二河合流，水勢盛大，逼近墳塚，依《中都志》載：天順四年（1460）以來（黃河正流由渦河入淮河），河水連年泛濫，墳塚、殿宇常遭水浸；弘治年間（黃河支河由渦河入淮河），河水衝囓陵墓北岸，泥沙淤積於墳塋北面，形成沙洲，距離河岸只有二百餘丈；正德八年（1513）（黃河支流由渦河入淮河），河水高漲，溢越沙洲，浸入墳內，前殿水深達五尺五寸。〔註54〕

嘉靖十四年，總河劉天和鑒於前此黃、淮二河水對王墳之危害，茲黃河正流復循渦河與淮河合流，乃派員前往勘查，測知：王墳距離河岸只有三百四十餘步，爲預防水浸，採行三項整建墳地工程：(1)建造環形土堤。以墳殿爲中心，其北方一百四十丈外，南方一百六十丈外，東、西二方各一百五十丈外，修建環形土堤一道，周圍五里，計長九百丈，根寬五丈，頂闊二丈，高一丈。(2)構築轉變石堤。環形土堤之北面和東、西兩面各轉彎處，約有三百丈，以石塊包砌，高一丈五尺，以防洪水浸囓。(3)密栽柳樹。環形土堤之兩側至堤頂，均栽種低矮柳樹，以防墳堤遭浸壞；又於轉彎石堤以外，至河岸之間，栽種深柳數十層，以固結墳前沙土及保護石彎堤。〔註55〕

2.祖　陵

於嘉靖十三年以前，僅有水患一次；正德十二年（1517）（黃河正流由泗河入淮河），河水泛漲，淹至陵門，浸及墀陛，《問水集》稱：「此則曠百年而一見。」〔註56〕嘉靖十四年總河劉天和等鑒於祖陵臨近河岸，惟恐黃、淮二河水浸及祖陵，爲求事先預防，於祖陵之東、西、南三面，創建石堤一道，長八十三丈；及石閘一座，以利洩放潦水。〔註57〕

萬曆二十五年，總河尚書楊一魁曾分析洪武二十四年（1391）至嘉靖二十五年之一百五十五年間，黃河河道變遷與祖陵水患之關係：

　　洪武二十四年，河決原武黑陽山（縣北三十里），經開（封）城北，

〔註53〕永樂四年至正統十三年之三十二年，以及景泰六年至弘治二年之三十四年，合計六十六年，黃河正流由渦河入淮河。

〔註54〕《問水集》，卷六〈事體重大欽遵敕旨奏請定奪貳條〉，頁108。

〔註55〕同註54。

〔註56〕同註54。

〔註57〕《帝鄉紀略》，卷一〈帝跡志・興建〉，頁5。

又東南經項城（河南項城），至壽州（安徽壽縣）正陽鎮入淮，行之二十餘年（潁河）。至永樂九年（1411），河稍北，入魚臺塌場口（穀亭鎮北十里），未幾復南決，由渦河經懷遠縣（安徽懷遠）入淮，時兩河合流，經鳳陽，歷泗州，以出清口，若患及陵寢，祖宗當何如？爲慮者而卒未聞計及也。嗣後，又行之四十餘年（渦河）。至正統十三年（1448），河復北決，衝張秋（東阿縣西六十里）。至景泰初（約1450），先臣徐有貞塞之，河復渦河東南入淮，亦不聞病及祖陵也。嗣後，又行之三十餘年（渦河）。至弘治二年（1489），河復北決，衝張秋，先臣白昂、劉大夏相繼塞之，復導河南流，一由中牟至潁（州）、壽（州），一由亳州渦河入淮，一由宿遷小河口（睢河）會泗（河），時則全河大勢，縱橫于潁（州）、亳（州）、鳳（陽）、泗（州）之郊而下，且恣溢于符離（安徽符離）、睢（寧）、宿（遷）之境矣，然卒不聞及祖陵，亦不聞及歸仁（即歸仁堤，宿遷縣西南）也。惟是正德三年以後，河漸北徙，或由（徐州）小浮橋入漕（河），或由（沛縣）飛雲橋入漕（河），或由（魚臺縣）穀亭入漕（河），全河大勢始盡趨徐（州）、邳（州）出二洪（河漕運道），運道雖稍資其接濟之利，而亦受其泛濫之害。至嘉靖十一年（1532），河臣建議分導者，始有渦河一支，中經鳳陽祖陵，未能輕舉之說。夫當全河南徙之時，不聞爲祖陵患。……至嘉靖二十五年以後，南流故道始盡塞，或由秦溝入漕（河），或由濁河（徐州城北三十里）入漕（河），五十年來，全河盡出徐（州）、邳（州），奪泗（河）入淮。……以致河流日壅，淮不敵黃，退而內瀦，遂貽今日祖陵之患。

此實由于內水之停壅，不由于外水之衝射也。〔註58〕

楊一魁分析晚明以前一百五十五年，黃河之河道變遷，大致正確；其認爲嘉靖二十四年以前，不論黃河正統南循潁河、或渦河入淮河，祖陵並無水患；祖陵有水患來自黃河正流或全流東行泗河（河漕運道）所造成，正德三年至嘉靖十一年間，黃河正流奪行泗河，祖陵「亦受其泛濫之害」（正德十二年河水浸陵門爲祖陵首次水患）；嘉靖二十五年以後，黃河全流行經泗河，因「黃強淮弱」等因素，祖陵水患趨於嚴重，故楊一魁認爲祖陵水患始於此時之後。其實嘉靖十三年至嘉靖二十四年間，黃河正流南循渦河入淮河，祖陵並非沒

〔註58〕《明神宗實錄》，卷三○八，頁12，萬曆二十五年三月己未條。

有水患，嘉靖二十一年知州王宗尹曾因黃、淮二河水連年沖溢祖陵，遂於陵地東側構建石堤，長八十三丈，底闊五丈六尺。〔註 59〕

至於位於鳳陽府城西南之皇陵（東距祖陵約二百里），雖然治河官在其治河議論中，常論及黃河由渦河入淮河，有水浸皇陵之憂，如光祿少卿黃綰言：「欲自渦河疏導入淮，稍殺豐（縣）、沛（縣）之水患，是亦權救之說；但泗州、鳳陽、祖陵、皇陵所在，國家根本，又須迴避拱抱，不可逼衝反跳。」〔註 60〕其實，皇陵從未有水患，如嘉靖十三年總河朱裳言：黃河由渦河入淮河，至鳳陽，有皇陵、壽春諸王墳；至泗州，經祖陵，但「皇陵去河遠，無可慮者。」〔註 61〕又劉堯誨之〈治河議〉亦言：皇陵位於鳳凰山，地勢較高，且在鳳陽府城南二十里，遠離淮河〔註 62〕，因此，其認為主張黃河水浸及皇陵者，「此皆臆說」〔註 63〕。嘉靖二十五年以後，清口遭淤塞，淮水逆浸，亦止於祖陵，未能遠達皇陵，萬曆十六年工科都給事中常居教曾言：「鳳陽皇陵，相去淮口（清口），尚二百餘里，勢不相及。」〔註 64〕

嘉靖二十五年，黃河決於曹縣（山東曹縣），河勢東北徙，於魚臺縣入「閘漕」運道，以致南行之渦河、澮河諸河道皆淤塞，從此黃河全流或正流東行泗河。嘉靖二十九年（1550），總漕龔輝因黃河「下游壅塞，勢必上溢」，為避免祖陵遭受水患，乃開挑直河口（泗州城東北二十里），疏洩陵園內諸河、湖水。〔註 65〕

嘉靖朝，黃河南徙循渦河入淮河，遭洪水侵犯最嚴重之陵園，為壽春等王墳，但王墳屬於衣冠塚，況且其迭遭水浸，是在嘉靖十二年以前。因此，黃河南徙，對朝廷而言，影響最大者在於「河漕」運道缺乏黃河水以濟運，而非顧及陵寢之安危。至於此時期之治河議，提及「陵寢之憂」，只是為維護「河漕」運道水量而反對黃河南行者，為強化其議論，所運用之托辭而已，

〔註 59〕同註 57，頁 11。

〔註 60〕《西園聞見錄》，卷八十七〈治河上・黃綰〉，頁 19；又同註 59，〈治河上・萬表〉，頁 25。

〔註 61〕《明世宗實錄》，卷一五八，頁 11，嘉靖十三年正月甲子條；及同前書，卷八十九〈治河下〉，頁 27。

〔註 62〕《古今圖書集成》，卷二二七〈山川典・河部・藝文三・明・劉堯誨・治河議〉，頁 158。

〔註 63〕同註 62。

〔註 64〕《河防一覽》，卷十四〈祖陵當護疏〉，頁 520。

〔註 65〕《明神宗實錄》，卷三五九，頁 2，嘉靖二十九年四月丁未條；又《國朝典彙》，卷一九○〈治河〉，頁 25。

不然黃河全流東行泗河後，對祖陵不是造成更嚴重之水害嗎？

（二）萬曆朝

朝廷爲引黃河水濟運，經工部尚書朱衡治河後，黃、漕二河交會於徐州，因黃河奪行泗河會淮河，對祖陵造成嚴重水患，茲以萬曆十九年（1591）和萬曆二十五年作爲分界點，分三期論述之。

1. 萬曆十九年以前

此時期出任總河者，多屬束水攻沙論者。隆慶六年朱衡等修築徐州至宿遷縣間，黃河南岸堤防時，總漕王宗沐即建言：爲維護祖陵，黃河南岸堤防較爲單薄處，務請增高培薄，以確保無虞〔註66〕。萬曆三年，黃、淮二河相繼潰決，淮河南北各州縣漂沒千里，因淮水浸塌祖陵外城基址，奉祀官朱宗唐奏請南京工部負責整建，避免水浸松柏林；萬曆五年乃增建石堤於東南側，長有一百七十八丈，高七尺。〔註67〕

萬曆八年（1580），總河潘季馴正在修建高家堰中段石堤工程時（詳見本文第四章二節一項〈拒外水入境〉），泗州鄉官常三省等向巡按御史陳用賓呈遞〈水患帖議〉，反對高家堰之興建，因此堰阻礙淮水南洩之路，致使淮水逆浸祖陵，淹枯松柏六百餘株，殿陛間水深盈尺，舊龍嘴水深近丈〔註68〕。於是工部命潘季馴親往泗州勘查災情，經季馴勘陵後，就常三省所言，斥爲「舛謬不經」，其〈高堰請勘疏〉言：

臣在泗州知州秘自謙、盱眙知縣詹朝等陪同下，躬閱祖陵，見松柏鬱然，籠雲蔽日，塹外護沙，如同高阜，此一景象與常三省等所言：「祖陵松柏淹枯，護沙洗蕩」，完全不同。返回泗州後，曾面詢知州爲何鄉官等所言如此誑誕，知州回覆言：鄉官等何曾至陵上閱視，只聽小人虛構之語，遂予記載。〔註69〕

朝廷爲使高家堰修建工程得以順利進行，同年十一月，乃削奪常三省之官職，罷斥爲民〔註70〕。但常三省並未因此作罷，明年又至北京，向工部等

〔註66〕《行水金鑑》，卷二十六〈河水〉，頁394，引「南河全考」。
〔註67〕《帝鄉紀略》，卷一〈帝跡志·興建〉，頁11；又同前書，卷六十二〈河水〉，頁917，引「南河全考」：「議石砌陵堤二百二十六丈，至五年工完。」
〔註68〕同前書，卷十〈綸奏志·郡進士常公三省上總河、巡按、掌科水患揭帖議〉，頁74～83。
〔註69〕《河防一覽》，卷九〈高堰請勘疏〉，頁246～254。
〔註70〕《明神宗實錄》，卷一〇六，頁4，萬曆八年十一月乙酉條。

有關衙門呈送「水患揭帖」，指責潘季馴勘陵不實言：

泗州水患，以近年為甚，又以去年最為嚴重，是時淮水逆浸祖陵，正殿前積水超過二尺；舊龍嘴相傳為熙祖梓宮所在，水深四尺以上；近陵護沙，如龍灘嘴、鄧家嘴等處，衝蕩於風浪之中，毀損處甚多；金水河兩岸之松柏，依本州知州於萬曆八年十一月十七日，奉潁州道詣陵勘查，計有淹枯松柏六百零一株，均屬成材大木，其它小木不在此數。同年十二月十五日，潁州道按察副使奉按院牌，再至陵地覆勘，松柏淹枯數目與前所核計相同；凡此祖陵水患，具有實跡，為二百年來所未見。而潘公（季馴）去年六月間，奉命勘陵，其於九月二十六日抵達祖陵，是時水勢已漸趨消退，又沒有週圍閱視，因此，其所見與實況有差距。〔註71〕

常三省之所見與潘季馴之勘查結果完全不同，但朝廷政策已定，高家堰石砌堤工仍按照原訂計畫進行（詳見本文第四章二節一項〈拒外水入境〉）。潘季馴於萬曆八年治河工成，原本「淮（安）、揚（州）諸郡苦於水，城郭陵寢，害無寧歲」之局面，茲今「非特陵寢不犯，且數十年棄地，轉而耕桑矣。」〔註72〕潘季馴之治河，對黃河下游地區言，確實獲得短期成效。

2. 萬曆十九年至萬曆二十五年

萬曆十六年，潘季馴第四次出掌河務。萬曆十九年九月淮水泛溢，泗州大水，水勢高過泗州城，並浸及祖陵。適漕撫侍郎周寀前往泗州謁陵，由於「丹墀、儀從，水深三尺」，以致無法行禮，遂奏請拆除高家堰，分洩淮水，以挽救祖陵水患〔註73〕。但潘季馴則認為此是「霖霪水漲，久當日消」〔註74〕，其〈報消泗水疏〉言：

臣於本年十月依泗州知州汪一右之報告：淮水從九月以來，每日消退一、二寸不等，至今已消退五尺五寸；泗州城內則設置水車抽洩積水，已消落八寸五尺，但城外水勢仍高於城內河面二尺。據臣瞭解，淮水於伏秋，河水雖泛漲，但至冬季，水勢必消涸，只是今年霖雨連綿，水害較為嚴重，但河水必隨季節更替而消退。至於祖陵水患，只有沱溝處，頗有水痕；若下馬橋之地勢，高於水面五尺七寸，距離湖水尚有五十餘步，下馬橋至陵寢亦有二百

〔註71〕《帝鄉紀略》，卷十〈綸奏志‧郡進士常公三省上北京各衙門水患揭帖〉，頁65～73。
〔註72〕《河防一覽》，附存〈明實錄〉，頁553。
〔註73〕《帝鄉紀略》，卷三〈河防〉，頁43。
〔註74〕同註72，〈信史紀事本末〉，頁552。

餘步，則均無水痕。御塚之地勢高出河面二十餘丈，洪水何能浸及此處。漕撫侍郎周寀之奏疏內容，乃針對泗州城之水患，而非祖陵。〔註75〕

潘季馴認爲淮水只浸及泗州城，尚未危害祖陵，但工科右給事中張觀貞勘陵後，其奏報祖陵災情言：

> 祖陵爲國家根本，即運道、民生，莫與較重。……臣展謁祖陵，見淮水一望無際，泗城如水上浮盂，而盂中之水復滿，氣象愁慘，不忍睹聞，雖祖陵玄宮高聳，乃自神路至三橋，并儀衛、丹墀，無一不被水矣。〔註76〕

可知祖陵正殿雖未遭受水浸，但神路以下（含舊龍嘴）則無一不被水，景象甚爲凄慘。由於束水攻沙論無法免除祖陵水患，萬曆二十年二月潘季馴獲准離職。〔註77〕

萬曆二十二年六月，黃河暴漲，浸灌清口，淮水又浸泗州和祖陵，監察御史牛應元奏報祖陵災情：

> 謁陵，逐一看閱，自辰逾已，方得過陵前，渡至基運山、下馬橋，望陵勢岡巒聳翠，似無恙者，及瞻拜禮畢，環視丹墀之內，暨諸儀衛石座下，俱有盈尺水痕，問引禮各官，咸云：（萬曆）二十一年水漲，從東邊堤上漫過，由金水溝衝進，直射入蕭牆根下，以致引灌丹墀之內，水雖退，其痕尚在耳。所謂金水溝者，其由西北紆迴而東，俱係石砌，環過儀門稍東，係原舊出水一大土溝內，匯水數丈，兩岸松株，俱已枯槁。其北岸窪處，引禮官稟稱：向號舊龍嘴，乃熙祖微時，遇黃冠道人，植枯竹生活，占爲旺氣之所。自建陵來，此處冬夏，草色常青，近已沈溺水中數尺矣。轉向稍北，則爲萬歲山，見此溝之水，由漫波漾上，去陵麓一分，不甚相遠，而松株亦多枯槁者。乃至奉祀朱自新寓所，東南一隅，松株俱空，惟旁堤岸，植有楊柳遮蔽，問之，答云：松株向被水淬沒，不便觀瞻，故先奉祀，植柳以掩之耳。由堤北望，即侍郎曾朝節所稱：二橫堤，衝射三大塘，聚水之處。蓋緣陵地西北，坐鎮高岡，爲虎踞鳳舞之狀，東南通連湖溝，爲龍盤玉帶之形。……但往者，淮水未

〔註75〕同前書，卷十二〈報消泗水疏〉，頁414。
〔註76〕《明神宗實錄》，卷二四八，頁7，萬曆二十年五月丁亥條。
〔註77〕同前書，卷二四五，頁4，萬曆二十年二月戊申條。

壅之先，止藉一溝，盈尺之水，爲之環繞，今一堤之外，盡屬洪
濤，洶湧澎湃之勢，令人望之心駭，一遇暴漲，則水徑由東北窪
地，漫堤而過，直衝陵麓，該工科給事中張貞觀會勘，切爲之慮，
于是題築二橫堤以障之，而堤內聚水阻於外，水之高勢不得出，遂
匯爲大塘矣。其傍塘，南北岸上，松株亦半有枯槁者，臣因塡景萬
象不容忍。竊謂：一代鍾瑞降神之域，關係億萬年風脈，何如大
者，乃致有此，不知三祖在天之靈，向來皆得安慰否？……上念三
祖在天之靈，不可一日不使之安，下念國家萬年之脈，不可一日不
爲之培。〔註78〕

可知祖陵水患甚爲嚴重，舊龍嘴沉溺水中數尺；淹枯松柏，從萬曆二十六年
奉旨變賣之數目，知有一千一百零四株〔註79〕。此一災情，萬曆二十三年
（1595）六月，工科給事中張企程等勘陵所見予以證實：「展謁祖陵，果見長
流激湍，洪波沮流，寢殿沉淪，松楸淹枯，而下馬橋以東，東閘以南，一望
汪洋萬頃，誠如御史牛（應元）、崔（邦亮）所圖上者。」〔註80〕

　　萬曆二十三年二月，命楊一魁出任總河，整治黃、淮二河之策略，採行
「分黃、導淮論」（詳見本文第五章五節〈分黃、導淮論及其實行〉）。其中護
陵工程，計有以下各項：(1)於其東南側建造堤防一道，從下馬橋起至施家
岡，計長六百七十五丈五尺。(2)修建子堤，長三百七十五丈五尺，以維護堤
根。(3)於外金水河堤上，添建水閘十座。(4)舊龍嘴及其兩岸積水處，稍爲
培土，以便出水。(5)栽種松樹三千零三株。

　　分黃、導淮工程告成後，對祖陵水患言，其所獲成效，依《帝鄉紀略》
載：「陵園，如舊龍嘴等處，經年不睹平土，而今惟止伏秋一漫。」〔註81〕

3. 萬曆二十四年以後

　　萬曆二十一年以後之十三年，分黃論者之治河觀居於主導，倘黃河正流
循經睢河或澮河，河水將威脅祖陵。

〔註78〕《帝鄉紀略》，卷十〈綸奏志・巡按牛公應元題稱祖陵水患畫圖進覽奏〉，頁
　　　　43。
〔註79〕同前書，卷一〈帝跡志・興建〉，頁 13：「周圍內外柏林淹枯者，于萬曆二十
　　　　六年，奉旨變賣，一千一百零四株，六十五段，估價五百八十三兩三錢八分
　　　　三釐，充補修陵諸費。」
〔註80〕同註78，〈綸奏志・勘科給事中張公企程題聞〉，頁45。
〔註81〕同前書，卷三〈河防〉，頁46。

　　萬曆二十一年五月，黃河於其中游之單縣黃堌口（縣西南）決堤，黃河水分出一小股，於虞城縣（河南虞城）循睢河西南流，經夏邑縣（河南夏邑）、蕭縣，至宿遷縣之小河口入「河漕」運道。是時總河楊一魁之治河觀屬於分黃論，其主張黃堌口之決口不大，勻出部份黃河水，分流於睢河，有二項益處：(1)避免黃河全流東行泗河，於其下游河道造成泥沙淤積。(2)免除黃河全流水灌淤「閘漕」運道之南端運口。因此，楊一魁主張維持現狀，不必築塞決口〔註82〕。至萬曆二十五年正月，黃河又決於單縣黃堌口，黃河正流轉行睢河，依總漕褚鈇言：「南流者，約有八分；往正河者，祇有二分。」〔註83〕以致徐州至邳州之運道，僅得黃河分流水濟運，由於河水量不足，有淺涸之患。楊一魁仍堅持不築塞決口，其理由有二：(1)黃河於單縣至徐州間之原正河河道已淤高，而睢河之河道較爲寬闊，水流暢通。(2)爲紓解「河漕」運道之水量不足，得於蕭縣一帶開挑支渠，導引黃河水濟運。〔註84〕

　　是時之治河議，主張應築塞黃堌口，挽黃河全流回歸原河道者，論其理由：除考量「河漕」運道水量不足外，另一重要原因，即是黃河正流西南行於睢河，將危害到位其南方之祖陵，如萬曆二十四年巡按直隸監察御史蔣春芳言：

　　　　塞黃堌口，以防河徙。……今黃分（行於睢河），而流疾，徐（州）、邳（州）之間，幾於無河。……萬一全河徙去，無論運道梗阻，其於祖陵、皇陵，大有可慮者。〔註85〕

又萬曆二十五年總漕褚鈇言：

　　　　時河決黃堌口，……砌歸仁堤以護陵寢，……黃堌口宜塞，……不則全河南徙，害則立見。〔註86〕

可知黃河正流行於睢河，不僅對運道有害，亦有危及祖陵之憂，甚至還提出不可能波及到之皇陵。

　　楊一魁仍堅持其不築塞決口之治河觀，並對危及祖陵之說，提出反駁：

　　　　今歲春間，呂梁二洪淺涸，皆歸咎於黃河南徙，……看得歸仁（堤）

〔註82〕　《明神宗實錄》，卷一九四，頁2，萬曆十六年正月癸巳條；《明史》，卷八十四〈河渠二・黃河下〉，頁888。

〔註83〕　《漕撫疏草》，卷十〈新運屆期河運淺澀疏〉，頁77。

〔註84〕　《明神宗實錄》，卷三〇六，頁2，萬曆二十五年元月壬寅條。

〔註85〕　《行水金鑑》，卷三十九〈河水〉，頁561，引「題覆河工奏議」。

〔註86〕　《明神宗實錄》，卷三〇六，頁2，萬曆二十五年正月壬寅條。

（江蘇宿遷縣）在西北，泗州在東南，相距一百九十里，中隔重岡
疊嶂，高踰歸仁（堤），不啻數仞，況歸仁（堤）之北，有白洋河、
朱家溝、周家溝、小河口洩入運河（見圖二十三、圖二十五Ｇ），勢
如建瓴，即無歸仁（堤），祖陵萬無足虞也。〔註87〕

楊一魁認爲：祖陵水患之病源在清口淤塞，淮水之逆浸。黃河水行於睢河，
在宿遷縣小河口入「河漕」，小河口與祖陵間，隔著「重岡疊嶂」，其高度較
歸仁堤不知超過數倍；況且歸仁堤以北，尚有白洋河、朱家溝等分洩黃河水
入「河漕運道」，因此祖陵不可能有水患。（見圖二十三、圖二十五Ｇ）

　　萬曆二十六年（1598），楊一魁陞任工部尚書，改命劉東星執掌總河。萬
曆二十九年（1601）七月，黃河決於商邱縣之蕭家口（縣東北三十里，位於
單縣黃堌口之上游數十里），河水分成二道，支流行於睢河，正流則轉循澮河，
於五河縣（安徽五河）入淮河（見圖一）〔註88〕。此一流向，不僅「河漕」
運道之水量淺澀，且危及祖陵，如大學士沈一貫言：

> 黃水浸淮，而泗州祖陵被其害，再緩不治，雖鳳陽皇陵亦當被其患。
> 夫祖陵國家王氣所鍾，祖陵被患，豈惟列聖龍蛻之藏，不安於地，
> 而千萬年聖子神孫，托根基命於何所。彼庶民衣食之流，尚恐傷其
> 先塋，愛及一草一木，況帝皇之家，動關宗社，亦切聖躬，不可緩
> 圖者也。〔註89〕

又工科給事中張問達言：

> 蕭家口又衝決於黃堌口之上，全河奔潰南下，直緣澮河入淮，漸至
> 漲漫，勢及祖陵。〔註90〕

又吏科給事中田大益言：

> 黃堌之決而不塞，致令水涸沙壅，下流淤而上流潰（蕭家口），運道
> 阻，而陵寢危。〔註91〕

黃河正流行於澮河入淮河，確實危害祖陵，但不及皇陵。是時總河劉東星勘
查河患，因病而卒；萬曆三十年（1602），楊一魁爲防範黃河水侵犯祖陵，乃
命河南巡撫曾如春修築汴堤，上從歸德府城，下至靈璧縣、虹縣，連接歸仁

〔註87〕同前書，卷三一四，頁7，萬曆二十五年九月丁巳條。
〔註88〕同前書，卷三六三，頁3，萬曆二十九年九月壬寅條。
〔註89〕《行水金鑑》，卷四十〈河水〉，頁579。
〔註90〕《明神宗實錄》，卷三六四，頁1，萬曆二十九年十月戊辰條。
〔註91〕同註89，頁580。

堤，長「數百里」〔註92〕。是時楊一魁亦遭受御史彈劾，責其從萬曆二十一年以來，力主不堵塞單縣黃堌口，釀成今日河水灌浸祖陵，遂被罷斥為民，命曾如春接掌總河〔註93〕。此後曹如春、曹時聘相繼治河，於曹縣王家口（位於商邱縣蕭家決口上游）開挑一道新河，導引黃河全流水行經徐州，東下「河漕」運道。（見圖二十六）〔註94〕

（三）崇禎朝

因黃河潰決，河水浸及祖陵，計有二次，一是崇禎四年（1631）五月，黃、淮二河同時泛漲，淮水侵犯祖陵，其情災，依《乾隆・盱眙縣志》載：河水淹至基運山下之三座碑坊〔註95〕。二為崇禎十五年（1642）八月，流賊李自成挑掘黃河堤，引河水浸灌開封府城，洪水循渦河入淮河，浸及祖陵之陵牆。〔註96〕

總之，黃河正流南循渦河或潧河入淮河，帶來祖陵輕微水患，若西南行於睢河，僅威脅祖陵；因此祖陵遭受嚴重水患，主要來自黃河全流或正流東行泗河，因清口淤塞，淮水逆浸所造成，萬曆八年至萬曆二十二年，為祖陵水患最為嚴重時期。治河官因祖陵遭受水患而離職者，有潘季馴、舒應龍、和楊一魁等。由於晚明之治河方策，尚無法減除黃河之含沙量，而清代之治河方策主要承繼束水攻沙論，以致洪澤湖之湖底不斷淤高，湖區範圍擴大，終使泗州和祖陵於清康熙十九年（1680）被湖水所淹沒。直至民國 52 年（1963），因氣候連續乾旱，洪澤湖之水位下降好幾公尺，祖陵才露出於湖岸。〔註97〕

〔註92〕《明神宗實錄》，卷三六八，頁2，萬曆三十年二月戊辰條。

〔註93〕同前書，卷三六八，頁4，萬曆三十年三月己卯條。

〔註94〕曾如春之治河方略，即挽回南徙之黃河，導向東行，而東行河道，大致循於濁河，惟其東、西兩端與前此之濁河相異，此一河道流經地方：曹縣王家口（在蒙牆寺上游，經單縣朱旺口（縣南）、蘇家莊（縣東南）、李吉口（縣東南四十里），碭山縣堅城集（縣西北），於此分南、北二分股入漕河，北股至徐州鎮口閘，南股至徐州小浮橋。

〔註95〕清・王錫元，《盱眙縣志稿》（臺北：成文出版社，據清光緒十七年刊本景印），卷十四〈祥異〉，頁24。

〔註96〕同註95；及《明史》，卷八十五〈河渠二・黃河下〉，頁892。

〔註97〕參見張正祥，〈明祖陵〉（《考古》第八期，1963年），頁437～441；劉彙才等，〈明祖陵述略〉（《考古與文物》，二期，1984年），頁70～76。

第四章 淮南水患與整治

　　晚明，黃、淮二河水屢次浸灌淮南，以致區內之湖泊、支河、海口均遭黃河泥沙之淤塞。朝廷為整治淮南水患，興建各項水利工程，但淮南士民則認為各項水利之工程之建立，不是專為拯救淮南之民命，而是附屬在「束水攻沙」、「分黃」、「導淮」等整治黃、淮二河之方策下。由於不同之治河觀，對於淮南各項治水工程是否興建具有不同之見解；故論述此時期淮南水患之整治，須與治理黃、淮二河之各項方策相配合，如是方能瞭解本地區各項治水工程之進行。

第一節　地勢與水患

一、地理形勢

　　淮南地勢，呈現「釜形」，因其四周高而中間低，茲論述其四至形勢：

（一）北臨黃淮，北高南低

　　泗州地勢較清江浦運道（湖漕北端運道）高一丈餘，逢黃、淮二河泛漲，洪水傾洩而下，以淮南為尾閭。（見圖一、圖九、圖十二）〔註1〕

（二）南濱長江，南高北低

　　揚州府城一帶四十里，地勢屬於陵阜，以致邵伯鎮（揚州府城北四十里）

〔註1〕《天啟・淮安府志》，卷十三〈河防志〉，頁3；不著撰人，《川瀆異同》（明舊鈔本），卷四〈淮河〉，頁6：「淮（河）自西來，淮之勢，比清江浦又高（《河渠考》：泗州淮身視清江浦高一丈有餘，自高趨下，勢常徒激是也），故易以囓運（湖漕運道）。」

以北，邵伯、高郵、寶應諸湖，和鹽城縣、興化縣、泰州等地，均因地勢低窪，易於蓄積各方來水；而所瀦蓄之河水，因受阻於臨江之高阜，不易南洩入江。（見圖一、圖十二）〔註2〕

（三）西依湖漕，西高東低

「湖漕」運道，從淮安府城至儀眞縣、瓜洲鎮，長三百三十五里，此運道除南端之儀眞河（長三里）、瓜洲河（長三十里），和北端之清江浦河（長六十里），是以人力挑濬而成外，其餘運道主要資行於上下連接之湖泊〔註3〕，資爲運道之湖泊，從北而南爲：寶應縣之白馬湖（長三里）、清水湖（長十八里）、氾光湖（即寶應湖，長三十里）、界首湖（即津湖，長三里）；高郵州之張良湖、七里湖、新開湖（長三十五里）、甓社湖；江都縣之邵伯湖（長十八里）（以下簡稱「高寶諸湖」）〔註4〕。以「湖漕」運道爲縱線，得分爲東、西二個不同地區，「高寶諸湖」以西，稱「上河」，爲天長（安徽天長）、六合（江蘇六合）等縣，其地勢屬於高阜，「危岡斷壟起伏」，七十餘河水發源於此，爲高寶諸湖水之主要來源；以東則稱「下河」（即淮南六州縣），地勢卑下，仰受諸湖水東流入海〔註5〕。上、下二河之地勢相比較，「天長地勢，，距諸塘（十四官塘）高十數丈，距漕河（湖漕運道）、五湖，復二、三丈，距下河又丈許。」〔註6〕可知兩地高差十二、三丈。（見圖一、圖十二）

（四）東運大海，東高西底

從唐代宗大曆年間（766～779），黜陟使李承爲防禦海潮入灌淮南，於沿

〔註2〕 明·劉萬春，《泰州志》（明崇禎六年刊本），卷九〈論漕河建置〉，頁39；又清·戴邦楨，《寶應縣志》（臺北：成文出版社，民國59年臺一版，據民國21年鉛印本景印），卷三〈水利〉，頁28：「然黃河挾建瓴之勢，時時慮復南浸，淮水故道淤塞，三河（黃、淮、運三河）不閉，高寶兩湖，遂爲尾閭，北高南下，形如側釜，一遇盛漲，則寶（應）、氾（光湖）之間，首當其衝。」

〔註3〕 《明代漕河之整治與管理》，第二章第二節〈沿岸水系與歷代經營·湖漕〉，頁33。

〔註4〕 清·陸燿，《山東運河備覽》（臺北：文海出版社，民國60年初版，清同治十年重刊本），卷十一〈名論上〉，頁23。

〔註5〕 清·靳輔，《治河奏績書》（臺北：臺灣商務印書館，民國60年出版，文淵閣本，四庫全書珍本三集），卷一〈高寶諸湖〉，頁28；又明·范惟恭，《高郵州志》（明隆慶六年刊本），卷二〈水利志〉，頁26。

〔註6〕 明·章潢，《圖書編》（臺北：臺灣商務印書館，民國62年出版，文淵閣本，四庫全書珍本五集），卷五十三〈源委〉，頁165。

海一帶，創建捍海堤，長一百四十二里。至北宋，范仲淹等又予重建，北起廟灣（山陽縣東一百八十里），南至通州（江蘇南通），蜿蜒三百里。此道海堤因范仲淹曾予修建，亦稱之「范公堤」。由於捍海堤之構築，使沿海地勢呈現西高東低之勢。（見圖一、圖九、圖十）〔註7〕

淮南地勢既低下，處於盆地內之六州縣，位居「釜底」者，爲沿海之鹽城、興化二縣，依《淮南吳柴菴疏集》載：「鹽城，獨居窪下，形如釜底，所謂澤國也。」〔註8〕又《康熙‧興化縣志》載：「興化，地形釜底，東連大海，西界巨湖，南濱長江，北接黃河，四面受水，有注無流，故鄰邑未淺，而興化先沒，鄰邑已涸，而興化久凝，及遷延半載，房舍皆傾，草木皆腐矣。」〔註9〕可知四方之來水，匯積鹽城、興化二縣，倘疏洩不及，易漫溢成災。

晚明，黃、淮二河於清口會同入海，淮南水文環境隨之改變，又因地勢低窪，排水系統未加改善，乃成爲澤國，故《川瀆異同》載：「淮南之地，自高（郵）、寶（應）而東，則下；由邵伯而南，則又昂；自興（化）、鹽（城）以東，濱海諸鹽場，比內地亦復昂也；泗州之地，比高（家）堰爲下，與高（郵）、寶（應）諸州縣，皆若釜底；然安能免淮（河）之浸哉。」〔註10〕

二、迭遭水患

淮南，於嘉靖二十五年以前，戶口尚稱繁盛，但往後，則苦於水患，依《天下郡國利病書》載：

> 八寶（寶應縣），古稱天壤，宏（弘治）、正（德）時，獨爲江、淮望縣，戶口繁盛，盈八萬焉。嘉靖辛亥（三十年）時，歲多水沴，饑饉仍之，迨隆（慶）、萬（曆）之間，十室而空其九矣。〔註11〕

〔註7〕　《治河奏續書》，卷四〈下河形勢〉，頁39；又水利水電科學研究院《中國水利史稿》編寫組，《中國水利史稿》下冊（北京：水利電力出版社，1989年1月第一版），第十章第三節〈黃淮海流域的農田水利成就〉，頁202。

〔註8〕　明‧吳牲，《淮南吳柴菴疏集》（臺北：偉文圖書出版社，民國65年9月出版，明季史料集珍），卷四〈水患日深生計愈感民逃盜起兩邑將廢疏〉，頁32。

〔註9〕　清‧張可立，《興化縣志》（清康熙二十四年重修傳鈔本），卷十三〈文中‧趙龍‧異災重賦疏〉，頁5；《天下郡國利病書》，卷三十〈江南十八‧概縣士夫條陳水利總論〉，頁26；又《淮南吳柴菴疏集》，卷十七，頁7：「爲揚州彈丸小邑，僻處海濱，地勢窪下，四面受水，素稱釜底，土瘠民窮，異於他邑。」

〔註10〕　《川瀆異同》，卷四〈川瀆四〉，頁10。

〔註11〕　《天下郡國利病書》，卷二十九〈江南十七‧附治水或問八條〉，頁34。

圖九：淮南水利總圖（一）

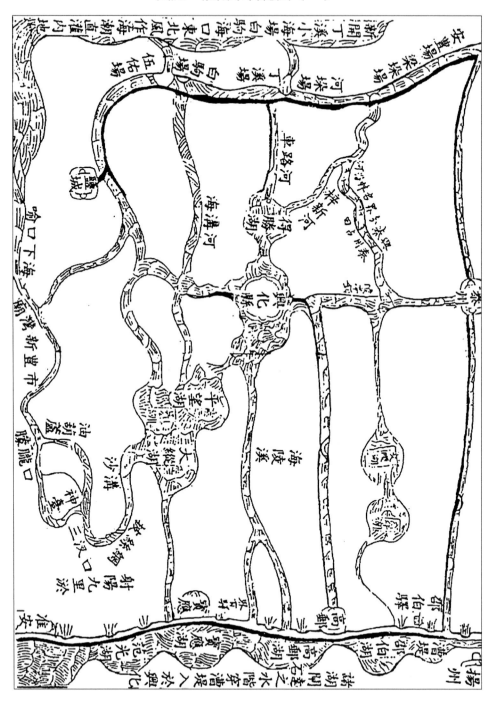

（採自潘季馴，《兩河經略》，卷首）

圖十：淮南水利總圖（二）

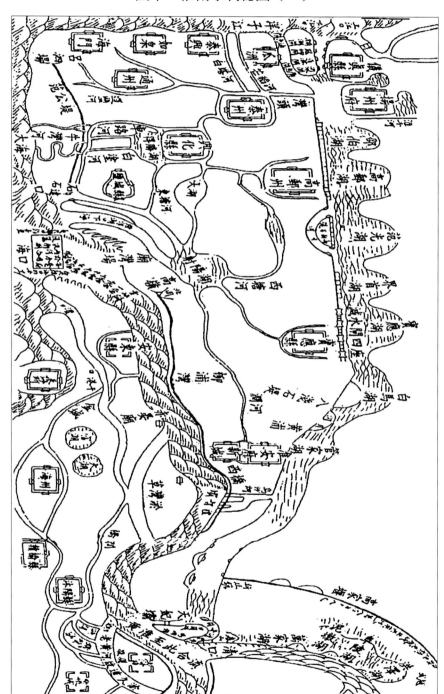

（採自歐陽東鳳，《萬曆・興化縣志》，水利總圖）

又《黃河考》載：

> 嘉靖中年以來，無歲不被水，而其最甚，莫如隆慶三年、萬曆元年，
> 民至棲樹巢塚，以救旦夕。而是時，郡人胡效謨亦謂：頻年，（黃）
> 河自徐州下清口，雷震憑怒，恍惚神鬼，橫截淮水，倒灌洪澤湖，
> 以注山陽；又南下白馬、寶應諸湖。山陽，平地常停水三、四尺，
> 雨集水深丈餘，自是以後，屢決不已，至（萬曆）二十三年，患稍
> 弭。〔註12〕

又《敬止集》載：

> 自隆慶三年以來，歲苦堤決，減水諸閘（高寶諸湖減水堤閘），滔滔
> 東注，數百萬生靈，存不耕之田，納不耕之稅，蓋已十室九空，轉
> 於溝壑，幾靡有孑遺矣。……迄今為害二十年。〔註13〕

從前引資料，隆慶、萬曆初年，淮南水患最為嚴重，造成十室九空之災情，
至萬曆二十三年以後，水患稍趨緩和。浸灌淮南之河水，主要來源有二：

（一）高寶諸湖水

「高寶諸湖」原蓄納天長諸縣七十餘河水，以及南溢之淮水〔註14〕。至
晚明，黃河於清口會淮河入海，因「黃強淮弱」等現象，淮水無法順流東北
出清口，被迫大量南流「高寶諸湖」，以致諸湖水位提升，面積亦擴大；逢夏
秋雨季，泛漲之黃、淮二河水，更易入灌高寶諸湖，沖決「湖漕」運堤，漂
沒於淮南，故《川瀆異同》載：「（運）堤西，湖（高寶諸湖）身高；堤東（下
河），田勢下，惟賴一（運）堤以障水；且有天長、六合、泗州諸水（即七十

〔註12〕《黃河考》，頁69。

〔註13〕明·陳應芳，《敬止集》（臺北：臺灣商務印書館，民國59年出版，文淵閣本，
四庫全書珍本二集），卷三〈與王鹽法文軒〉，頁21；又同前書，卷四〈簡陳
楚石操臺〉，頁22：「淮南之有洪水也，自隆慶三年始，今且三十年矣，決堤
沈田，無歲不患，苦之。」

〔註14〕明·夏原吉，《明太宗實錄》（臺北：國立中央研究院歷史語言研究所，民國
57年6月二版，國立北平圖書館紅格鈔本），卷二十七，頁2，永樂二年一月
戊申條：「揚州府高郵州耆民言：自州北門至張家溝湖岸，……湖納天長、盱
眙諸水，雨潦漲溢，風波衝決堤岸。」又《皇明經世文編》，卷三五一〈漕河
奏議·創復諸閘以保運道疏〉，頁27：「夫高寶諸湖，周遭數百里，西受天長
七十餘河，秋水灌湖，徒恃百里長堤，若障之，使無疏洩，是潰堤也。」又
《西園聞見錄》，卷八十八〈治河中〉，頁5：「淮（安）、揚（州）之間，數百
里，蓋有邵伯、寶應、高郵三湖，云：其所受天長、六合七十二河之水，運
道所由，而邵伯故無患。」

餘河水），一遇淫潦，即時瀰漫；加以黃河水漲，又由淮口（清口）橫犇數年。水患之時，非惟運道有妨，而寶應、鹽城、興化、通（州）、泰（州），諸境民田淊沒，飢荒隨至，此江北第一患也。」〔註15〕

（二）黃淮二河水

淮南北臨黃、淮二河下游，值汛期，黃、淮二河水，易沖決高家堰、淮安北堤（淮安府城北臨黃河南岸堤防），或逆灌清江浦運道，泛濫於淮南，如《天啓・淮安府志》載：「淮（安），居黃河、淮泗下游，水盛則壞城，襄邑、禾稼盡沒，橫奔則決閭市，溢運道。」〔註16〕又《河防一覽》載：「淮南水患，其源在淮（河）、黃（河），……往年高（家）堰不塞，閘禁不嚴（清江浦運道），而淮水始南；黃水又從天妃壩（新莊閘改建）灌入，以至淮（安）、揚（州）一帶，浸及城市，興（化）、鹽（城）等處之田廬，盡成昏墊。」〔註17〕

淮南水患之來源，不論是「高寶諸湖」水量盈盛，或黃、淮二河水沖決淮南，其病根均在黃、淮二河水合流清口所造成。茲將晚明淮南六州縣之水患概況，列表載之於後：

表七：明代山陽縣水患一覽表

時　　間	災　情	時　　間	災　情
正統二年五月（1437）	大雨，水深數尺	萬曆七年（1579）	大雨，黃河決
弘治十二年夏（1499）	霖雨，城內行舟	萬曆十年七月（1582）	黃河漲，海嘯
弘治十五年（1502）	大水	萬曆十四年（1586）	黃河決范家口

〔註15〕《川瀆異同》，卷六〈黃河〉，頁4；明・湯一賢，《隆慶・寶應縣志》（上海書局出版，天一閣藏明代方志選刊續編），卷四〈官政・水利〉，頁9：「寶應之水，介於江、淮間，諸湖陂蕩，匯而為一，本非有源之水，直由地勢卑下，西界雲山，連接鳳陽、盱眙、天長、六合諸山，水性趨下，皆聚於此，或長淮水溢，有時灌入，汪洋淳溔，浩乎無涯，誠淮南之巨浸也。」又《敬止集》，卷一〈論水患疏數〉，頁22：「黃（河）、淮（河）暴溢，橫決高加堰，入灌諸湖，遂成巨浸。」

〔註16〕《天啓・淮安府志》，卷十九〈張敦仁・府官題名碑記〉，頁19。

〔註17〕《河防一覽》，卷九〈遵奉明旨計議河工未盡事宜疏〉，頁25；又《漕撫疏草》，卷六〈祖陵水患酌議分黃工程疏〉，頁39：「淮（河）漲，每在桃水，濱淮罹害；黃（河）漲，每在伏秋，濱河罹害；黃、淮交漲，淮（安）、泗（州）數百里罹害，而民其魚矣。」

弘治十六年（1503）	大水	萬曆十八年四月（1590）	淮河漲，漂沒
嘉靖三十一年（1552）	河、淮大溢	萬曆十九年五月（1591）	淮河、大海漲，平地水深丈餘
嘉靖三十四年（1555）	淮大溢	萬曆二十一年五、六月（1593）	黃河溢，海嘯
隆慶三年（1569）	河、淮溢	黃曆三十年秋（1602）	黃河、淮河具漲
隆慶五年秋（1571）	水，旬日不退	萬曆三十三年三、四月（1605）	大風雨，城內皆水
隆慶六年七月（1572）	黃河驟漲，下游悉成巨浸	萬曆三十五年夏秋（1607）	大水
萬曆二年（1574）	大水，淮水暴發	萬曆三十八年六月（1610）	大水
萬曆二年七月（1574）	大海、黃河、淮河並溢	萬曆四十三年秋（1615）	大水
萬曆三年六月（1575）	黃河、淮河並漲	天啓元年六月（1621）	黃河水灌淮安府三城
萬曆五年三月（1577）	淮河發，溢高家堰	崇禎四～六年（1631～1633）	黃河、淮河交潰，連年大水

水患合計：洪武元年至嘉靖二十四年：四次。嘉靖二十五年以後：二十四次。

資料來源：金秉祚，《山陽縣志》（清乾隆十四年刊本），卷十八〈祥異〉，頁3。

表八：明代寶應縣水患一覽表

時　　　　間	災　情	時　　　　間	災　情
正統二年（1437）	大水	萬曆三年八月（1575）	高家堰決，匯為巨浸
景泰五年七月（1454）	大水	萬曆四年（1576）	八淺堤決
天順元年（1457）	寶應等湖堤決	萬曆五年（1577）	決湖堤
正德六年六月（1511）	大水	萬曆六年六月（1578）	驟雨，決湖堤
正德十二年（1517）	大水	萬曆七年三月（1579）	大雨，決湖堤
正德十四年（1519）	大水	萬曆八年（1580）	大水
嘉靖二年秋（1523）	大水	萬曆九年（1581）	大水
嘉靖九年（1530）	大水	萬曆十四年五月（1586）	大水，決范家口
嘉靖十六年夏（1537）	大水	萬曆十八年夏（1590）	大水

嘉靖二十年（1541）	大水	萬曆十九年夏（1591）	湖水、淮水泛濫
嘉靖三十年（1551）	大水	萬曆二十一年夏（1593）	淮水決高家堰
嘉靖三十一年七月（1552）	大水	萬曆二十二年（1594）	大水
嘉靖三十四年（1555）	大水	萬曆二十九年夏（1601）	水
嘉靖三十五年（1556）	大水	萬曆三十一年夏（1603）	大水
嘉靖三十七年夏（1558）	大水	天啟元年（1621）	大水
嘉靖四十年（1561）	大水	天啟二年四月（1622）	湖堤決
嘉靖四十一年（1562）	大水	崇禎四年夏（1631）	淫雨，湖堤決
嘉靖四十五年八月（1566）	大水	崇禎五年六月（1632）	黃河決蘇家嘴
隆慶三年秋（1569）	大水，海潮溢漲	崇禎九年（1636）	大水
隆慶四年五月（1570）	黃河、淮河大發	崇禎十五年七月（1642）	大雨，淮水潰
萬曆元年（1573）	淮河暴發		

水患合計：洪武元年至嘉靖二十四年：十次。嘉靖二十五年以後：三十一次。
資料來源：戴邦楨，《寶應縣志》（民國 21 年鉛印本，臺北：成文出版社景印），卷五〈食貨志下〉，頁 1。

表九：明代高郵州水患一覽表

時　　　間	災　情	時　　　間	災　情
洪武十三年（1380）	連年水	嘉靖四十三年五月（1564）	大水
天順四年（1460）	水	嘉靖四十四年六月（1565）	大雨一日夜，積水深五尺
成化十一年（1475）	大水	隆慶三年秋（1569）	淮水大漲，高二丈餘，漂蕩廬舍
成化十四年（1478）	大水	隆慶四年秋（1570）	水
正德三年夏（1508）	大水	隆慶五年五月（1571）	大水，堤決
正德十三年五月（1518）	大水	萬曆三年（1575）	淮水泛漲，清水潭堤決
正德十四年（1519）	大水	萬曆八年（1580）	大水
嘉靖二年七月（1523）	大水，河堤決	萬曆十八年五月（1590）	大雨，水患
嘉靖十一年（1532）	大水	萬曆二十一年（1593）	大水

嘉靖十九年（1540）	大水	萬曆二十三年（1595）	大水
嘉靖三十年秋（1551）	海水溢，沒下河田	萬曆二十四年（1596）	大水
嘉靖三十四年（1555）	大水	萬曆三十年五月（1602）	大雨七日，民田盡沒
嘉靖三十五年（1556）	大水	萬曆三十八年（1610）	黃河水漲，八里鋪堤決
嘉靖三十六年秋（1557）	大水	天啓元年（1621）	大水，九里北堤決
嘉靖三十七年（1558）	大水	崇禎四年夏（1631）	雨，堤決共三百丈
嘉靖四十年七月（1561）	大水，河堤決	崇禎五年（1632）	黃河大漲，上下河田盡沒
嘉靖四十一年夏（1562）	大水	崇禎六年（1633）	大水

水患合計：洪武元年至嘉靖二十四年：十次。嘉靖二十五年以後：二十四次。

資料來源：楊宜崙，《高郵州志》（清道光十八年增修本，臺北：成文出版社景印），卷二〈災祥〉，頁 5。

表十：明代鹽城縣水患一覽表

時　　間	災　情	時　　間	災　情
成化十三年（1477）	大水	萬曆二年（1574）	黃河、淮河、大海並漲
正德六年（1511）	大水	萬曆三年（1575）	大水
正德九年（1514）	海溢	萬曆五年（1577）	淮水大溢
正德十二年（1517）	大水	萬曆七年（1579）	歲大浸
嘉靖十八年七月（1539）	海大溢	萬曆九年（1581）	大雨，沒禾
嘉靖三十年八月（1551）	淮水大溢	萬曆十年七月（1582）	颶風，海潮湧至
嘉靖四十年（1561）	水	萬曆十四年六月（1586）	黃河、淮河漫溢
隆慶三年（1569）	淮水溢	崇禎四～六年（1631～1633）	黃河、淮河交潰，連年大水
隆慶六年七月（1572）	黃河驟漲		

水患合計：洪武元年至嘉靖二十四年：水患四次，海患一次。
　　　　　嘉靖二十五年以後：水患十三次，海患一次。

資料來源：(1) 黃垣修，《鹽城縣志》（清乾隆十二年刊本），卷二〈祥異〉，頁 2。
　　　　　(2) 楊瑞雲，《鹽城縣志》（明萬曆十一年刊清順治十四年修補本），卷一〈祥異〉，頁 13。

表十一：明代興化縣水患一覽表

時　　　間	災　情	時　　　間	災　情
洪武三十一年（1398）	海潮漲溢	嘉靖三十四年夏（1555）	大水
正統七年（1442）	大水	嘉靖三十七年（1558）	水
正統九年（1444）	大水	嘉靖四十一年（1562）	淮水
正統十年（1445）	大水	嘉靖四十二年（1563）	淮水
正統十四年（1449）	大水	嘉靖四十三年（1564）	淮水
天順四年（1460）	大水	隆慶三年（1569）	黃河、淮河溢
弘治十三年（1500）	大水	隆慶五年（1571）	大水
正德六年（1511）	大水	萬曆二年七月（1574）	大風兼水災
正德十三年（1518）	大水	萬曆五年（1577）	大水
正德十四年（1519）	大水	萬曆八年（1580）	水
嘉靖二年（1523）	大水	萬曆九年（1581）	水
嘉靖十五年秋（1536）	淫雨不止	萬曆二十三年（1595）	大水
嘉靖十八年閏七月（1539）	海潮漲溢	萬曆二十四年（1596）	大水
嘉靖二十一年（1542）	水	萬曆二十六年（1598）	大雨
嘉靖三十年（1551）	淮水	崇禎四年（1631）	大水

水患合計：洪武元年至嘉靖二十四年：水患十二次，海患二次。嘉靖二十四年以後：十六次。
資料來源：(1) 歐陽東鳳，《興化縣志》（明萬曆十九年傳鈔修本），卷十〈外紀〉，頁21。
　　　　　(2) 張可立，《興化縣志》（清康熙二十三年刊本），卷一〈祥異〉，頁12。

表十二：明代泰州水患一覽表

時　　　間	災　情	時　　　間	災　情
正統十四年（1449）	水	萬曆十三年（1585）	大水
正德七年七月（1512）	海潮泛溢	萬曆十四年五月（1586）	颶雨霪雨二十日不止
正德十二年夏秋（1517）	水	萬曆十五年（1587）	盆雨大作
正德十三年（1518）	大水	萬曆十九年（1591）	水
嘉靖元年七月（1522）	海潮泛漲	萬曆二十一年（1593）	大水
嘉靖二年秋（1523）	水沖決河堤	萬曆二十三年（1595）	水
嘉靖十五年秋（1536）	淫雨不止	萬曆二十四年（1596）	水

嘉靖十八年（1539）	海潮泛漲	萬曆二十六年（1598）	水
嘉靖二十八年夏（1549）	大水	萬曆二十九年（1601）	水
嘉靖三十一年（1552）	水	萬曆三十年（1602）	水
嘉靖三十四年（1555）	大雨，兩壩俱決	萬曆三十九年（1611）	水
嘉靖三十七年（1558）	水	萬曆四十年（1612）	水
隆慶三年秋（1569）	大水，河決高家堰	萬曆四十八年（1620）	水
隆慶五年（1571）	大水	天啟七年（1627）	水
隆慶六年（1572）	潦	崇禎四年七月（1631）	水大，沖決湖堤
萬曆三年（1575）	河決、水入市	崇禎五年八月（1632）	淮水再溢
萬曆六年（1578）	大水	崇禎六年六月（1633）	大風雨，河水橫溢
萬曆七年八月（1579）	洪水至	崇禎七年閏八月（1634）	大風雨
萬曆九年（1581）	潦	崇禎九年五月（1636）	淫雨，傷禾

水患合計：洪武元年至嘉靖二十四年：水患五次，海患三次。嘉靖二十五年以後：三十一次。
資料來源：劉萬春，《泰州志》（明崇禎六年刊本），卷七〈祥異〉，頁15。

從前表可知：

（一）淮南六州縣，於嘉靖二十五年以前之一百七十八年，和以後之九十八年，所發生大、小水患之次數（不計海潮為患）和頻率，有顯著差異，此見於下表：

表十三：明代淮南六州縣於嘉靖二十五年前後發生水患次數、頻率表

州縣	水患次數		水患頻率（年）	
	嘉靖二十五年以前（178年）	嘉靖二十五年以後（98年）	嘉靖二十五年以前（178年）	嘉靖二十五年以後（98年）
山陽	4	24	44.5	4.1
寶應	10	31	17.8	3.2
高郵	10	24	17.8	4.1
鹽城	4	13	44.5	7.5
興化	12	16	14.8	6.1
泰州	5	31	35.6	3.2

資料來源：依據表七～十二。

可知淮南於嘉靖二十五年以前，平均每二十九年發生水患一次；此後則是每四年一次。

（二）淮南，從隆慶三年大水患之後，在各地所造成之災情，茲以鹽城縣、泰州爲例說明：依《萬曆・鹽城縣志》載：「吾鹽瀆，古稱淮富實邑，自先朝隆慶三年至今（萬曆十九年），無歲不被水，且灌城郭二十年，不一收，老穉舟楫，舉網群食，延旦夕，壯者傭於南陽，萬家邑蕩無餘矣。」〔註18〕又《敬止集》載：「（泰州）上下鄉，計田五千九百二十九頃五十八畝零，目今下河，一百三十五里，自隆慶三年，被水淊漫，見沉水底，疆界莫辨，三十餘年，毫無耕種，田雖送人，無人肯要。」〔註19〕可知淮南於晚明，「無歲不被水」，以致百姓流徙，田土送人，無人肯要。

三、災傷慘重

淮南水患，所造成之災情，除漂蕩廬舍、農田外，茲以如下三項爲例說明：

（一）人口流徙

依《河防一覽》載：「淮河決於高（家）堰，而泗州、山陽之民，強半流徙；又決於黃浦（寶應縣西十餘里），而寶應、興化、鹽城之民，強半流徙，散之四方，轉於溝壑，蓋已數年於茲矣。」〔註20〕可見淮南於萬曆初年，遭逢異常水患，百姓爲求生存，被迫流徙四方，如寶應縣，於弘治、正德年間（1488～1521），戶口尚稱繁盛，有八萬餘人，但嘉靖三十年以後，因「歲多水患」，「至隆（慶）、萬（曆）極矣」，戶口僅存不及二萬人〔註21〕。又高郵州，其下河地區，原有十二垛，大垛有居民千家，小垛亦有二、三十家，但至晚明，「近以頻生水患，而屋廬飄蕩，人口流徙，俱不復有昔日之盛矣。」〔註22〕又興化縣，原有一百零八里，因「隆慶、萬曆以來，迭遭大水」，遂裁

〔註18〕 明・楊瑞雲，《鹽城縣志》（明萬曆十一年刊清順治十四年修補本），卷十〈藝文志・孫繼皋・新開南門碑記〉，頁13。

〔註19〕 《敬止集》，卷二〈鳳陽糧申文〉，頁15。

〔註20〕 《河防一覽》，卷十三〈陳世寶・條陳河工補益疏〉，頁461。

〔註21〕 清・劉寶楠，《寶應縣圖經》（臺北：成文出版社，據清道光二十八年刊本景印），卷一〈城邑・明萬曆寶應志碑亭〉，頁17。

〔註22〕 《隆慶・高郵州志》，卷二〈山川・垛〉，頁17：「向家垛，在州治東二里；三垛，在州治東四十五里；虎垛，在州東南三十里；桑子垛，在州東北三十五里；荻垛，在州東北四十五里；遺珠垛，在州東北三十里；柘垛，在州西五

併爲六十二里〔註 23〕。但淮南各州縣中，因水患導致人口流徙最爲嚴重者，莫過於鹽城縣，其人口銳減情形，詳見於下表：

表十四：明代鹽城縣人口數增減一覽表

時　　　間	戶　數	口　數	時　　　間	戶　數	口　數
洪武二十四年（1391）	8,912	61,080	嘉靖四十一年（1562）	18,000	99,320
永樂元年（1403）	8,558	70,540	隆慶六年（1572）	13,239	85,240
景泰三年（1452）	10,625	89,718	萬曆元年（1573）	6,555	22,111
成化十一年（1475）	12,089	91,212	萬曆十一年（1583）	6,555	22,111
弘治十五年（1502）	12,014	90,515	萬曆二十一年（1593）	7,780	25,343
正德七年（1512）	13,200	90,180	萬曆三十一年（1603）	8,873	37,763
嘉靖元年（1522）	13,290	73,940	萬曆四十一年（1613）	9,763	32,243
嘉靖十一年（1532）	13,200	78,931	天啓四年（1624）	9,964	41,965

資料來源：
(1) 方尚祖，《淮安府志》（明天啓間刊清順治五年印本），卷十一〈戶口合府總數〉，頁 3。
(2) 黃垣修，《鹽城縣志》（清乾隆十二年刊本），卷四〈戶口〉，頁 3。

可知鹽城縣，於嘉靖四十一年之人口數，有九萬九千三百二十人，但至萬曆十一年，僅存二萬二千一百一十一人，減少七萬七千二百零九人，其銳減原因，依《乾隆・鹽城縣志》載：「鹽邑戶口，明初尚寡，至嘉靖季年，戶增踰倍，口增三分之一；自隆慶三年後，鴻水頻仍，流民就食他方，戶口凋零。」〔註24〕

　　水患雖迫使百姓流徙他鄉，但洪水消退後，若有良吏能是時賑濟災民和減免賦役，流民亦將漸歸故鄉，如萬曆七年楊瑞雲出任鹽城知縣，其見「四望皆爲湖泊」，爲區別熟田與荒田，作爲課稅依據，乃重新丈量田畝；並爲招

十里；甘垛，在城東北五十里；陶垛，在州東北五十五里；官垛，在州治東；南官垛，去城五十里；北官垛，去城六十里；花垛，在州東北五十五里；段垛，在州東北五十里。」

〔註23〕明・歐陽東鳳，《興化縣志》（明萬曆十九年刊本），卷三〈人事紀上〉，頁 68；又《淮南吳柴菴疏集》，卷四，頁 32：「河決三年，禍流萬姓，一至於此，今（崇禎五年）按戶口圖籍，民死十三，逃者、散者及衆，而盜者十五；僵餓孤城，莫必旦夕者，十存一、二耳。」

〔註24〕清・黃垣修，《鹽城縣志》（清乾隆十二年刊本），卷四〈戶口〉，頁 3。

撫流民，奏請撥下稻種九千五百一十六石九斗，買牛銀六百兩，開墾田三千一百一十三頃，作爲流民復業之資，遂使該縣人口數於萬曆十年回流九千六百九十六人，故《萬曆·鹽城縣志》載：「萬曆七年至十年，知縣楊瑞雲殫力招撫，寬其賦稅，於是流民復歸，凡得戶三千四百六十一，口九千六百九十六云。」〔註25〕

（二）骨肉離散

洪水泛濫，田舍遭淹浸，百姓處於洪濤之中，在割取野草充飢仍不可得之情勢下，常有鬻賣子女，以求溫飽之人間慘事，如張宗仁之〈賣兒詩〉（萬曆五年三月）：

> 攜兒去賣向兒哭，賣兒買米供晨粥，粥熟呼兒兒不來，剜心忍食孩兒肉。〔註26〕

又鹽瀆士之〈鬻兒行〉：

> 風淒淒，雨蕭蕭，爨煙寂莫兩三朝，去年水澇今年旱，官租私負何曾饒，身無完衣肌膚露，日不再食形容憔，索食稚子牽衣哭，左支右調情無聊，門外青衣接踵來，稅糧徭役并相催，男子但云怕箠楚，婦人密說且逃開，又戀家鄉不忍離，商量割愛鬻嬰兒，嬰孫生長纔十歲，豪家買去與緡錢，育養何難棄何易，貧兒不異犬與豕，兒聞將別泪不乾，母見兒行號蒼天，捫胸頓足僵復起，悲風流水聲潺潺，夫反勸妻休痛哭，輸租供役分當然，及到使官門廷延，不引見，府胥索秤頭，隸卒需酒饌，浮費十二三，追呼猶未已，俯仰有誰憐，愁生不如死，死者無覺亦無憂，生者飢寒竟流徙，君不見，田間溝，饑殍枯骨無人收，草根木皮都收盡，誰思拯救出奇謀。〔註27〕

前引二首詩文，均敘述萬曆年間鹽城縣處於年年有水患，而政府未能即時賑濟和減免賦稅，甚至有胥吏操弄其間，遂迫使百姓爲求生存，不得不賤賣子女。此一情形，在淮南其它州縣亦有發生，甚至有「欲賣兒而誰買其兒」之情形〔註28〕，如《康熙·興化縣志》載：「從隆慶、萬曆以來，迭遭大水，……

〔註25〕　《萬曆·鹽城縣志》，卷三〈戶口〉，頁12。
〔註26〕　《行水金鑑》，卷六十二〈淮水〉，頁919，引「淮安府志」。
〔註27〕　《天啓·淮安府志》，卷二十二〈古藝文二·古辭歌〉，頁13。
〔註28〕　《古今圖書集成》，卷一三一〈庶徵典·水災部·歐陽東鳳·水災請蠲疏〉，頁1337。

僅存一、二遺黎，仍受全糧，兼併官遭參罰，民被追徵，賣兒鬻女，遠別他鄉，盈耳哭聲，聞者流涕。」〔註29〕又《淮南吳柴菴疏集》:「(興化縣) 自去歲 (崇禎四年) 七月以來，如江如海，……欲賣妻賣女，而無受買之家。……身衣鶉結之衣，人食犬彘之食，蒿子麥糠，鬻以充飢，味極苦澀，食之輒病，以故老弱僵臥，道殣相望，少壯轉徙，鴻飛滿野，結蓬乘桴，流丐於江 (都)、儀 (眞)、通 (州)、泰 (州) 之境，而其力不能移，饑不能支者，或夫妻引頸椎經於樹杪，或子母投河，葬身於魚腹，或取水面浮棺，析骨以爲薪，或殺衽褓、稚子，割肉以相餉。」〔註30〕

(三) 風俗丕變

淮南民風原屬敦厚，百姓勤於耕稼，但於晚明，屢經洪水淹浸後，民風乃有重大轉變，依《天啓・淮安府志》載:

> 淮安之俗，淳實尚義，勇悍習戰，……宣 (德)、正 (德) 間，尚殷，庶敦龐儉質，有從先進之風。嘉 (靖)、隆 (慶) 以還，凋瘵日甚，俗漸澆漓，儇黠操悍之爲民害者，又從而鼓煽蠱之，郡邑之間，寖以多故，詞訟日滋，公行繁雜，奢侈誇張，此倡彼和，縱恣頹敝，囂凌極矣。〔註31〕

又《乾隆・山陽縣志》載:

> 山陽，素稱禮義之鄉，不知起于何時，乃如府志所云:兼以水患頻仍，家家懸罄，讀書無資，不免爲衣食所苦。……但學問未深，氣質不化，往往輕信浮言，一唱百和，舌鋒口劍，取決一時，蹈居下訕，上之忿悖聖人，眾好眾惡必察之，指此所謂:驕盈浮佻，不可不亟變也。……府志曰:斥鹵沮洳，腴田最少，旱澇相仍，民多窮徙，歲豐則償，稱貸不足，稼甫登場，室已懸罄，無怪逐末者多耳。〔註32〕

又《乾隆・鹽城縣志》載:

> 鹽城，地僻海邊，俗尚簡僕，士敦禮讓之風，民樂魚鹽之利。迨明

〔註29〕《康熙・興化縣志》，卷三〈人事之紀〉，頁67。

〔註30〕《淮南吳柴菴疏集》，卷四〈水患日深生計愈蹙民逃盜起兩邑將廢疏〉，頁35。

〔註31〕《天啓・淮安府志》，卷二〈風俗・產業〉，頁24。

〔註32〕清・金秉祚，《山陽縣志》(清乾隆十四年刊本)，卷六〈辨貴賤習俗四〉，頁25。

中葉，洪水爲災，民鮮粒食，至於俯仰不給，人心之陷溺，或有所
不免。是時，鹽邑風俗，本爲近古，無恒產，因無恒心，固無足
怪。〔註33〕

可知淮南處於無恒產即無恒心之情勢下，不僅民心浮動，易於興訟，而且民
風亦趨於逐利。

晚明，政局不明，地方迭有災傷，由於未能是時賑濟，不僅百姓流離失
所，人心亦趨於陷溺。

第二節　整治工程

爲整治淮南水患，當地士民所冀盼之治水方策，可從「拒外水入境」和
「排來水入海」二方面論述之。

一、拒外水入境

爲排除外來河水浸灌淮南，應採行之方法，依《康熙・興化縣志》載：

黃（河）、淮（河）之水，挾高寶諸湖之水，建瓴而下，以興化爲壑，
故治興化之水，必自上流始。永樂年間，平江伯陳瑄大葺高（家）
堰，建清江浦（運道）五閘，以時啓閉，使黃（河）、淮（河）之水，
不至橫溢諸郡縣。……建置寶應、高郵、江都、儀眞十四（官）塘，
以備潴蓄，淮（安）、揚（州）諸州縣，享豐樂此百餘年。〔註34〕

又《淮南水利考》載：

有高加（家）堰，有（淮安）西長堤（淮安北堤之一部份），有（清
江浦運道）五（船）閘，有諸壩（天妃壩等），以隔黃（河）、淮（河）
之水於外。……在揚州，則有陳公塘（儀眞縣東北三十里），以收三
十六水之利，在山陽、寶應、盱眙、天長之界，則有（官）塘堰以
節四縣之流。〔註35〕

〔註33〕《乾隆・鹽城縣志》，卷四〈風俗〉，頁30。
〔註34〕《康熙・興化縣志》，卷二〈水利〉，頁20；又同前書，卷七〈黃淮上流〉，頁
74：「興化，地濱大海，考其地勢，視高（郵）、寶（應）低丈餘，高寶之地，
視高家堰一帶又低丈餘，黃（河）、淮（河）之水，挾高寶諸湖之水，建瓴而
下，以興化爲壑，故治興化之水，必自上流始，治上流之水，必自黃（河）、
淮（河）諸水始。……故治黃、淮上流，此興化治水之第一策也。」
〔註35〕《天下郡國利病書》，卷二十六〈江南十四〉，頁32，引「淮南水利考」；又同

從前引資料，可知爲防範淮水沖灌淮南，有賴於修建高家堰；若是黃河水，則需厚築淮安北堤，和嚴控清江浦運道五座船閘之啓閉；爲瀦蓄天長諸縣七十餘河水，乃復建十四座官塘。茲論述高家堰、淮安北堤、十四官塘之整建；至於清江浦運道五座船閘之建置與操作，請參考拙著《明代漕河之整治與管理》。〔註36〕

（一）修建高家堤堰

高家堰，位於山陽縣西南，全長約七十里，北起武家墩，經高家堰（距前十五里）、高良澗（距前四十里），南至周家橋（距前二十里，見圖十一）；此地原爲高氏家族居住地，故有是稱。堰東爲膏腴農田，堰西是阜陵、泥墩、萬家、洪澤諸湖，諸湖之西，則爲淮河〔註37〕。此堰之禦水功能，依《河防一覽》載：「高（家）堰一堤，尤爲（黃、淮）二河關鍵，隆慶初年，淮水從此潰入，黃（河水）亦隨之而東，海口無水衝刷，因之堙塞，而淮（安）、

前書，卷二十七〈江南十五・淮安府河防〉，頁26，載：「又慮北河（黃河）溢漲，於是北河之南岸，起清江浦，沿缽池山，過（淮安）新城，柳浦灣迤東，長四十餘里，以護漕河，而石礩雞嘴於草灣對岸之衝，以護堤。慮南河（淮）漲溢，則北浸漕河，於是築漕南之高加（家）堰，起武家墩，經小澗、大澗，至阜寧湖，迤南長二十六里二分里之半，以護漕河，而磚礩涵洞於高阜，有辦之間，以護堰。」又《古今治河要策》，卷四〈論疏・太常卿余毅中・全河說〉，頁3：「築高（家）堰，復閘壩（清江浦運道），則淮（水）不東注矣；堤柳浦（灣），繕西橋（郡西長堤），則黃（河水）不南浸矣。」

〔註36〕 詳見《明代漕河之整治與管理》，第五章第四節〈湖漕與新莊等二十座船閘〉，頁240～246、254～258。茲將清江浦運道開挑經過，和船閘啓閉方法，簡述如下：永樂十二年（1414）平江伯陳瑄，開挑清江浦河，長六十里，運道上自北而南，建置新莊、福興、清江、移風四座船閘，明年於移風閘之南，又增建板閘，合計五座船閘，以節蓄運河水。晚明，黃河全流向東行，和淮河交會於清口，爲避免黃河水直灌「新莊閘運口」；嘉靖三十一年（1552）總河連礦開挑三里河（馬頭鎮南三里），將運道口轉向西南，迎向淮水，於新運口，另建船閘一座，稱「通濟閘」，新莊閘遂廢。但「通濟閘運口」因其地勢低窪，逢淮河泛漲，淮水易衝決三里河，並波及淮安府城。萬曆六年，潘季馴鑒於新莊、通濟兩閘各有其弊害，遂改建新運口於甘羅鎮東（新莊、通濟二運口之間），並建船閘一座，其名稱仍稱之「通濟閘」。「新通濟閘」，不免仍有黃河水灌淤，爲防黃河水入灌運道，主要採行以下二方法：一是重申陳瑄所制定之啓閉船閘之方法：「啓一閉二」，如開啓新通濟閘，即嚴閉福興、清江二閘；啓清江閘，則閉福興、新通濟閘。二爲每年六月一日，糧船、貢鮮馬快船過盡後，即於新通濟閘運口外，築土壩一道，並嚴閉五座船閘，至九月初旬，黃河水勢消落，方能斥除土壩。

〔註37〕 清・邵達平，《河工見聞錄》（清康熙間原刊本），頁28。

揚（州）、興（化）、鹽（城）之間，則一望瀰漫，桑田為海矣。」〔註38〕又《敬止集》載：「高（家）堰居氾光湖西北，實以屏蔽淮南，淮南之所以不害於水者，獨幸有此堰，不令南徙為巨浸也。」〔註39〕可知高家堰在「束水攻沙」之治河方策中，位居「蓄清刷黃」之主體工程（詳見本文第五章三節二項〈力倡束水攻沙論〉），而且能屏障淮南免遭淮水之浸灌；此因高家堰位居高阜，其地勢較寶應縣高一丈八尺，又較高郵州高二丈二尺；而高郵州、寶應縣又比興化縣、泰州等地高一丈餘，如是高家堰與興化縣、泰州之地勢，相距約三丈〔註40〕。倘淮水潰決高家堰，河水南下，將「因三丈餘之地勢，灌千里之平原」，如是淮南六州縣將成為洪泛之區（見圖十二），故云：「東北保障，全賴此一堰。」〔註41〕「淮南之有高（家）堰，猶室家之有牆垣也。」〔註42〕

　　高家堰之創建，始於東漢獻帝建安五年（200），廣陵（揚州）太守陳登為發展農業，以及預防淮水東浸，乃構築之，北起韓信城，經武家墩，南至管家莊，全長三十里（見圖十一）〔註43〕。此後至晚明之一千二百餘年間，從已知史料，曾有二次修建，一是北宋仁宗慶曆年間（1041～1048）轉運使張綸，二為明永樂十三年平江伯陳瑄〔註44〕。為何北宋以前，少有修建此堰之記載，並非其已堙塞無存，而是「（高家）堰，止受洪澤諸湖，黃（河）、淮（河）尚未合，而不聞有潰決之患。」〔註45〕北宋以後，則因「黃（河）又南徙，（洪澤諸）湖日寬廣，成巨浸，而是堰（高家堰）之所係愈重。」〔註46〕可知北宋神宗熙寧十年以後，黃河正流長期奪行淮河入海，洪澤諸湖之面積日益擴大，高家堰能屏障淮南之功能，遂逐漸受重視。

〔註38〕《河防一覽》，卷十一〈河工告成疏〉，頁331；又同註37，頁338：「高（家）堰無傾圮之患，則淮（安）、揚（州）免昏墊之災。」

〔註39〕《敬止集》，卷一〈論高堰利害〉，頁34。

〔註40〕《黃河考》，頁8；《光緒·盱眙縣志稿》，卷二〈山川〉，頁20；以及《行水金鑑》，卷六〈河水〉，頁91，均有相同記載。

〔註41〕《淮南吳柴菴疏集》，卷十七〈祖陵關係甚大開濬利害宜審疏〉，頁1263。

〔註42〕《敬止集》，卷一〈論高堰利害〉，頁34。

〔註43〕明·何喬遠，《名山藏》（臺北：成文出版社，民國60年1月臺一版，據崇禎十三年刊本景印），〈河漕記〉，頁779；又清·劉光業，《淮安府志》（臺北：國家圖書館漢學研究中心，依清康熙二十四年序刊本景印），卷一〈山川〉，頁6。

〔註44〕《治河奏續書》，卷四〈高堰〉，頁21。

〔註45〕《乾隆·山陽縣志》，卷十五下〈各體文下·箚記一則〉，頁5。

〔註46〕同註44。

圖十一：明代高家堰圖

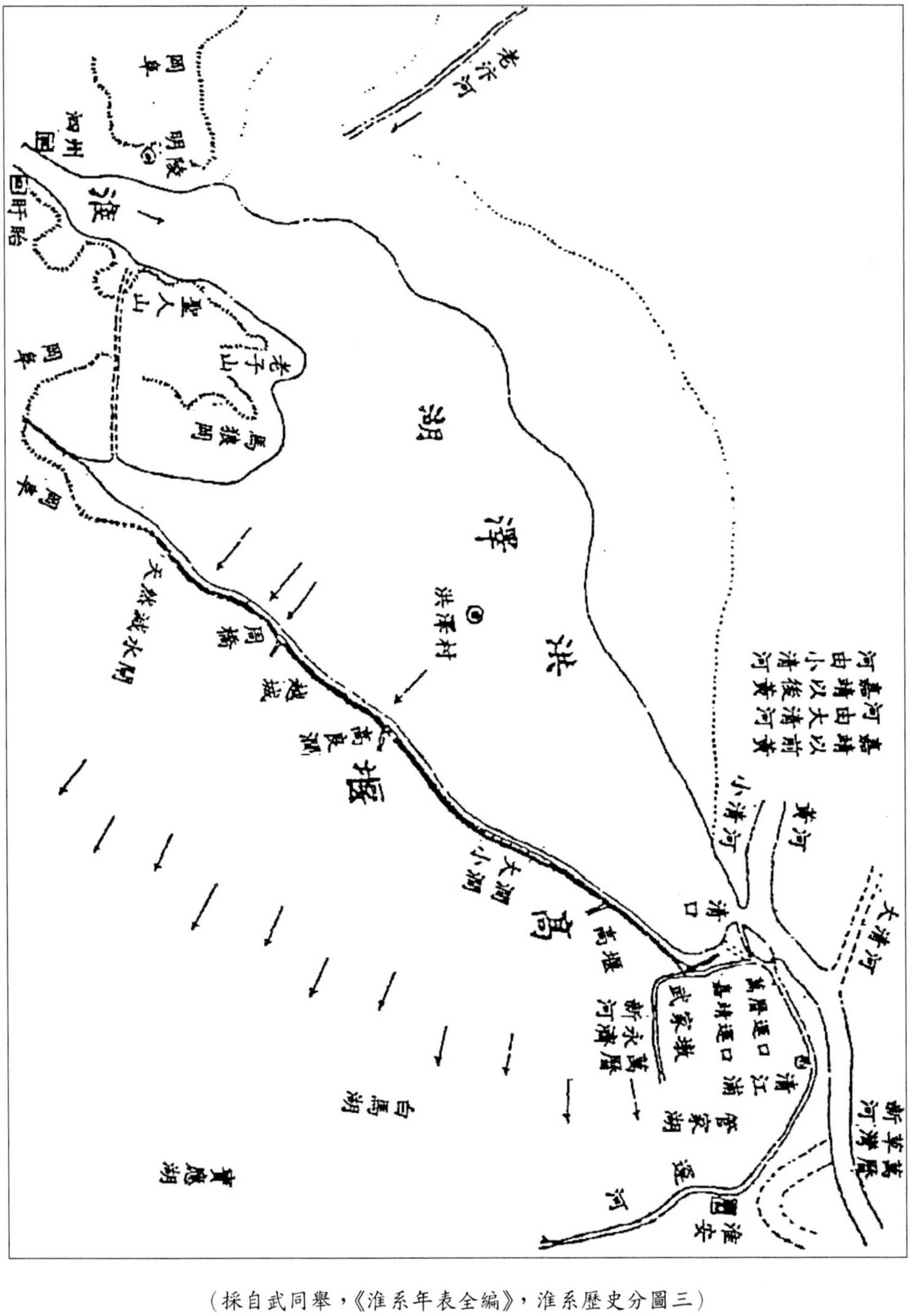

（採自武同舉，《淮系年表全編》，淮系歷史分圖三）

圖十二：明代高家堰與分導淮水入江、海圖

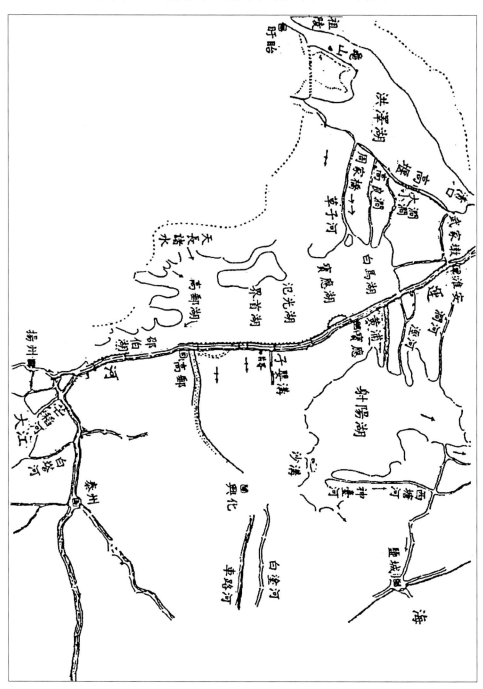

（採自武同舉，《淮系年表全編》，淮系歷史分圖七十二）

　　明代初期，黃河正流雖長期循潁、渦等河入淮河，但是時淮河下游河道尚未淤高，故黃、淮二河水之危害，尚屬輕微。但明代中葉，嘉靖十三年至嘉靖二十四年間，黃河正流再度南循渦河入淮河，此時期淮河下游水患已漸趨嚴重，故嘉靖十七年都御史周金爲防淮水東溢，乃重建高家堰，每年並撥「數百金」作爲召募鄉夫修護堤堰之經費；後因缺乏經費，無法長期養護，逐漸趨傾毀〔註 47〕。嘉靖二十五年以後，黃河全流奪泗河東行，會淮河於清口，因「黃強淮弱」等因素，以致洪澤湖之面積擴大，合萬家、泥墩、富陵諸湖爲一〔註 48〕，倘值淮水泛漲，易衝決高家堰。晚明，淮水東潰高家堰，漂沒淮南，詳見於下表：

表十五：晚明淮河潰決高家堰一覽表

時　　　間	災　　　　　情
隆慶三年七月（1569）	淮水漲溢，高家堰大潰，淮、湖之水，降洞東注，合白馬、氾光諸湖，決（寶應縣）黃浦八淺湖堤十五處，田廬漂蕩，人畜溺死無算。山陽縣、高郵州、寶應縣、興化縣、鹽城縣，匯爲巨浸。淮水既東，黃河水亦躡其後。
萬曆二年八月（1574）	黃河決碭山縣而北，淮河決高家堰而東，徐州、邳州、淮河南北漂沒千里。
萬曆三年八月（1575）	高家堰決，高郵州、寶應縣、興化縣、鹽城縣爲巨浸，而黃河水躡後，且漸逼鳳陽、泗州。
萬曆五年秋（1577）	恆雨水漲，伏秋尤甚，清口既墊，淮水由高家堰出黃浦，並決高郵、寶應諸湖堤。
萬曆二十一年夏（1593）	淮水漲，泗州水漫城；高家堰決高良澗、周家橋等二十二口，高寶諸堤決口無算。
萬曆二十三年夏秋（1595）	淮水大漲，高家堰復決高良澗諸處，高郵決中堤七顆柳。

資料來源：
(1) 張廷玉，《明史》（新刊本，臺北：國防研究院明史編纂委員會），卷八十四〈河渠二，黃河下〉，頁 882～912。
(2) 武同舉，《淮系年表全編》（臺北：文海出版社），表十〈明二・隆慶〉、〈明三・萬曆〉，頁 467～501。
(3) 劉寶楠，《寶應縣圖經》（清道光二十八年刊本，臺北：成文出版社景印），卷三〈河渠〉，頁 31。
(4) 參考本章表七～十二。

〔註47〕 不著撰著，《淮南水利考》（明刊本），卷下〈地方意見〉，頁 33。
〔註48〕 《光緒・盱眙縣志稿》，卷二〈山川〉，頁 24。

從前表，高家堰遭潰決計有六次，茲分三個時段，論述此堰之整治：

1. 隆慶三年至萬曆元年

隆慶三年，高家堰首遭潰決，總漕王宗沐、淮安知府陳文燭認為：倘決口未能築塞，則淮南「億萬疲困之民，必無可生之路。」遂發銀一萬二千餘兩，募民修建，從隆慶六年九月興工，至萬曆元年正月完成，全長三十里，其形式：高一丈，底闊十五丈，頂寬五丈〔註49〕。但泗州、盱眙縣等地之士民，則反對構築此堰，認為其阻礙淮水南出之路，遂「阻撓四出」，以致未能維持長久，而「中圯」。〔註50〕

2. 萬曆六年至萬曆二十年

因萬曆二年至萬曆五年，高家堰曾有三次潰決，為整治黃、淮二河，從萬曆六年至萬曆二十年間，潘季馴二度整建高家堰（詳見本文第五章四節〈束水攻沙論之實行〉）。萬曆七年，潘季馴築塞高良澗等決口三十三處，厚築高家堰之土堤，長六十里，其形式：「根闊十五丈至八丈、六丈不等；頂闊六丈至二丈；高一丈二、三尺不等。」〔註51〕萬曆八年，給事中尹瑾勘查潘季馴所築各項工程後，認為「高家堰西當淮（河）、泗（黃河）衝流，東護淮（安）、揚（州）沃土」，茲雖已添築高厚，但此堰之地勢，其南北二端各二十里，較為高亢；而中段之高良澗等二十里，則較低窪，惟恐伏秋水漲，浸齧堤根，乃建議中間一段，改採石塊包砌〔註52〕。此一提議潘季馴予以認同言：去年高家堰完成後，即派官員、夫役畫地分守，每年四月至八月間，駐守堰上，隨時修補，但惟恐時日一久，因官夫更換，難免有所疏漏，為求一勞永逸計，宜採石塊甃砌。

此議經工部核覆後，隨即興工，於萬曆十一年十月完成石堤工程，計費銀十三萬一千零三十四兩〔註53〕。高家堰完工後，其所發揮功效：「屹然如

〔註49〕同註47，頁35；又《康熙・淮安府志》，卷十二〈藝文志・丁士美・高加（家）堰記；王宗沐・淮郡二堤記〉，頁50。

〔註50〕《河工見聞錄》，頁30。

〔註51〕《河防一覽》，卷八〈河工告成疏・淮北工程〉，頁219。

〔註52〕同前書，卷九〈覆議善後疏〉，頁232；又同前書，卷十三〈給事中尹瑾・條陳善後事宜疏〉，頁448，認為築高家堰石堤具有三利：「則伏秋不必護堆，省費不貲，一利也；鹽徒不能盜決，金城永固，二利也；編氓樂居，人自為守，三利也。」

〔註53〕同前書上引註，頁233；又《明神宗實錄》，卷一四二，頁1，萬曆十一年十月己酉條。

城，堅固足恃，今淮水涓滴盡趨清口，會黃（河）入海，清口日深，（淮河）上游日涸，故不特（高家）堰內之地可耕，而堰外湖坡，漸成赤地。」〔註54〕

萬曆十六年，潘季馴第四度主持河務，基於「自萬曆七年，修復本（高家）堰之後，（黃、淮）兩河，始歸故道；近年以後，堤防久弛，漸至汕刷，誠爲可慮。」〔註55〕遂命南河工部郎中羅同敬等，修建高家堰石堤計三千一百一十丈，幫修土堤七千零九十二丈〔註56〕。萬曆十九年十一月，潘季馴認爲高家堰中段石堤，已「足當風浪」，但其南北二段，仍屬土堤，須年年予以修復，故擬改砌爲石堤〔註57〕。但此議尚未執行，明年二月，因祖陵遭水浸，潘季馴自請離職返鄉。

3. 萬曆二十年至萬曆二十四年

此期間高家堰有二次潰決。爲挽救祖陵水患，「分黃、導淮論」居於主導（詳見本文第五章五節〈分黃、導淮論及其實行〉）。導淮論者，爲廣開淮水入海之道，根本否定高家堰之禦水功能，主張予以拆毀，如萬曆二十二年十月，總漕褚鈇言：萬曆七年以前，祖陵未曾有水患；祖陵之水患，始於高家堰修建之後；而且此堰之建立，其利益全歸於淮南六州縣，至於泗州、盱眙等地，則全蒙受其弊害〔註58〕。由於朝廷仍肯定高家堰具有屏障淮南之功能，故反對予以拆毀；但爲疏洩淮水，乃採權宜之策，在高家堰上建置三座減水石閘。

從前述三個時期，對高家堰之整建，可知不同之治河觀對於此堰之功能具有互異之評價，束水攻沙論者予以肯定，導淮論者則反對之。若就地方輿情言，淮南與泗州二地之士民，對高家堰之存廢，則各居利己之立場，提出相左之看法，茲論述兩造之意見：

環洪澤湖周邊之州縣，如泗州、盱眙縣、清河縣等地之士民，爲避免淮水瀦蓄於洪澤湖，而危及其州縣，擬議分洩淮水南流入江、海，故極力反對建置高家堰，如《乾隆·清河縣志》載：

今宇內有四瀆，淮（河）與黃（河）稱二焉，其水匯於清口之東南
境，合流入海。清（河）固素所號爲澤國也，然於祖陵、運道猶兩

〔註54〕《河防一覽》，卷八〈河工告成疏〉，頁210。
〔註55〕同前書，卷十一〈河工告成疏〉，頁331。
〔註56〕同註55，頁340。
〔註57〕《明神宗實錄》，卷二四二，頁1，萬曆十九年十一月癸亥條。
〔註58〕《漕撫疏草》，卷六〈河工重大異同疏〉，頁67。

無恙。自萬曆初年，築高（家）堰，護民田，障長淮，俾不得東
注，遂以清河為壑，而陵寢歲有淮患。當事者憂之，屢議開（高
家）堰洩淮（水），以奠安祖宗根本之地，無奈撓之者眾，議竟格不
得。〔註59〕

又《萬曆‧盱眙縣志》載：

近歲高家堰成，彭澤浩蕩，盱眙由是連歲水災。〔註60〕

又《萬曆‧帝鄉紀略》載：

數百年來，不聞祖陵之受水者。……嘉（靖）、隆（慶）而後，（黃）
河身漸高，倒灌清口，沙隨波停，遂致淤墊。至萬曆七年，總河潘
（季馴）欲以全淮之力，衝（清）口刷沙，乃始議築高（家）堰，
謂堰築，則可以束淮（河），淮（水）強則可以敵黃（河水），豈
知水難遙度，未獲刷沙之利，而先獲壅淮之害。……大水之為患，
既原於築（高家）堰，則欲以除水之患，亦莫先于開（高家）堰。

〔註61〕

從地方志之內容得以反應當地之民情，故泗州等地之士民均反對潘季馴構築
高家堰。萬曆八年，當興建高家堰中段石堤工程時，泗州鄉官（原任湖廣參
議）常三省等反對言：此堰有害於祖陵，該石堤工程應立即停罷〔註62〕。潘

〔註59〕 清‧朱元豐，《清河縣志》（清乾隆十五年刊本），卷十三〈藝文‧仲汝孝‧清
　　　　河縣分減河糧碑記〉，頁24。
〔註60〕 《萬曆‧盱眙縣志》，卷二〈地輿志‧山川〉，頁11。
〔註61〕 《萬曆‧帝鄉紀略》，卷十〈王守陛‧上各部院水患揭帖〉，頁82。
〔註62〕 同前書，卷十〈總河撫按科水患揭帖議〉、〈北京各衙門水患揭帖〉，頁65～83，
　　　　其反對高家堰之意，茲摘錄其中一段，以供參考：「祖陵基址本高，今水入殿
　　　　廷，深逾二尺。舊陵嘴者，相傳熙祖梓官在焉，水深四尺以上，近陵松柏，
　　　　淹枯六百一株。淮水自桐柏而來，幾二千里，中間溪河、溝澗，附淮而入者，
　　　　亦且數千。當夏月水漲，浩蕩無涯，而必以海為壑。往者一由清河口洩，一
　　　　由大澗口洩，兩路通行無滯，猶且有患。今泥沙淤則清口礙，高堰築則大澗
　　　　（口）閉，上游之來派如此其涌，而下游之宣洩如此其艱，則其騰溢為患，
　　　　尚可勝言？此陵寢之所以浸傷，而百姓之所以困極者也。伏惟朝廷之上，奠
　　　　祖安民之道，至隆極備。誠念祖陵之重，不容一日被水；而民生之流離漂泊，
　　　　又極可憐，乃奮然決堰，加意濬淤，恢仁孝之聖心，復淮流之故道，則虞功
　　　　膏澤，被格上下，固不勝萬幸。如或以為堰不可動，亦必須多建閘座，以通
　　　　淮水東出之路，如大澗口闊，可建閘十餘座；高良澗窄，可建閘五、七處。
　　　　蓋水勢甚大，閘少則宣洩不及，故必至十數座始得。一面建閘，一面挑濬清
　　　　口以上淤塞，如果挑濬已通，可盡洩水，則閘雖設，自可常閉。如或清口挑
　　　　濬，尚未疏通；或雖已疏通，尚不能盡洩；大水則隨時酌量水勢高下，為啟

季馴為使工程得以順利進行，乃予以解釋：

> 泗州，素為水鄉澤國，其水患與高家堰無關；反對建置此堰者，僅是當
> 地之巨商私販，因其往來河南和儀眞、瓜洲兩地經商，若船隻行經清江浦運
> 道，須向戶部分司繳納榷稅，為逃避此一稅捐；乃繞行高家堰。故萬曆元年，
> 前總漕王宗沐曾修建高家堰，卻無法維持長久；萬曆五年前總漕吳桂芳亦幾
> 次計畫建置高家堰，卻遭惡棍楊明恕等造謠反對，因此無法進行，其根本原
> 因均在於此。〔註63〕

由於潘季馴獲得張居正之鼎力支持，高家堰石堤工程才能順利進行。
〔註64〕

反觀淮南輿情，其對高家堰之修建則予以支持，依《康熙·興化縣志》
載：

> 潘季馴申平江伯（陳瑄）故畫，……築高（家）堰，起（清江浦運
> 道）新莊（閘），至越城（周家橋北），長一萬八百七十餘丈。（高
> 家）堰成，淮水復由清口會黃河入海，興化自是無水患，南畝得耕
> 獲。〔註65〕

又《萬曆·揚州府志》載：

> 萬曆六年，上遣督河都御史潘季馴行相視，乃行平江伯（陳瑄）故
> 畫，築（高家堰）堤，起武家墩，經大、小澗，至阜寧湖，以捍淮
> 東浸；築堤清江浦，沿柳浦灣以東，以制（黃）河南溢；自淮（安）
> 至徐（州），築遙、縷堤，亘六百里，以束水歸槽，（黃）河暫安。
> 〔註66〕

閘板多少。如水未發，或雖小發不為害，則閘板俱不必啟。要之，大澗、清
口，實淮流不可缺一之道。」

〔註63〕 《河防一覽》，卷九〈高堰請勘疏〉，頁246～254；又《河工見聞錄》，頁30，
亦載：「初，泗州商販，北自河南，南至瓜（洲）、儀（眞）者，必假道於清
浦，沿途榷稅，人甚苦之，商船私鹽，每盜決此（高家）堰，順流直達，為
利滋大，以故歲久剝蝕，傾圮如故。」又《淮南水利考》，卷下〈地方意見〉，
頁37：「胡應思曰：（高家）堰無壞也，私鹹之家，必欲其壞也，閘當啟閉也，
而樂商稅、船科之漏者，惟恐其有閘也，利鉅而說行，何怪哉。」

〔註64〕 《明神宗實錄》，，卷一〇六，頁4，萬曆八年十一月乙酉條。

〔註65〕 《康熙·興化縣志》，卷二〈水利〉，頁23；又《天下郡國利病書》，卷二十六
〈江南十四〉，頁64：「然（高家）堰之利害與海口相關，嘗觀嘉（靖）、隆（慶）
間，堰每壞，則海口輒淤；徐邳之河輒澱、輒溢。始知古人之堰淮（河），不
獨為淮（安）、揚（州）之運渠，而於黃河、海口亦有利焉。」

〔註66〕 《萬曆·揚州府志》，卷五〈河渠志上〉，頁4。

故萬曆二十年，導淮論者倡議拆毀高家堰，淮南士民得知後，惟恐淮水建瓴而下，淮南將成為洪泛之區。於是曾任職淮南熟知當地水利者，紛紛奏請勿毀高家堰，如萬曆二十年三月，戶科給事中耿隨龍（萬曆十四年任寶應知縣）言：

> 泗州苦水，議疏周家橋、施家溝（高家堰南端水口），以高（郵）、寶（應）二湖為壑，將運道、民業立盡，臣曾令寶應，聞見頗真。〔註67〕

又萬曆二十三年十月，南京四川道試御史陳煃（萬曆十七年任寶應知縣）言：

> （高家）堰，南四十餘里，為周家橋，舊有小溝，闊丈餘，深二、三丈，伏秋時，水從此溢出，高（郵）、寶（應）之民，嘗請障之。今欲開十餘丈，而深一丈五尺，不幾以高（郵）、寶（應）為壑哉。……若周（家）橋開，淮（水）中洩，勢分力弱，黃（河）必乘之，濁流日淤清口，而全淮之水，將注于湖，彼其浮天撼地，沃日蕩雲之勢，豈一線堤，所能障乎？況周（家）橋，地勢峻聳，踰高（郵）、寶（應）遠甚，而興（化）、鹽（城）及各鹽場，則下而下者也。……開高（家）堰以分洩淮（水），（陳）煃慮高（家）堰既開，害民產、鹽場。〔註68〕

是時「分黃、導淮」之治河議論位居主導，陳煃等既反對導淮論，乃主張分黃論和挑濬清口淤沙，方能有效整治黃、淮二河，因其認為「分黃」即是「導淮」〔註69〕。故萬曆二十四年，朝廷以採行「分黃」為主，而「導淮」為輔

〔註67〕 《明神宗實錄》，卷二四六，頁1，萬曆二十年三月壬戌條。

〔註68〕 《道光・寶應縣圖經》，卷四〈封建・陳煃〉，頁22；又《明神宗實錄》，卷二九〇，頁3，萬曆二十三年十月戊申條；又《敬止集》，卷一〈論高堰利害〉，頁34，亦載：「乃清口之壅，則自近年始，惟清口之壅也，泗州以釜底，不得不蒙倒灌之害。……不咎清口之壅，而專咎高堰之塞，是徒揣其末，而不齊其本者也。」

〔註69〕 同註68上引書，卷四〈封建・耿隨龍〉，頁23：「分黃為先，而淮不必深治。」又同註68，陳煃亦主張：「今黃河底高，一遇水發，淮（河）、黃（河）相映，欲泄淮流，而不分殺黃水，豈能驟消淮漲，故所稱老黃河者，今宜亟開。當事者，誠察於淮水受病之源，由河強而淮弱，於淮、黃未合之處，分河而殺黃（河），強河既分、弱淮稍振，不必治淮（河），於淮而治，庶幾，黃（河）不外過，淮（河）不內漲，泗州可保，祖陵可安，運道、民生，各有攸賴。」

之治河方策，乃鑒於淮南輿情強烈反對拆毀高家堰，實為此一決策主要考慮因素之一。

黃、淮二河合流，高家堰成為屏障淮南免遭淮水浸灌之門戶，堤堰上雖建造三座減水石閘，但予以嚴格管制，不可輕易啓洩淮水。崇禎五年五月，淮水泛漲，逆浸祖陵，直隸巡按御史饒京、總河朱光祚原擬議開啓此三座減水閘以洩放淮水〔註70〕，但在旅居北京之淮南士紳強烈抗議下，此議才遭罷除。〔註71〕

（二）厚築淮安北堤

淮安北堤（以下簡稱北堤），是指黃河下游從清口至海口之南岸堤防，因此道堤防臨近淮安府城北，故有是稱。（見圖十、圖二十五Ⓘ、Ⓙ、Ⓚ）

淮安府城，西距清口僅二十里，尤其清口浦一帶，與黃河僅隔一線堤防，最寬「不過三、四十丈」，狹窄處「僅二十餘丈」〔註72〕。逢黃河水泛漲，為免洪水沖灌淮安府城、清江浦運道，晚明所採行之整治方策，除於黃河北岸開挑支河（如草灣新河、草灣導河），分洩黃河水減弱水勢外，惟有強化北堤之各項禦水工程。北堤之禦水功能，依萬曆元年總漕王宗沐言：「高家堰，獨抗淮（河）於西南，而西長堤（淮安北堤西段，屬清江浦堤防）又障（黃）河於西北，蓋至是居者、田者，皆寧處。」〔註73〕又萬曆十七年總河潘季馴言：「建復高（家）堰之堤，以捍橫流於淮郡之東；創築柳浦灣（淮安新城東北）之堤，以過狂瀾於淮郡之北，十餘年間，利賴於二堤者，良不淺

〔註70〕 不著撰人，《崇禎長編》（臺北：國立中央研究院歷史語言研究所，民國56年3月初版，依國立北平圖書館紅格鈔本景印），卷六十五，頁13，崇禎五年十一月癸丑條。

〔註71〕 《淮南吳柴菴疏集》，卷十七〈（崇禎五年）祖陵關繫甚大開濬利害事宜疏（大理寺左丞吳甡、淮安府翰林院編修夏日瑚、揚州府中書舍人喬可聘、禮部儀制司郎中解學夔）〉，頁1～5：「惟是高家堰三閘，所關地方利害，又有可得而言者，謹按高堰，北當淮、泗之衝，南扼漕湖之吭，地形最為高峻，而淮、揚兩郡及高（郵）、寶（應）、興（化）、泰（州）、山（陽）、鹽（城）數十州縣，地居下流，所謂懸水數仞，建瓴之勢也。東北保障，全藉此一堰，是豈可輕議開洩者。……議者必曰：高堰既不可開，則何以設三閘也。臣等查高堰，自明興以來，從未建閘，建之自萬曆二十三年始，然未幾旋議堙塞，夫歷二百六十餘年，開者一時，而塞者永久，固為數郡民生、漕鹽，國計關係匪輕。」

〔註72〕 《河防一覽》，卷二〈河議辯惑〉，頁73；又同前書，卷十四〈都給事中常居敬‧祖陵當護疏〉，頁521。

〔註73〕 《萬曆‧淮安府志》，卷五〈前言〉，頁3。

者。」〔註74〕可知，就淮南之立場言，高家堰是淮安之「前門」，能抗拒淮水東浸；北堤，則爲「後闥」，得防禦黃河水南決。〔註75〕

　　晚明，黃河潰決北堤，沖灌淮南，如下表所載：

表十六：晚明黃河潰決淮安北堤一覽表

時　　間	災　　情	資　料　來　源
隆慶三年七月（1569）	河水溢自清河縣，抵淮安府城西，淤者三十餘里，決方、信二壩（淮安府城西北三十里，清江浦東），平地水深丈餘，寶應湖崩壞。	傅澤洪，《行水金鑑》（臺北：臺灣商務印書館，民國57年12月臺一版），卷二十六〈河水〉，頁386。
萬曆十四年五月（1586）	夜半河水溢衝范家口（淮安府城東十五里），決口二、三丈，未幾驟開二、三里，沖淮安府城，水深七尺，東鄉一帶，及鹽城諸處，田禾盡淹。	劉寶楠，《寶應縣圖經》清道光二十八年刊本（臺北：成文出版社景印，民國59年臺一版），卷三〈河渠〉，頁49；顧炎武，《天下郡國利病書》（臺北：廣文書局景印，民國57年3月臺一版），卷二十七〈江南十五〉，頁38。
天啓元年（1621）	霪雨連旬，黃河、淮河暴漲數尺，而山陽縣裏、外河、及清河縣，決口甚眾，匯爲巨浸，水灌淮安府城，百姓皆蟻城以居，舟行街市。	張廷玉，《明史》（臺北：國防研究院明史編纂委員會，民國52年4月臺初版），卷八十四〈黃河下〉，頁892。
崇禎四年六月（1631）	黃河、淮河交漲，黃河決建義諸口（淮安府城東北八十里），下灌興化縣、鹽城縣，水深二丈，村落盡爲漂沒。興工未幾，崇禎五年七月，伏秋水發，黃、淮二河水奔注，以興化、鹽城二縣爲壑。	《明史》，卷八十四〈黃河下〉，頁892。

從前表可知：北堤潰決計有四次，所造成之災情，茲以崇禎四年爲例說明之。是時淮南各州縣水患情形，依淮海道副使周汝璣之奏報：鹽城、興化二縣被災實數爲十分，寶應縣九分七厘，高郵州七分，山陽縣五分六厘，泰州四分（見圖十三）〔註76〕。由於鹽城、興化、寶應三縣最爲嚴重，茲將其災情敘述如下：

〔註74〕《河防一覽》，卷十〈申明修守事宜疏〉，頁281；又《天下郡國利病書》，卷二十六〈江南十四・淮南水利考〉，頁4：「據中土之障河，必用堤：則淮南之必用高加（家）堰、西土堤以禦（黃）河、淮（河）也，不待言矣。」
〔註75〕同註74上引書，卷十三〈御史陳世寶・條陳河工補益疏〉，頁458。
〔註76〕明・畢自嚴，《度支奏議》（明崇禎六年刊本），四川司五，〈再覆江北州縣水災賑濟卹蠲折疏〉，頁107。

圖十三：明崇禎四年淮南水患圖

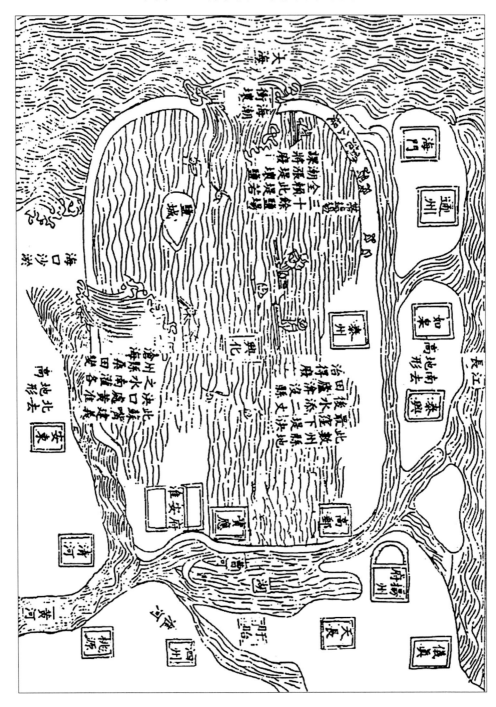

（採自吳甡，《淮南吳柴菴疏集》，卷四）

鹽城縣：依《度支奏議》載：「闔縣地土，蕩爲湖澤，城門之外，一片汪洋，至今（崇禎四年十二月二十四日）仍無乾地，故自澗河（淮安府治東南）及于府城之東門，茅棲露處，皆鹽城不能自存之民。」〔註77〕又載：「鹽城一縣之民，流離死徙，十已七、八，即結葦編筏，于淮城東門之外，何啻數萬人，此輩從水中拾得性命出來，牽兒攜女，乞食度日。」〔註78〕

興化縣：依《淮南吳柴菴疏集》載：「西北之水，盡匯於興化，浩浩洪流，瀁瀁如海，數百里內，村舍田廬，漂蕩一空，斗大孤城，突浸水中，老弱者轉溝壑，少壯者散四方，生者既不得有其身家，至百年丘墓爲馮夷所嚙，土去棺浮，漂流無算，各鹽場、草場淹沒，樵蘇無路，小民析骨而爨，死者亦不得有其朽骨，平日膏腴之田，水深數尺，牛畜舟船俱遭覆溺，農者不得執耒耜而耕於野。」〔註79〕又據《度支奏議》載：「興化僻處海濱，地勢窪下，四面受水。崇禎四年七月內，霪雨盆傾，淮、黃交潰，水深一丈五尺，田舍漂沒，老弱溺死，少壯逃避，比之兵焚未有此慘。至今年（崇禎五年）三月，窮民鬻妻，租牛買種，從事南畝，不意六月，黃河漲溢，河口潰決，合縣內外，陡深一丈六尺，將田禾廬舍，盡付洪濤巨浪，且水淹城市，深至五尺，較之去歲，其害更慘。今百姓嗷嗷，寄命波濤之中，阽危至極，無米無薪。」〔註80〕

寶應縣：依《度支奏議》載：「去歲（崇禎四年），霪雨盆傾，並受新溝等堤崩決之患，蕩爲巨浸，田廬漂沒，百里無煙，眞古今未有之異災。不意今年（崇禎五年）六月，颶風大作，黃河漲溢，乃從蘇家嘴地方，復潰而南注，數百餘里，將熟田、新舍，悉沉水底，而不逞之徒，嘯聚爲盜，屠村截舟，飢寒切體，哭聲震天，無家產可析，無兒女可鬻，如以漕米徵兌屆期，日加惶怖，不得不痛哭流涕。」〔註81〕

黃河潰決北堤，洪水浸灌淮南各州縣，必造成嚴重災情。爲避免黃河於此潰決，惟有強化北堤之禦水工程。茲將此處之整建工程論述於後：

隆慶三年，黃河首次決於北堤。至萬曆二年，總漕王宗沐修建「郡西長堤」，西起清江浦之藥王廟，經西橋、淮安新城，東至柳浦灣，全長六十里，

〔註77〕同前書，雲南司一五，〈覆總漕鹽城水災漕糧半折疏〉，頁 66。
〔註78〕同前書，四川司五，〈覆鹽城、興化等州縣水災賑濟卹疏〉，頁 80。
〔註79〕《淮南吳柴菴疏集》，卷四〈河決一日不塞災邑殘廢可憫疏〉，頁 3。
〔註80〕同註78。
〔註81〕《度支奏議》，四川司五，〈再覆江北州縣水災賑卹蠲折疏〉，頁 113。

蜿蜒如長虹，其形式：根闊十二丈，頂寬四丈，高約七尺〔註82〕。因此堤為王宗沐策畫修建，亦稱之「王公堤」。（見圖十、圖二十五Ⓘ）〔註83〕

　　萬曆七年，潘季馴三任總河任內，其認為清江浦與黃河雖僅隔著一線堤防，若每年能從事「埽護之工，及磯嘴壩之築」，亦足以護衛淮南〔註84〕。但是時「郡西長堤」已呈現卑薄，而柳浦灣以東至高嶺間，尚未構築堤防，惟恐黃河泛漲，於此沖決淮南〔註85〕。於是除幫修「郡西長堤」計九千八百五十一丈，並於西橋建造水壩一道，長十二丈，高二丈外；為延長「郡西長堤」，乃構築新堤防一道，西起柳浦灣，東至高嶺，計長三十七里（見圖十）〔註86〕。但萬曆十四年，黃河再潰北堤之范家口；於萬曆十七年，潘季馴於其四任總河期內，重新整建北堤之禦水工程，主要有二：

　　1. 再延長北堤之堤防，西起高嶺，東至戴百戶營，長約四十五里（見圖十）〔註87〕。至此北堤全長（藥王廟至戴百戶營）計有一百四十二里。

　　2. 擇河工險要處，補強各項工程（見圖二十五Ⓘ、Ⓙ、Ⓚ），詳如下表：

表十七：潘季馴四任總河期強化淮安北堤各項工程表

地　點	工程項目	數　量	地　點	工程項目	數　量
清江浦外河堤	草掃排樁	408 丈	柳浦灣	樁笆堤	228 丈 1 尺
	順水草壩	4 座	張家窪	土　堤	291 丈
惠濟祠外河堤	石　堤	54 丈 5 尺	喻口河	水　壩	1 道
	順水草壩	1 座	馬家湖	樁笆工	180 丈
禮字壩	土　堤	349 丈	黑　墩	樁笆工	10 丈
	石　堤	164 丈	金家窪	土　堤	200 丈
范家口	土　堤	349 丈	蒯家窪	土　堤	100 丈

〔註82〕《天啟・淮安府志》，卷二十一〈王宗沐・淮郡二堤記〉，頁 1。

〔註83〕《黃河考》，頁 83：「所謂西長堤者，淮安，大河南岸之堤，漕臣王宗沐因北神堰故址而築之也，後人謂之王公堤，堤自清江浦，歷鉢池山，至柳浦灣，六十里。」

〔註84〕《河防一覽》，卷二〈河議辯惑〉，頁 73。

〔註85〕同前書，卷七〈兩河經略疏〉，頁 170。

〔註86〕同前書，卷八〈河工告成疏〉，頁 220；以及卷十三〈給事中尹瑾・科道會勘河工疏〉，頁 435。

〔註87〕同前書，卷三〈河防險要・淮南〉，頁 83。

范家口	石　堤	330 丈	賈家窪	土　堤	190 丈
	副　壩	1 道（270 丈）	柳浦灣	料　廠	1 所
	椪　椿	2 道（696 丈）	資料來源： 潘季馴，《河防一覽》（臺北：文海出版社，民國 60 年出版），卷十一〈河防告成疏，南直隸工程〉，頁 30。		
	順水草壩	9 座			
	石磯嘴	1 座			

從上表可知：清江浦，惠濟祠、禮字壩、柳浦灣、范家口等處，均爲河工險要處，需構築石堤，並建造「順水草壩」，或「石磯嘴」（順水石壩）。此順水壩之功能，在於「逼水北流，以刷對岸之沙。」〔註 88〕此外，潘季馴認爲：萬曆十四年黃河之所以潰決范家口，其主因在於管理堤防之組織不善，以致北堤呈現「汕刷者十八，管河官置之若棄。」〔註 89〕茲重修北堤，爲整建其管理組織，從萬曆十七年起，專設柳浦灣大使一員，領夫役五百人，分派住紮北堤各險要處，遇有堤防遭受河水沖嚙，即予修補。〔註 90〕

　　北堤各項工程，主要建造於潘季馴三、四任總河期內，但天啓元年、崇禎四年，北堤仍遭黃河潰決二次〔註 91〕，可知在黃河下游河道日漸淤高之情

〔註88〕同前書，卷四〈修守事宜〉，頁 101；以及卷十四〈都給事中常居敬・欽奉敕諭查理河漕疏〉，頁 492：「如本堤水刷沟湧，雖有邊埽，難以久持，必須將本堤首築順水壩一道，長十數丈或五、六丈。一丈之壩，可逼水遠去數丈，堤根自成淤灘，而下首之堤，俱固矣。」又《行水金鑑》，卷三十九〈河水〉，頁 558，萬曆二十四年巡按直隸監察御史蔣春芳題覆：「其正當迎溜之處，堅砌石磯嘴，如雞胸之狀，狂流觸此即分，可免震撼崩塌之患。」

〔註89〕《河防一覽》，卷二〈河議辯惑〉，頁 71。

〔註90〕同前書，卷十〈申明修守事宜疏〉，頁 281：萬曆七年潘季馴營建高家堰和淮安北堤時，僅由高家堰大使一員，兼攝柳浦灣一堤之堤務；但萬曆十七年，高家堰已增築而達百里，而淮安北堤，從清江浦，至高嶺、戴百戶營，延長一百三十里，逢伏秋水汛，僅大使一員無法奔行於二百里之間，往往顧此失彼；即使委任義民等官，亦是虛應故事，故潘季馴奏請添設柳浦灣大使一員，領夫役五百名。

〔註91〕《行水金鑑》，卷四十四〈河水〉，頁 629，引「南河全考」，載：「是年（天啓元年），河決靈壁、雙溝、黃浦，而淮安山陽之裏河，則決王公祠、楊家廟、清江浦、磨盤莊、謝家墩、鳳直二廠等處。外河（黃河）則決安樂鄉、顏家莊、張家窪、高堰、武家墩等處，……惟時水灌淮安新、聯二城，小民蟻城而居，裏、外河、清河一帶，匯爲巨浸，知府宋統殷、知縣練國事，力塞王公祠。」又《崇禎長編》，卷五十七，頁 10，崇禎五年三月丁未條：「河道總督朱光祚疏奏：崇禎四年夏秋，霪雨爲災，黃（河）、淮（河）交漲，衝決淮安府山陽縣，黃河新溝口三百五十丈，中深一丈六、七尺；蘇家嘴一百六十

勢下，即使有堅強之防禦工事，仍無法與黃河之洪濤相對抗。

（三）修復十四官塘

1.十四官塘功能

從東漢至唐代，於「高寶諸湖」與天長、六合諸縣之間，陸續闢建十四座官塘，此即寶應縣之白水塘（縣治西八十五里，見圖二十五Ⓚ）、羨塘（縣西南，與白水塘合），高郵州之茅塘（州西南二十里）、盤塘（州西三十里）、柘塘（州西五十里），江都縣之句城塘（縣治西三十里）、雷公上下塘（縣治北十五里）、小新塘（縣治北十五里）、鴛鴦塘（縣北四十里），和儀眞縣之陳公塘（縣東北三十里）、北山塘（北城濠外一里許）、茅家山塘（北城濠外一里）、劉塘（縣西北五十里）〔註92〕。其中以江都、儀眞二縣之陳公塘、句城塘、雷公上下塘、小新塘等五座官塘之範圍較大，功能最著，合稱「五塘」（見圖十四、圖二十五Ⓛ、Ⓜ）。「五塘」之源流與規模，茲述如下：

陳公塘：縈迴九十里，其地勢高，西、北二面倚山，東南有堤一道，長八百九十餘丈，堤上置斗門、石礄各一座；環塘周邊有三十六汉，各汊河水均匯流於此塘，此塘水經太子港（儀眞縣東二十里），洩入運河。（見圖十五、圖十六）〔註93〕

句城塘：周圍四十里，東西寬三百四十丈，南北長一千一百六十丈，其塘水經烏塔溝（儀眞縣東四十里），入運河。（見圖十六）〔註94〕

雷公上、下塘：此二塘位於平岡上，其西、南、北三面之地勢高峻；東面則較低窪，遂於此地構築堤防，以瀦蓄潦水〔註95〕。上塘，周圍六里，東西寬七百三十五丈，南北長九百二十丈；下塘，周圍七里，東西寬五百八十丈，南北長七百五十丈；二塘水經由淮子河（江都縣城東北十二里），入運河。（見圖十七）〔註96〕

丈，中深一丈二、三尺，工大費繁，迄今未經修築。……臣已陸續湊集各項錢糧，責成郎中徐標暫駐淮安府料理。」

〔註92〕《天下郡國利病書》，卷三十〈江南十八·興化縣·概縣士夫條陳水利總論〉，頁 27；又《隆慶·高郵州志》，卷二〈山川·塘〉，頁 18。

〔註93〕明·王瓊，《漕河圖志》（明弘治九年刊本），卷一〈儀眞縣〉，頁 43；又明·申嘉瑞，《隆慶·儀眞縣志》（上海出版社，天一閣藏明代方志選刊），卷七〈食貨考〉，頁 10。

〔註94〕同前書下引註，頁 11。

〔註95〕《漕河圖志》，卷一〈雷公上、下塘〉，頁 44。

〔註96〕《乾隆·鹽城縣志》，卷四十九〈河道〉，頁 38。

圖十四：明代五塘形勢圖

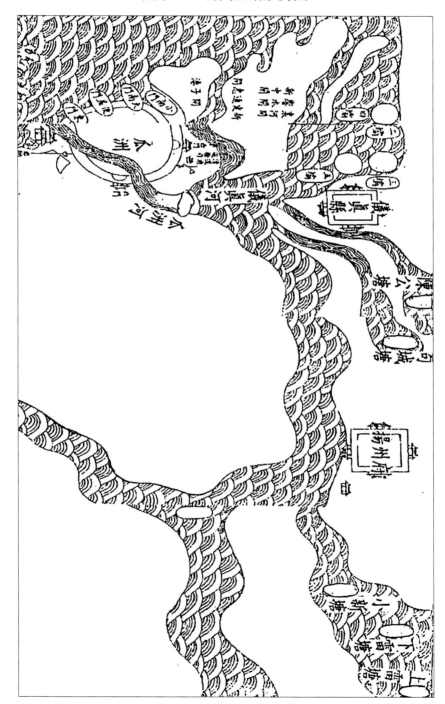

（採自章潢，《圖書編》，兩河新築堤堰壩閘總圖）

圖十五：明代陳公塘圖

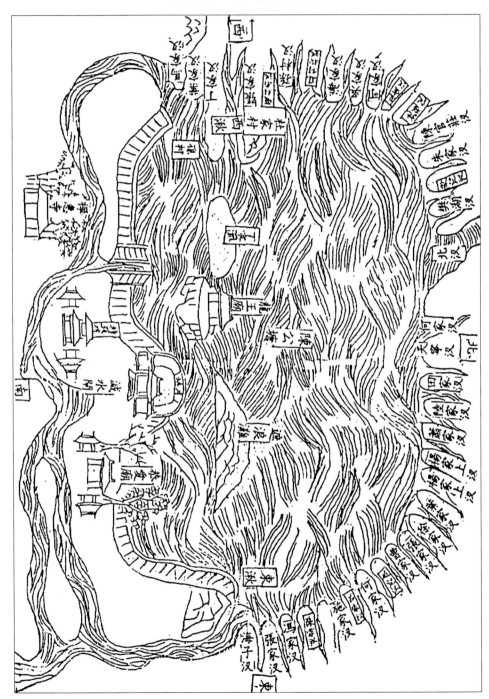

（採自申嘉瑞，《隆慶・儀真縣志》，陳公塘圖第九）

圖十六：明代陳公塘、句城塘形勢圖

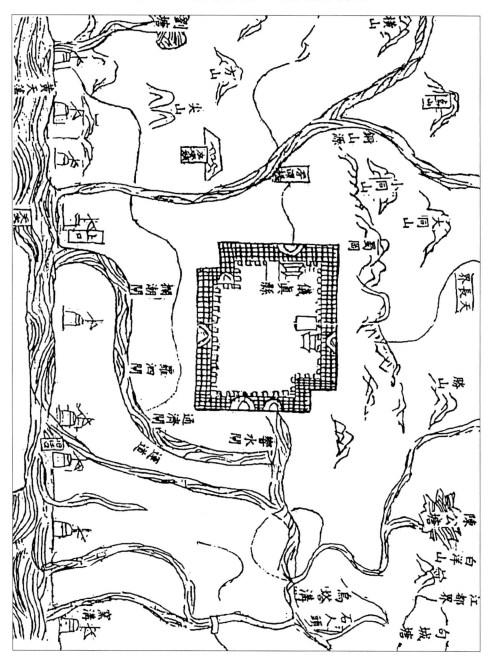

（採自申嘉瑞，《隆慶‧儀眞縣志》，皇明疆城第四）

圖十七：明代雷公上下塘、小新塘形勢圖

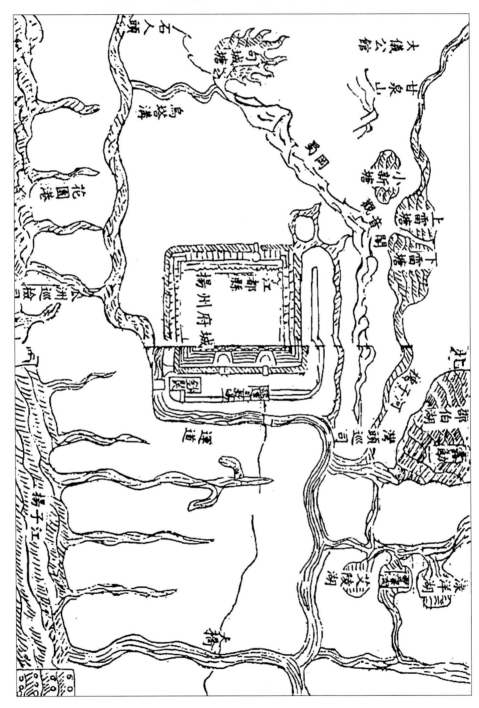

（採自盛儀，《嘉靖·惟揚志》，今江都縣圖）

　　小新塘：此塘東西寬一百丈，南北長一百七十丈；其東北接雷公上塘，故其塘水，經由雷公上塘，轉注雷公下塘，由懷子河（即帶子港，屬儀眞縣），至灣頭鎭（揚州城東門外）入運河。（見圖十七）〔註97〕

　　唐宋以來，建置此十四官塘之目的，有三：

（1）蓄潦水

　　逢夏秋雨季，山水暴發，寶應縣之二座官塘，得蓄納山陽縣、盱眙縣等地潦水；高郵州之三座官塘，能收蓄天長縣、銅山（江都縣西北七十二里）等地諸河水；江都縣、儀眞縣之九座官塘，則瀦蓄大儀（江都縣西七十里）、甘泉山（江都縣西北三十五里）、方山（儀眞縣西三十里）等地潦水（見圖十六、圖十七）〔註98〕。此十四官塘若能發揮蓄納潦水之功能，則「高寶諸湖」之湖水不盈漲，如是淮南得免遭水患；不然「岡陸一千五百里之水，悉以運河（湖漕運道）爲壑，湖（高寶諸湖）闊增險，勢必潰決，又以下河（淮南各州縣）爲壑也。」〔註99〕

（2）漑農田

　　陳公塘爲廣陵太守陳登於東漢獻帝建安十四年（209）所創建。雷公上、下塘，則是唐太宗貞觀十八年（644）揚州大都府長史李襲譽所闢建，此二人建置陂塘之目的，在於「以資灌漑」〔註100〕。由此可知十四官塘瀦蓄潦水，其最初之功能，在提供岡阜地區發展農業所需之水源，依《圖書編》記載：此十四官塘能灌漑農田面積如下：江都縣之句城塘，「八百餘頃」；小新塘、雷公上下塘、鴛鴦塘，合計亦是「八百餘頃」。儀眞縣之陳公塘，「千頃」；北山塘、茅家山塘、劉塘，合計亦有「千頃」。高郵州之茅塘、拓塘、盤塘，合計「三千六百頃」。寶應縣之白水塘、羨塘，合計「二千五百餘頃」。〔註101〕

（3）濟漕運

　　唐、宋二代，爲維護邗溝運道之暢通，重視陂塘蓄水濟運之功能，尤其是江都、儀眞二地之「五塘」，如唐憲宗時（806～820），運道淤塞，淮南節度使杜亞，「疏句城湖，愛敬陂（陳公塘），起堤貫城（江都），以通大舟。」

〔註97〕同註96。
〔註98〕同註96。
〔註99〕《古今圖書集成》，卷一七四〈食貨典・經濟部・漕河七議・形勝〉，頁787。
〔註100〕《漕河圖志》，卷一〈儀眞縣〉，頁43；以及同前書，同卷〈江都縣〉，頁44。
〔註101〕同註99。

〔註102〕又北宋徽宗政和年間（1111～1118），淮南發運使陳遘，亦因運道淺澀，「決句城、陳公二塘，達于渠。」〔註103〕又南宋孝宗淳熙九年（1182）八月，淮南發運使錢沖之，修築陳公塘之塘岸，建置斗門、石礶各一座，其目的在於「歲藉此塘，灌注長河，流通漕運。」〔註104〕

官塘能蓄納潦水，此塘水最初是用來灌溉農田，唐、宋二代則著重其濟運功能，故明代嘉靖年間廣西參政蔣山卿之〈河渠論〉即言：「當漢・陳元龍（登）之開塘，唐・李襲譽之築句城也，本以溉田；（唐德宗）貞元以後，引陂（塘）穿（河）渠，以灌漕河，卒賴其利；宋之轉運，則尤以揚子為要區，乃置發運使治其地，以總天下之漕。」〔註105〕

2.明代修建官塘

明初，十四官塘多已毀壞，塘田變成農田，故明中葉以前，提議復建官塘，尤其是「五塘」，其目的在於蓄水濟運；若在晚明，淮南士民屢次要求修復十四官塘，是著重在蓄水防洪之功能上。茲分三個時期，論述明代對官塘之整建：

（1）明代前期（1368～1505）

由於「湖漕」南端運道之儀眞河（長四里）和瓜洲河（長三十里），本身並無水源；又因淮南臨江一帶（江都縣）之地勢，隆起約四十里，以致「高寶諸湖」之湖水不易南洩入江。倘值乾旱，此段運道水量不足，為維持漕運之暢通，惟仰賴「五塘」洩放塘水以濟運。〔註106〕

永樂十三年，南糧北運，採行河運後，平江伯陳瑄爲管理「五塘」，乃設置塘長、及塘夫三百三十五人〔註107〕。至正統二年（1437），爲盡洩「五塘」水以濟運，有建言裁撤其管理組織者，但遭巡撫御史曹弘反對之，其認爲「五塘」本身並無水源，若塘水盡洩濟運，則陂塘將呈現乾涸，故爲管理「五塘」

〔註102〕《漕河圖志》，卷二〈諸湖〉，頁45。
〔註103〕《隆慶・儀眞縣志》，卷四〈官師考上〉，頁14；明・盛儀，《揚州府志》（明嘉靖二十二年刊本，天一閣藏明代方志選刊），卷九〈秩官志中〉，頁19。
〔註104〕《淮南水利考》，卷上，頁30。
〔註105〕《隆慶・儀眞縣志》，卷十四〈藝文考・蔣山卿・河渠論〉，頁48。
〔註106〕明・劉吉，《明憲宗實錄》（臺北：國立中央研究院歷史語言研究所，民國57年2月二版，據國立北平圖書館紅格鈔本景印），卷一一二，頁6，成化九年正月己未條。
〔註107〕《皇明世法錄》，卷四十九〈河道・修復五塘議〉，頁37。

之蓄洩塘水事宜，仍須保留塘夫二百名〔註108〕。於成化八年（1472），總河刑部左侍郎王恕，基於前此「五塘」構築土壩以蓄納塘水，但土壩經常坍塌，以致蓄水有限，而且近塘居民亦易乘機占種塘田；於是修建各官塘之塘岸，並於陳公塘、句城塘、和雷公上下塘，各建置板閘一座、減水石壩二座，作為「潦則減水，不至衝決塘岸；旱則放水，得以接濟運河。」〔註109〕此外，其又重建四座官塘之管理組織：

　　　陳公塘：塘長一人，塘夫五十人。

　　　句城塘：塘長一人，塘夫四十人。

　　　雷公上塘：塘長一人，塘夫四十人。

　　　雷公下塘：塘長一人，塘夫四十人。

前述各官塘均設塘長一人，提領塘夫四、五十人，以維護該塘之水利。《漕河圖志》對王恕之整治工程，有如下之評述：

　　　雷公、句城、陳公等塘，亦皆無源，必待雨潦之年，方可蓄水，然
　　　三湖皆載高地，接連山岡，勢極曠遠，潦水一發，自高趨下，堤不
　　　能禦，雖有閘碓，窄隘不堅，易至衝壞。堤外居民，恐水滿堤溢，
　　　傷己田稼，或盜毀閘口，預以泄水；又耕湖中者，慮水潴沒田，亦
　　　有盜決之弊。今（成化八年）若大興工役，修築堤防，加高丈許；
　　　每塘用石礮砌滾水石壩二座，壩視堤卑五尺，闊二十丈，長一百丈，
　　　敷嵌石板，令犬牙相入，以為跌水之路，務極精緻，不使洄洑衝薄，
　　　久而傾圮，如此既可潴水，雖水暴至二壩，共闊四十丈，足以疏泄，
　　　又其制堅，確水衝不壞，人不能盜決。且其中魚菱之利，以資修河
　　　之費，必待大旱，漕渠乾涸，方許開引，然亦但決壩旁土堤丈餘，
　　　水自奔注，事畢仍舊築塞，未為勞也。〔註110〕

可知環塘居民為維護私利，一則：不願見各官塘蓄滿塘水，此因塘水滿盈易於潰溢，有淹浸近塘農田之憂慮；而且占種塘田者，更不願見陂塘滿水，淹

〔註108〕明・陳文，《明英宗實錄》（臺北：國立中央研究院歷史語言研究所，民國57
　　　　年2月二版，據國立北平圖書館紅格鈔本景印），卷二十六，頁7，正統二年
　　　　正月戊午條。

〔註109〕明・王恕，《王端毅公奏議》（臺北：臺灣商務印書館，民國62年出版，文淵
　　　　閣本，四庫全書珍本五集），卷二〈言開河事宜并乞先修舊塘水閘奏狀〉，頁
　　　　7。

〔註110〕《漕河圖志》，卷二〈諸湖〉，頁54。

浸其所侵占之塘田。二則：環塘居民爲從事農耕，需引塘水灌溉農田，故常盜決塘堤。王恕有鑑於前述諸弊端，遂將各塘堤岸築高一丈，並採石塊整砌滾水壩，其形式：寬二十丈，長一百丈；壩體之高度較塘堤低五尺，故塘水超過水則，得經此溢洩於外，避免決堤。

經此次整建後，因塘堤高厚，石壩堅固，近塘居民無法盜決塘堤，各座官塘乃能蓄足塘水以濟運，且所獲「魚菱之利」，得資助修河經費。

（2）正德、嘉靖年間（1506～1566）

明代中葉，政局趨於敗壞，隨皇莊之擴張，宗室、勛戚、中官之莊田，亦大量侵奪民田。處於此一情勢下，王恕重修之「五塘」，不久即遭侵盜，廢爲農田，依《萬曆・揚州府志》載：

> 前守郭公昇，力復小新、上下雷三塘，建閘費千餘金，未幾奸民復盜，決防種蒔。〔註111〕

又《天下郡國利病書》載：

> 我國初，陳恭襄公瑄，洞悉水利，稽倣古法，造爲十四塘、壩、閘，上濬漕運，而下利民生。……宏治以來，日漸倒塌，正（德）、嘉（靖）之際，奸民盜種之矣。屢被告奸，屢罪不悛。〔註112〕

此時期，塘田雖屢遭侵盜，但逢氣候乾旱，爲濟助運道水量，不得不予以清復，例如正德十六年（1521），總漕臧鳳，「修復五塘，灌民田，資漕運。」〔註113〕又嘉靖二年（1523），御史秦越奏請清復「五塘」，此因「儀眞、江都二縣，有官壩五區，築閘蓄水，以漑民田，後豪民規以爲業，古蹟廢壞，眞（儀眞）、揚（江都）之間，運道梗阻。」〔註114〕又嘉靖十三年，揚州知府侯袟，「開句城塘閘。」〔註115〕又嘉靖十八年，管河郎中畢鸞，「查復五塘。」〔註116〕又嘉靖二十四年，巡鹽御史齊宗道，「查究占塘妨運三十七人，咸置於

〔註111〕明・楊洵，《揚州府志》（明萬曆二十九年刊本），卷六〈河渠志下・江都〉，頁4。

〔註112〕《天下郡國利病書》，卷三十〈江南十八・泰州水利考・水利五・內閣李文定公復塘初議〉，頁24。

〔註113〕《皇明世法錄》，卷四十九〈河道・南河〉，頁7。

〔註114〕《明世宗實錄》，卷二十七，頁7，嘉靖二年六月庚寅條；又明・沈朝陽，《皇明嘉隆兩朝聞見錄》（臺北：臺灣學生書局，民國58年12月初版，據明萬曆原刊本景印），卷一，頁94，嘉靖二年六月庚寅條。

〔註115〕《天下郡國利病書》，卷二十六〈江南十四〉，頁54。

〔註116〕《淮南水利考》，卷下〈地方意見〉，頁33。

法，而復塘。」〔註117〕又嘉靖三十年，江都知縣張寧奏請清復「五塘」，乃基於「權豪仇鸞占據諸塘。」〔註118〕

嘉靖三十年以前，「五塘」處於旋興旋廢，但豪強侵占塘田，尚屬非法。至嘉靖三十四年，兵部侍郎兼副都御史鄭曉為防禦倭寇侵犯瓜洲，乃構築瓜洲城牆；為籌建城經費，主張變賣句城塘田〔註119〕。其議賣塘田之理由有三：

① 陂塘無益運道

句城塘位於岡阜，倘值雨霖，雖能蓄積潦水，但逢乾旱，塘水亦易於乾涸；故乾旱時期，其所瀦蓄之塘水比運道先行乾涸，或所蓄塘水僅有數尺，實無益於運道。

② 豪民侵盜塘田

由於陂塘易於乾涸，不僅近塘居民常盜決塘堤，圈占塘田，而且地方豪強亦運用其在朝廷之關係向地方政府施壓，以申請佃耕塘田，如薛釗等侵占六千四百餘畝，每畝納租銀二分五釐，後雖因運道淺涸為蓄水濟運，前所佔田乃遭清復；但薛釗等七十二家，旋又自行盜決塘堤私自侵占，且不繳納田租，後經近塘居民龍一躍向政府告發，雖遭懲處，追繳歷年拖欠銀二千六百五十餘兩。但是時嚴嵩當國，大將軍仇鸞之族人仇龍，糾結薛釗等奔赴北京，將前所佔塘田繪製成圖，獻予仇鸞。遂在仇鸞之權勢運用下，由戶部轉行巡撫御史，要求揚州府准將此一塘田由仇龍等二十五人領有占種。茲仇鸞已病死，理應清復仇氏族人所占有之塘田。

③ 賣塘田籌城費

句城塘之三座水閘已遭薛釗等豪民破壞，若予重建，需用銀二千餘兩；即使能復建，將因蓄水不多，無益於運道。若是召民佃耕，每畝納租銀僅有二分五釐，歲入亦有限。故不如予以變賣，給「由帖」，列入該縣各里冊，永久持有。經核算此座官塘已開墾之成熟田，計有九千三百七十八畝；可分為

〔註117〕《皇明世法錄》，卷四十九〈河道・修復五塘議〉，頁37。
〔註118〕明・陸君弼，《江都縣志》（臺北：國家圖書館漢學研究中心，據明萬曆二十七年刊本景印），卷七〈提封志第一〉，頁20。
〔註119〕同註117，載：「嘉靖三十年，奸民以陳公塘投獻仇鸞」，為誤，應為句城塘；又清・陸師，《儀真志》（清康熙五十七年刊本），卷八〈山川志・塘〉，頁12，將鄭曉議賣塘田之奏議，置於陳公塘之下，亦錯誤。

二等，上等田每畝定價銀一兩五、六錢，次等田一兩一、二錢，總計可籌銀一萬五千兩，約為瓜洲建城所需經費之一半。〔註120〕

鄭曉變賣句城塘田，所產生之影響，依《天下郡國利病書》載：

> 先有薛釗，繼有仇隆（龍），用財使勢，佃官承領，時值倭寇之變，築造瓜城，管工官高守一，受私議，將各塘之石，移運修城，而塘之故址，不復存矣。遂有衙門、滑吏、土豪、勢家，蜂起效尤，佃塘為田，官派其租，民獲其利，而不復再議。〔註121〕

又《皇明世法錄》載：

> （嘉靖）三十年，奸民以陳公塘（應為句城塘），投獻仇鸞，鸞敗歸，嚴世蕃誅，維揚士民攘臂承佃，而陳公塘（應為句城塘）遂廢，諸塘悉為豪強竊據矣，然尚有遺址閘石。〔註122〕

又《康熙・儀眞縣志》載：

> 按塘佃為田，民得自有之，而公（政府）賣之，謂之塘田，舊志不載其始，明嘉靖中，鄭曉有議變賣塘田，湊築瓜城疏，其始於是時乎？〔註123〕

從前引資料，政府變賣句城塘田，始於嘉靖三十四年鄭曉之提議，致使其它諸塘「悉為豪強竊據」。甚至嘉靖三十八年，瓜洲築城時，所需石塊，近塘豪民為求長久占有塘田，私自提供各塘之水閘石塊，作為墊砌城牆之石材，「五塘」至此全遭毀棄。〔註124〕

（3）明代晚期（1567～1644）

此時期，「高寶諸湖」得黃、淮二河水之溢灌，諸湖之水量盈盛，得濟助「湖漕」南端運道；而且儀眞河、瓜洲河，各從弘治四年、隆慶六年，改建船閘以替代車船壩，從此得引納江潮濟助運道〔註125〕。故晚明，除非遭逢大乾旱，否則「湖漕」運道並不需「五塘」水濟運。由於「五塘」已失去濟運功能，以致塘田均遭佃耕，此詳見於下表：

〔註120〕明・鄭曉，《鄭瑞簡公奏議》（明隆慶庚午（四年）刊本），卷八〈議變賣塘田湊築瓜城疏〉，頁3～10；又同前書，卷七〈瓜洲築城疏〉，頁26～33。

〔註121〕同註112。

〔註122〕同註117。

〔註123〕《康熙・儀眞縣志》，卷八〈山川志・塘〉，頁12。

〔註124〕同註117。

〔註125〕參見《明代漕河之整治與管理》，第五章第四節〈湖漕與新莊等二十座船閘〉，頁258～260。

表十八：晚明江都、儀真二縣九座官塘佃耕表

縣名	塘　名	佃耕情形	引用資料出版時間	備　　　註
江都	句城塘	9,700 畝	萬曆二十七年	
	雷公上塘	1,099 餘畝	萬曆二十七年	
	雷公下塘	1,600 餘畝	萬曆二十七年	
	小新塘	今佃爲田	萬曆二十九年	
	鴛鴦塘	爲豪民侵占，非復官有，今且不知其處。	萬曆二十七年	
儀眞	陳公塘	10,016 畝	隆慶元年	每畝歲納折色銀三分，每年徵租銀三百兩四錢八分，交郎中項下挑河修理閘岸之費。
	劉　塘	1,284 畝 5 分	隆慶元年	每畝徵折色銀四分，解漕撫項下，軍餉支用。
	北山塘	今堙廢	萬曆二十九年	
	茅家山塘	今堙廢	萬曆二十九年	

資料來源：
(1) 楊洵，《揚州府志》（明萬曆二十九年刊本），卷六〈河渠志下〉，頁 3、6。
(2) 陸君弼，《江都縣志》（明萬曆二十七年刊本），卷七〈提封志第一·塘〉，頁 19。
(3) 申嘉瑞，《儀眞縣志》（明隆慶元年刊本），卷六〈田賦考〉，頁 12。
(4) 陸師，《儀眞志》（清康熙五十七年刊本），卷十一〈塘佃〉，頁 4。

但淮南士民爲求降低「高寶諸湖」之湖水量，以免湖水盈盛潰決湖堤，泛濫淮南；其方法之一，即瀦蓄天長諸縣七十餘河水，故不僅希復「五塘」，且冀能重建十四官塘。此一輿情，從方志中可以得知，依《萬曆·揚州府志》載：

> 自是（晚明）以後，黃（河）入淮（河），沙泥墊淤，勢漸高於裏河（湖漕運道）；淮（河）入海，茲不利，時破高家堰而南，又挾黃（河）入新莊閘（清江浦運道口），黃水內灌；而揚州陳公、句城諸塘久寖廢，附塘民或盜決，防種蒔其中，諸水悉奔注高（郵）、寶（應）、邵（伯）三湖，瀰漫三百餘里，粘天無畔，每伏秋水發，西風駕浪，砰訇若雷，鼓舟觸堤輒碎，又勢不能無決堤，堤決而迤東之田沒焉，甚則衝城郭，漂室廬，其爲害已劇。〔註126〕

又同前書載：

〔註126〕《萬曆·揚州府志》，卷五〈河渠考上〉，頁 6。

儀眞水利，無大于諸塘，……陳公塘久廢爲田，……今之大夫，豈
無史起、孫叔敖其人，願坐令地利弗盡，豈浪棄更變，今昔迥異，
抑事掣肘，固不易爲耶，惜哉。〔註127〕

又《萬曆‧江都志》載：

邇者，黃（河）、淮（河）交橫，五塘並廢，水無所納，湖復漲漫，
瀕湖田皆沈水數尺，而歲租辦納如故，百姓嗷嗷。〔註128〕

又《康熙‧興化縣志》載：

欲興水利，先究水源。……論維揚大勢，其地則江、淮之交，西北
皆高，東南皆下，諸山之水，自高來者，勢又趨卑，古人急治諸塘，
以蓄之平時，用之以溉田，水潦決之以通運，江都有五塘，……儀
眞則有四塘，……高郵則有三塘，……寶應則有二塘，……此諸塘
者，明興百八十年，名卿碩儒，留心經濟，未有不謀繕治者。自島
夷東犯，諸塘磋磚石，取城瓜洲，塘無蓄水，於是始有私耕公田，
投獻鬻賣，豪鄰貴族，各售己私，專爲世業，遂使國家大計，經略
遠猶，蕩焉不存。於是上游山澗之水，盡以諸湖一壑，充滿泛濫，
浩渺千里，漕河一線之堤，焉能得禦。……論水利者，既知復諸塘，
以蓄其源。〔註129〕

又《隆慶‧高郵州志》載：

以上諸塘（茅塘、柘塘、盤塘、裴公塘、麻塘），旱則蓄水以溉田，
潦則受西山暴流，以殺其勢，今盡淤塞爲田矣。〔註130〕

前引資料，均將淮南水患，歸源於黃、淮二河水，和天長諸縣七十餘河水；
爲瀦蓄天長諸眾流，議復十四官塘。此一見解，朝中士夫，亦有相同主張者，
如萬曆六年正月戶科給事中李淶〔註131〕，萬曆初年內閣大學士李春芳等；尤

〔註127〕同註126，頁8；又《隆慶‧儀眞縣志》，卷七〈食貨考〉，頁10，載：「國朝
　　　　正德、嘉靖間，漕臣各有建白，請修建陂塘，廣瀦蓄，以備漕河，然塘久爲
　　　　軍民占佃，凡諸建白，悉成罷議矣。」

〔註128〕《萬曆‧江都志》，卷七〈提封志第一〉，頁17。

〔註129〕《康熙‧興化縣志》，卷二〈水利‧興化士紳‧水利議〉，頁29；《天下郡國
　　　　利病書》，卷三十〈江南十八‧概縣士夫條陳水利總論〉，頁28。

〔註130〕《隆慶‧高郵州志》，卷二〈山川‧塘〉，頁18。

〔註131〕《明神宗實錄》，卷七十一，頁4，萬曆六年正月庚午條，戶科給事中李淶條
　　　　陳治河五事：「黃河自西而東，淮河自南而北，俱會於清河口，……至高寶諸
　　　　湖，浩蕩無涯，先時沿（運）河之西，多置塘岸，以蓄盱（眙）、泗（州）諸

其李春芳更明白指出：整治黃、淮二河，挑濬海口（雲梯關）很重要，添築「高寶諸湖」堤防亦很重要，構築高家堰更為重要；但此三項主要治河方策，若「十四塘不復，終非十全」，亦將無法恃久。〔註132〕

萬曆二十年以前，潘季馴負責河務時期，曾有向其建言復建「五塘」者，但未被採納，其反對理由有三：

① 灌溉農田並非濟運

初至淮南治水，原本亦想復建「五塘」，但經幾次實地勘查後，得知：陳公塘、句城塘位居高阜，本身並無泉源，其塘水主要來自雨水；小新塘、雷公上下塘則承接觀音閣後方和附近高田所匯流之泉水（見圖十七），但因水源有限，蓄水不多，故漢代廣陵太守陳登，唐代長史李襲譽闢建「五塘」，其目的在於灌溉田畝，並非濟助運道。若欲引塘水濟助運道淺涸，則應放任塘水直接流入運道，不需建造水閘、塘堤，以蓄積塘水；此因逢乾旱，運道固然水淺，但「五塘」早先乾涸。

② 塘水無涉高寶諸湖

若顧慮「高寶諸湖」水勢盈盛，有潰決之患，欲建置「五塘」，蓄積雨潦於上源高地，但「五塘」中，小新塘和雷公上、下塘相連接，西距揚州府城十餘里，此三塘水由淮子河入運河；句城塘西距揚州府城三十里，其塘水直奔儀真縣入江；至於陳公塘，其塘水亦逕行儀真縣入江。由於五塘水均直接

處，暴漲之水，故湖以東，運堤無恙；乃今塘岸盡廢，而黃、淮之水，又悉飛瀉於此，是以全堤盡圮。」

〔註132〕《天下郡國利病書》，卷三十〈江南十八・水利五・內閣李文定公復塘初議〉，頁24，載：「塘之制，起於漢、唐之年，其間興廢利弊，備諸維揚乘志，今不繁敘，至我國初，陳恭裏公瑄，洞悉水利，稽倣古法，造為十四塘、壩、閘，上濬漕運，而下利民田。蓋地之形勢，自壽州、盱眙、天長、六合一帶，其地高，高則水注而東之，使眾河為之壑也，故於界水之處，為塘閘以防之。……古人之制善矣，每塘甃石，以為斗門，而塘長、塘夫是設，故洪武、永樂間，軍器、商鹽、皇木三政，資塘之便。及宏治以來，日漸倒塌，正（德）、嘉（靖）之際，奸民盜種之矣，屢被告訐，屢罪不悛，先有薛釗，繼有仇隆（龍），用財使勢，佃官承領；時值倭寇之變，築造瓜城，管工官高守一受私議，將各塘之田，移運修城，而塘之故址，不復存矣。……是以連年以來，西山之水，無塘可蓄，稍遇天旱，則赤地千里；水漲則泛濫盈河，不得已，乃增（湖）堤以防之，不知堤愈高，則水愈漲，堤高則東空而下危，水漲則勢湧而易決；且新培客土，日洗於河，堤岸日高，河底日積，一朝潰決，無不，上阻運道，下沒民田者，豈為政者，經遠之計哉，故計求十全，以復塘為本。」

從江都、儀眞二縣流入大江，其與「高寶諸湖」之水量盈盛無關。

③災傷重大經費無著

若爲發展高地農業，「五塘」能收蓄河水，對於近塘農田未必無益。但百姓佃耕塘田，每年所納佃租不少，若復建「五塘」蓄水，則前項歲入所支應項目須由政府代付；況且築堤建閘之經費不貲，又須設置官員、夫役加以管理，以防豪強侵占。逢此災傷重大，整治黃、淮二河工程正在進行之際，爲籌復建「五塘」之經費，實有困難，故應暫緩再議。〔註133〕

潘季馴認爲「五塘」能否蓄水，無關「高寶諸湖」水量。萬曆二十年二月其離職後，同年五月，南京河南道御史陳邦科提出整治淮南水患之方策之一：

其上雷、陳公等塘，近爲佃占淤滿，雖非昔時之舊，若能深加挑濬，不可謂無蓄洩之利〔註134〕。於是工部命總河舒應龍等「先復江都三塘，以驗灌溉。」〔註135〕萬曆二十二年，舒應龍整治黃、淮二河無效，被調回工部。萬曆二十三年，總河尚書楊一魁奏請清復陳公塘、句城塘，揚州知府吳秀乃修築塘堤，建造閘壩，並重建塘長、塘夫等管理組織〔註136〕。此時高郵州生員陳邦化等亦清復百戶劉道侵占之柘塘〔註137〕。可知萬曆二十年至萬曆二十四年，「分黃、導淮」治河方策執行時期，對官塘之整治頗有成效。此一成果，能維持多久，從知見史料，無法得知。但天啓四年又有清復「五塘」，立界碑之記載。〔註138〕

十四官塘，或「五塘」，原爲灌溉、濟運而設置。在晚明，淮南士民爲防洪之目的，希能予以清復，但十四官塘終未能修復，於「分黃、導淮」時期，僅局部重建「五塘」。因此，淮南屢有水患，其原因之一，依當地輿情之看法：「高（家）堰築矣，十四塘不復，猶之無（高家）堰；蓋西來諸水，由天長、六合而下，有諸塘以蓄之，旱則瀉入漕渠以濟運，潦則南注之江；一經墮壞，西水徑迫三湖（高郵、寶應、邵伯等湖），漲湖潰堤，爲運道憂，烏可不復。」〔註139〕

〔註133〕《河防一覽》，卷二〈河議辯惑〉，頁79。
〔註134〕《皇明留臺奏議》，卷十六〈陳邦科‧酌議治河疏〉，頁26。
〔註135〕《明神宗實錄》，卷二五二，頁8，萬曆二十年九月乙酉條。
〔註136〕《皇明世法錄》，卷四十九〈修復五塘議〉，頁37。
〔註137〕同前書，卷五十一〈南河‧治河規條〉，頁16。
〔註138〕同註136。
〔註139〕《嘉靖‧揚州府志》，卷五〈河渠志上〉，頁9。

高家堰、淮安北堤，和十四官塘是爲防堵外來河水入浸淮南之三大工程；但朝廷所重視者，在於前兩項，因其與黃、淮二河整治計畫相配合，尤其在「束水攻沙」之方策下，高家堰、淮安北堤爲束水刷沙之重要工程。

二、排來水入海

晚明，黃河水、淮水、和天長諸縣七十餘河水匯集淮南，不論其浸灌途徑，是直接灌入或經「高寶諸湖」，若區內疏洩系統良善，所造成之水害，亦得以降低。爲整治淮南排洩系統，應採行之方策，依萬曆五年九月南河工部郎中施天麟言：

> 若於興化、鹽城地方，海口淤塞之處，大加疏浚；而湖堤多建減水大閘，堤下多開支河，以行各閘之水，庶乎不至汗漫。〔註140〕

又《敬止集》載：

> 高（郵）、泰（州）、寶（應）、興（化）、鹽（城）五州縣，聯絡千里而遠。而五州縣之水，有廣洋湖（寶應縣治東南五十里）、射陽湖（鹽城縣治西一百四十里）等湖以瀦之；有廟灣（淮安府城東一百八十里）、石礥（鹽城縣東門外一里）等海口以洩之，不爲田潦，具稱沃壤。〔註141〕

又《天下郡國利病書》載：

> 或問八寶（寶應縣）之水，次第何如？曰：欲開閘洞，先浚支河，欲浚支河，先通海口，其勢固然也。〔註142〕

從前引資料，淮南排洩系統在於：厚築「高寶諸湖」堤防，於堤上建置減水石閘，以蓄洩湖水；減水堤閘以東挑濬各支河，並濬深射陽諸湖，以疏通和

〔註140〕《天下郡國利病書》，卷三十七〈江南十五〉，頁53。

〔註141〕《敬止集》，卷一〈論漕河建置〉，頁10；又同前書，卷一〈論地方形勢〉，頁12：「蓋射陽湖，所不勝瀦，而廟灣等口，所不及宣洩者，譬諸人，然湖皆喉也；三州縣田，皆腹也；海口，一尾閭也。水自喉入，必腹滿，而後從尾閭入出，而謂腹以內，有一之不受者乎？況大於喉，小於尾閭，多其入，少其出，而謂不漲滿於腹也，有是理乎。」

〔註142〕《天下郡國利病書》，卷二十九〈江南十七・寶應縣〉，頁34；又《明神宗實錄》，卷一三〇，頁2，萬曆十年十一月戊午條：「維揚古稱沃壤，而地形窪下，大海環其東，諸湖遠於西，所賴堤厚，支河通，斯田地可耕，民竈俱利，自范（公）堤坍壞，高寶堤亦衝決不守，其中大小支河，所在淤塞，於是高（郵）、寶（應）、興（化）、泰（州）四州縣爲壑，而洩水無路，民竈罹于昏墊矣。」

瀦蓄西來之諸湖水；多開廟灣、石䃲各海口，得廣洩各方來水入海。茲以減水堤閘、射陽湖，和海口之整治成效，論述淮南多水患之原因。

（一）建減水堤閘

減水堤閘亦稱平水閘〔註143〕，建置於「高寶諸湖」堤上（見圖十八），其功能在於節蓄諸湖水量，不使湖水淺涸而阻礙漕運，亦不使湖水盈盛而沖決湖堤。其形式，依《淮南水利考》載：

> 永樂十四年，運河（湖漕運道），雖用湖水，而湖水或多，又於淮揚運河東岸，爲減水閘、減水洞。則水勢七尺以下，蓄以濟運；七尺以上，減入諸湖（廣洋諸湖），會於射陽湖以入海，用水有節，漕運既便，岸東西之田，皆利焉。〔註144〕

又《敬止集》載：

> 減水堤閘，……於是就堤建閘，下以石板，計五尺許，實之而空其上。水發，則空處可出也；水落，則實處可留也，命之曰：減水閘。三百里內，星布棋列，此豈不蓄洩之大利，而保堤之長策哉。〔註145〕

可知明代於「高寶諸湖」堤上，建造減水堤閘，始於永樂朝之陳瑄，而陳瑄

〔註143〕《道光・寶應縣圖經》，卷三〈河渠〉，頁29：「減水閘，即平水閘，閘泄水而水平，閘分水而水減，其義一也。」但《敬止集》，卷一〈論水堤閘〉，頁26：「南起邵伯，北抵寶應長堤，計三百四十里而遙，嘉靖以前未有閘也，建自萬曆三年始，蓋隆慶而後，水無年不發，堤亦無年不決，主漕計者患苦之，思欲固堤，則莫若分水，而殺其洶湧之勢，思欲分水，則莫若啓門，而通其流，衍之途，於是就堤建閘。」又《圖書編》，卷五十三〈平水〉，頁167：「平水、減水，制不同而名異，金門啓閉曰減水閘，閘牐也。」又《隆慶・高郵州志》，卷二〈水利志・援例生員王儆漕河議〉，頁29：「平江伯（陳瑄）督理漕運，置平水閘，蓄水三尺五寸，迺爲定制，俟其水長，聽其自洩，縱有大水，亦無大患。……近年以來，法久寖敝，……只知修理塘岸，不知撈濬河泥，日帶客土，專事修培，塘岸日益加高，河底日益壅塞，以至平水之閘廢而爲減水之閘矣。」從前引三則資料，可知平水閘與減水閘，名稱不同，形式亦不一樣；而且萬曆三年以前，諸湖堤上是建造平水閘，以後因湖底日高，改建減水閘。其實，就形式上言，二者在晚明都是無閘板之水閘。

〔註144〕《淮南水利考》，卷下〈地方意見〉，頁9；又《黃河考》，頁78：「所謂高寶諸湖，周遭數百里，西受天長七十餘河，徒恃百里，長堤是也；又於運河東岸，建減水閘、減水洞，水勢七尺以下，則蓄之，即踰七尺，則自運堤減水閘洞，下東方諸湖，而入於海。」

〔註145〕《敬止集》，卷一〈論減水堤閘〉，頁26。

則仿自「宋・平水法」〔註146〕。其形式：「實之而空其上」，此意爲諸湖蓄水以七尺（或五尺）爲準，遇湖水盈盛，超過水則，由其「空處」洩之湖外；若湖水不足，低於水則，則由「實處」收蓄於湖內。（見圖十八、圖三十一）

　　晚明，黃、淮二河水灌溢「高寶諸湖」，不僅帶來充沛水量，河水中亦挾帶泥沙，由於泥沙淤積湖內，以致湖底日漸澱高〔註147〕。湖底淤高程度，雖無實測資料可知，但從各時期構築之湖堤高度，不斷增高，得以反應出此一情勢。嘉靖年間，湖堤平均高度，超出湖面約三尺〔註148〕。至萬曆五年，總漕吳桂芳基於「湖底日淺，容水量不足」，乃實地勘查得知：「全淮南徙，權灌山陽、高（郵）、寶（應）之間，向來湖水不踰五尺，堤僅七尺，今堤加至一丈二尺，而水更過之，此從來所未有也。」〔註149〕可知在此之前，湖堤已增高爲七尺，萬曆五年，則高達一丈二尺。萬曆七年、萬曆十七年，潘季馴二次整治「湖漕」運堤，其高度更超過前數，如寶應土堤，「長四四九二丈，俱根闊五尺，頂闊三尺，高一丈六、七尺不等」；寶應石堤，「計一四九一丈八尺，俱根闊五尺，頂闊三尺，高一丈四、五尺不等。」〔註150〕又黃浦八淺石堤，「長八十五丈六尺，高一丈五、六尺不等。」〔註151〕又邵伯石堤，「長一八九八丈八尺，各高九尺至一丈一、二尺。」〔註152〕

〔註146〕《康熙・興化縣志》，卷二〈水利・漕堤〉，頁 31：「陳平江瑄，增築高寶諸湖堤，又倣宋・平水法於運河東岸，創減水閘、洞，水涸則蓄以濟漕，水溢則洩以固堤，東西之田咸利。」

〔註147〕《天下郡國利病書》，卷三十九〈江南十七〉，頁 42：「頻年以來，從淮安至寶應，……黃水從通濟閘（清江浦運道）入者，挾沙而來，河身日高，運道日窄。」又《行水金鑑》，卷一二五〈運河水〉，頁 10：「萬曆十六年都給事中常居敬言：高（郵）、寶（應）一帶，由淮引黃，河渠日高，雖有堤、月河，足避風濤，然邵伯、寶應二堤，尚未包砌，土堤單薄，巨浪乘風，傾潰可慮。」

〔註148〕《明世宗實錄》，卷六十五，頁 6，嘉靖五年六月丁卯條：「揚州寶應縣氾光湖，爲糧運必由之路，湖面甚廣，水勢瀰漫，僅以三尺之堤障之，一旦積雨水發，則橫奔衝決，不僅阻糧道，而河堤以東田土，俱成巨浸，此江北第一患也。」又《道光・寶應縣圖經》，卷三〈河渠〉，頁 26：「世宗即位，郎中楊最上言：寶應氾光湖西南高，東北下，運舟行湖中三十餘里，而東北堤岸，不踰三尺，雨霙風屬，輒衝決，阻壞運舟，鹽城、興化、通（州）、泰（州）良田，悉遭其害。

〔註149〕《明神宗實錄》，卷六十三，頁 4，萬曆五年六月甲戌條。

〔註150〕《河防一覽》，卷十三〈給事中尹瑾・科道會勘河工疏〉，頁 436。

〔註151〕同前書，卷八〈河工告成疏〉，頁 214。

〔註152〕同前書，卷十一〈河工告成疏〉，頁 339。

圖十八：明代淮南減水堤閘圖

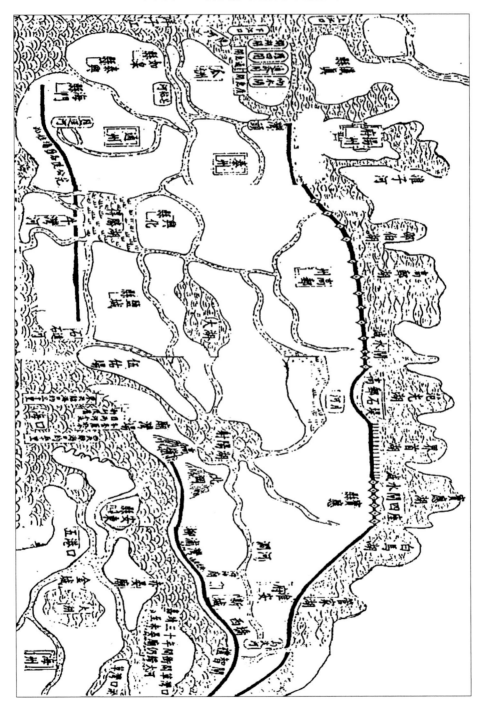

（採自章潢，《圖書編》）

湖堤既高築，相對淮南各州縣更爲低下，隆慶六年總河萬恭言：

> 夫高寶諸湖，周遭數百里，……每湖淺一尺，則加堤一尺，歲月既
> 久，湖水捧起，而高（郵）、寶（應）爲盂城矣。〔註153〕

又萬曆十二年吏科給事中陳大科言：

> 至嘉（靖）、隆（慶）間，黃河南徙，水高田丈餘，昔所謂圍田萬頃，
> 蕩爲巨浸，湖身既高，涵洞既（淤）塞。〔註154〕

由於諸湖之湖底淤高，其高度比淮南高出「丈餘」〔註155〕，一旦湖堤潰決，
湖水傾洩，將漂蕩田禾、廬舍，故《天下郡國利病書》載：「先年，河海順軌，
歲歲有秋，頗稱沃壤；近自隆慶三年以來，湖堤屢決，猶然放消；至萬曆二
年決青水潭，（萬曆）三年決黃河口，（黃曆）四年決（黃浦）八淺，（萬曆）
五年決寶應湖，決腰舖，河水瀰漫南下，遂匯爲巨浸。」〔註156〕

爲整治湖底淤高現象，萬曆元年萬恭依據陳瑄之治湖方策，執行二項工
程：

1. 挑濬湖泊

在「但許深湖，不許高堤」之原則下，重建淺舖制度，從山陽縣至儀眞
縣，設置五十一座淺舖，每座淺舖配置淺船二艘，淺夫十名，從事挑濬湖
底淤泥，挑起之湖泥，則用來添築湖堤，如是可達「湖愈深而堤高」之功
效。〔註157〕

2. 設減水閘

「高寶諸湖」僅賴百里湖堤潴蓄湖水，若無減水堤閘以蓄洩之，如是湖

〔註153〕《皇明經世文編》，卷三五一〈萬恭・漕河奏議・創復諸閘以保運道疏〉，頁
　　　　20。

〔註154〕《道光・寶應縣圖經》，卷三〈河渠〉，頁44。

〔註155〕高寶諸湖與下河地區之相差高度，不同資料有相差之記載：如《道光・寶應
　　　　縣圖經》，卷三〈河渠・劉堯誨治河議〉，頁 23：「近時，有事漕河者，皆利
　　　　於築堤，不利於濬淺。……今高郵、寶應諸湖，堤內高於水者，不滿五尺，
　　　　水高於平田者，則八、九尺，三百里大湖，如支閣在地上，稍一搖滉，則崩
　　　　潰不可禦，所以淮、揚多水患。」

〔註156〕《天下郡國利病書》，卷三十〈江南十八・揚州府推官李春開海口議〉，頁 29；
　　　　又《敬止集》，卷一〈論減水閘〉，頁 27：「蓋先是洪水爲災，黃、淮內漲，
　　　　沙停水積、湖身頓高，主漕計者，不得不增堤，上新土以禦之，增者愈高，
　　　　新者愈危，西風怒濤，震撼排空，雖欲無決，不得已。嘉（靖）、隆（慶）、
　　　　萬曆之際，其顛末固如此，甚矣哉。」

〔註157〕同註153；又《明神宗實錄》，卷十二，頁 12，萬曆元年四月乙亥條。

堤將成為「死障」，乃於山陽縣建造二座減水堤閘、寶應縣八座，高郵州十座，江都縣一座，儀眞縣二座，合計二十三座〔註158〕。並查禁私設涵洞，此因近湖居民為灌漑農田，自設引水涵洞，但逢夏秋雨季，湖水泛漲，常因此一涵洞而致湖堤潰決，故須予以嚴禁，但准改建為減水堤閘。〔註159〕

　　此一治湖方策，成為晚明整治淮南水患所遵行之方法之一，尤其是建造減水堤閘〔註160〕。萬曆二年、三年、五年，黃、淮二河相繼潰決高家堰，沖擊「高寶諸湖」堤。萬曆六年正月，戶科給事中李淶基於：「黃（河）、淮（河）之水，又悉飛瀉於此，是以全堤盡圮」，為保全湖堤，擬議於寶應湖堤，每十里設置減水堤閘一座，計八座；高郵、邵伯二湖堤，則各建造十座〔註161〕。萬曆七年，潘季馴之治湖理念，在於「諸湖堤岸，見議加幫高厚，且多減水閘，尋常之水，似可無虞。」〔註162〕故其整治「高寶諸湖」，除添築湖堤，挑濬「湖漕」運道（高廟——揚子橋）五千八百零二丈，水深六、七尺不等外〔註163〕，於寶應土堤（三十里）上，亦修建減水堤閘，原擬建置六座，實際上僅建造四座（二座重修，二座新建，見圖十），論其原因有二：一是惟恐湖水洩放過多，鹽城、興化二縣無法容受；二為興建減水堤閘之最初目的，在於「上流水溢，恐傷（湖）堤」，茲整治黃、淮二河之工程中，已厚築高家堰；又規定：逢黃河水汛，於清江浦之運道口需添築水壩，如是黃、淮二河水已難大量入灌「高寶諸湖」；茲「高寶諸湖」之湖水量，已不盈漲，湖堤得以保全，故不必多建減水堤閘〔註164〕。萬曆二十四年，在「分黃、導

〔註158〕同註157。
〔註159〕《治水筌蹄》，卷二〈運河・九十六・高寶湖堤禁設涵洞〉，頁97。
〔註160〕如《河防一覽》，卷十三〈給事中尹瑾・條陳善後事宜疏〉，頁449：「揆之地形，揚（州）、儀（眞）稍亢，而高（郵）、寶（應）最窪，每遇伏秋水漲，湖堤最稱危險，使下流常深，則上流無壅，是濬渠之中，兼得平水之利，亦應時常嚴督官夫撈淺，或酌定數歲一挑，勿致淺滯。」又同前書，卷十四〈都給事中常居敬・欽奉敕諭查理河漕疏〉，頁496：「一濬裏河河身，以利運艘。」又《隆慶・寶應縣志》，卷四〈官政水利〉，頁9：「一曰撈淺，……刓淮水灌入沙泥，混濁水退，沙在易至堙淤，若淺老督率其徒，日事撈濬，所濬之土，即布崖上，但令加闊，不必增高，積以歲時，無容作報，則深者日深，有容受之量，高者愈高，堅捍禦之，大旱潦，奚足虞哉。」
〔註161〕《明神宗實錄》，卷七十一，頁4，萬曆六年正月庚午條。
〔註162〕《河防一覽》，卷三〈河防險要・淮南〉，頁81。
〔註163〕同前書，卷七〈工部覆前疏〉，頁191。
〔註164〕同註163；又同前書，卷八〈河工告成疏〉，頁214；以及同卷〈恭報續議工程疏〉，頁199。

淮」治河方策下，高家堰上創建三座減水石閘，泛漲之淮水，經此溢入「高寶諸湖」；爲分洩諸湖水入海，總河楊一魁增建涇河（淮安府治南五十里）、子嬰溝（高郵州治北九里）二座減水閘〔註165〕。萬曆二十六年正月，總漕尙書劉東星開挑邵伯湖越河一道，長十八里，又增建減水堤閘一座。〔註166〕

　　晚明，「高寶諸湖」約建造三十餘座減水堤閘（見圖十八），由於區內排水系統不善，淮南士民將本地區多水患之原因之一，歸於減水堤閘日夜不斷排放湖水所造成，如萬曆萬二十年興化知縣歐陽東鳳之〈議濬神臺水利申文〉：

> 第論水患於昔年，患在漕堤難固也。論水患於今日，患在減（水堤）閘東注也。減水諸閘共計三十八座，每閘闊九尺，合之則水口共計三十四丈，日夜東流，非以高（郵）、寶（應）、興（化）、鹽（城）爲壑，而焉往也。若謂運堤既固，無水東洩，則萬曆八年以後，十六年以前，高（家）堰固無虞也，而何以水若滔天，興（化）、鹽（城）陸沉矣，則以減（水堤）閘之分流太多，而宣洩無路耳。〔註167〕

又萬曆二十四年福建布政司參政陳應芳（泰州人）之〈論水堤閘〉：

> 蓋隆慶而後，水無年不發，堤亦無年不決，主漕計者患苦之，思欲固堤，則莫若分水，而殺其洶湧之勢；思欲分水，則莫若啓門，而通其流，衍之途，於是就堤建閘。……今有一閘是有一決也，計閘凡三十六座，是計決三十六口也，一閘計五十尺而闊，是決者共一千八百尺而闊也，源源而來，歲歲而是，而謂不以田爲壑乎？〔註168〕

又〈直隸揚州府高郵州興化縣災民謹奏〉：

> 隆慶、萬曆以來，迭遭大水，淮（河）、黃（河）堤決，舉數千里，

〔註165〕《明神宗實錄》，卷三〇〇，頁4，萬曆二十四年八月壬寅條。

〔註166〕《行水金鑑》，卷一二七〈運河水〉，頁1843，引「南河全考」。

〔註167〕《天下郡國利病書》，卷三十〈江南十八・興化知縣歐陽東鳳議濬神臺水利申文〉，頁34；又同前書同卷〈江南十八・概縣士夫條陳水利總論〉，頁28：「於是上源山澗之水，盡以諸湖一壑，充滿泛濫，浩渺千里，漕河一線之堤，焉能得禦，不得已多設洞閘以洩之，共計減水三十八座，日夜灌注，於高寶、興化。」

〔註168〕《敬止集》，卷一〈論減水堤閘〉，頁26；又同前書，卷二〈均攤錢糧申文〉，頁20：「自隆慶三年，遭罹洪水，及高寶、邵伯各湖，建造減水閘座之後，前田，年年沈於水底，而前賦，歲歲徵收如額，以故本州百姓，有田之家，無不貧窮徹骨。」

無涯之水，盡歸興化，蕞爾之中，廬舍漂蕩。……又緣漕堤新建減
水三十餘閘，晝夕下流，興化如釜底，豈免淪沒之害，是以民無可
耕之田，野無可棲之地，災變異常，弱者死塡溝壑，強者流徙他方，
僅存一、二遺黎。〔註169〕

可知淮南士民視減水堤閘爲決口，每座水閘之寬度約「五十尺」（陳應芳之記
載）；如是三十六座減水堤閘，就如同寬達一千八百尺之決口；諸湖水經此東
流，鹽城縣、興化縣等地，焉能不成爲水壑。尤其歐陽東鳳論析萬曆八年至
萬曆十六年之八年間（潘季馴三、四任總河期之間），雖然高家堰屹立於洪澤
湖南岸，清江浦運道亦嚴控五座船閘之啓閉，黃、淮二河水浸灌「高寶諸湖」
已大爲降低；爲何此時期，淮南仍屢有水患，其水害來源，歸因於減水堤閘
洩放之湖水。

處於天長諸縣七十餘河水匯入「高寶諸湖」，和泛漲淮水漫溢周家橋（高
家堰南端）諸水口南下之情勢下，因諸湖水勢盈盛，僅賴一線湖堤，實不足
以防禦。惟恐湖堤潰決，影響「湖漕」運道之暢通，和淮南之民命，遂不得
不在諸湖上建造減水堤閘以節洩湖水，但淮南士民卻將減水堤閘視同決口，
爲當地水患之來源。

（二）濬復射陽湖

射陽湖，古稱射陂〔註170〕，位於山陽、寶應、鹽城三縣交界處（山陽縣
治東南七十里，寶應縣治東六十里，鹽城縣治西南一百四十里）〔註171〕，其
南北寬三十丈，東西長三百里，蓄納各方來水，從廟灣海口入海（見圖十、
圖十八、圖十九）〔註172〕。此湖在淮南排洩系統上之功能，依《乾隆・鹽城

〔註169〕《康熙・興化縣志》，卷三〈湖閘〉，頁 69；又《天下郡國利病書》，卷三十
〈江南十八・揚州府推官李春開海口議〉，頁 28：「近自隆慶三年以來，湖堤
屢決，……又加以高寶湖堤四十八座減水閘，晝夜東流，以田爲壑，嚙運
堤，淹沒禾稼。」
〔註170〕《萬曆・揚州府志》，卷六〈河渠下〉，頁 17：「射陽湖，縣治東六十里，
……《漢書》廣陵王有過其相勝之奏，奪其射陂，即此湖也，今俗呼爲射陽
湖。」
〔註171〕同註170，載：「射陽湖，……湖之東，屬鹽城；西至固晉，屬山陽；東至上
射陽，屬寶應。」又《萬曆・鹽城縣志》，卷一〈山川〉，頁 7：「射陽湖，……
東屬鹽城，西北屬山陽，由故晉而上至射陽屬寶應。」
〔註172〕民國・戴邦楨，《寶應縣志》（臺北：成文出版社，據民國 21 年鉛印本景
印），卷三〈山川〉，頁 3；《天下郡國利病書》，卷二十七〈江南十五・山
陽〉，頁 4。

縣志》載：

> 鹽邑，東連大海，西接黃（河）、淮（河），能捍海水，使內地不爲
> 斥鹵者，范公堤也。……能受下河（淮南）七州縣積水，使由茲注
> 海者，射陽湖也。〔註173〕

又《康熙・興化縣志》載：

> 大約黃（河）自北來，淮（河）從西下，如人身喉；廟灣各（海）
> 口，如人身尾閭；而射陽（湖），則如人身之腹膈、腸胸也。若人身，
> 口進飲食，而胸腸得通，腸腹不能納蓄，有尾閭無從消導；安得不
> 鬱而病，病而至死哉。〔註174〕

又《治水筌蹄》載：

> 高郵諸湖，西受七十二河水，歲苦溢，乃於東堤建減水閘數十，洩
> 水東注，閘下爲河，總匯於射陽湖、鹽城入海。〔註175〕

可知射陽湖如同人身之腹部，上承「高寶諸湖」洩放之湖水，以及蓄納淮南各州縣之積水，由廟灣海口入海。淮南六州縣之支河、湖蕩，與射陽湖匯通者，見於下表：

表十九：淮南六州縣支河、湖蕩匯通射陽湖一覽表

縣名	河湖	方　位	流　程
山陽	故城河	府治南五十里	東入射陽湖。
	涇　河	府治南五十里	西通運河，河口有閘，水漲則啓洩入射陽湖。
	澗　河	府治東南	長三十里，淮安府三城內澇水，東流射陽湖。
寶應	蜆蠣河	縣東北一百六十里	東西皆入射陽湖。
	海陵溪	縣東北十里	俗呼琵琶頭，西北通射陽湖。
	淩　溪	縣北十里	入射陽湖。
	劉家港	縣東北四十里	入射陽湖。
	楊家灣	縣東八十里	接射陽湖。

〔註173〕《乾隆・鹽城縣志》，卷十六〈水道〉，頁16。
〔註174〕《康熙・興化縣志》，卷二〈水利・重濬射陽湖議揭〉，頁51。
〔註175〕《治水筌蹄》，卷二〈運河・九十五・寶應、儀徵（眞）間運河建閘溢洪節流〉，頁96；又同前書，卷二〈運河・九十七・運河平水閘及歸海水道〉，頁97：「高寶諸湖，今建平水閘，支流入射陽湖，注于湖，正道也。」

	三玉溝	縣東六十里	入射陽湖。
	馬長汀	縣東北十里	北會射陽湖，東通鹽城縣界，西接海陵溪。
高郵	山陽河	州治東四十五里	北自三垛橋子口，入射陽湖，達淮安山陽縣界。
	橫京河	州治東七十里	東通興化縣，西注射陽湖。
	子嬰溝	州治北九里	東南注射陽湖。
	子涇溝	州治東北百里	東注射陽湖。
鹽城	西塘河	縣治西北九十里	其水，由沙溝，北流一百一十里，會東塘河，由油葫蘆港，達射陽湖入海。
	東塘河	縣治西北五十里	其水，由高郵州成子河二閘下注之，水歸魚縱湖，分流入射陽湖下海。
	油葫蘆港	縣治西北八十里	其水由西塘河，經東塘河，至朦朧鎮入射陽湖。
	蔓梁河	縣治西北一百里	東流三十里，下射陽湖入海。
興化	山子河	縣西四里	西通海陵溪，轉入射陽湖。
	大縱湖	縣西北四十五里	自湖心與鹽城縣分界，西入射陽湖。
泰州	海陵溪	州北八十里	入興化縣，合高郵河入寶應縣西北，通射陽湖。

資料來源：
(1) 黃垣修，《鹽城縣志》（清乾隆十二年刊本），卷六〈水道〉，頁 7。
(2) 張可立，《興化縣志》（清康熙二十四年重修傳鈔本），卷二〈水利〉，頁 21。
(3) 顧炎武，《天下郡國利病書》（臺北：廣文書局，民國 68 年 11 月初版），卷二十七〈江南十五・山陽縣〉，頁 4；卷二十八〈江南十六・興化縣、高郵州、寶應縣、泰州〉，頁 26、32、39、42；卷三十〈江南十八・興化縣〉，頁 19。

可見射陽湖為淮南六州縣，「停水之瀦，洩水之門」〔註176〕，亦為「入海第一門戶」。〔註177〕

　　射陽湖，於嘉靖朝以來，湖水深廣，能容受各方來水，故此時期淮南並無嚴重水患，得稱為「樂國」。至晚明，黃、淮二河屢次潰決，洪水浸灌淮南，

〔註176〕同註 173，頁 9。
〔註177〕《康熙・興化縣志》，卷二〈水利・海口〉，頁 44；又《天下郡國利病書》，卷三十〈江南十八・興化縣・興化知縣歐陽東鳳・議濬神臺水利申文〉，頁33：「射陽（湖）未淤，氾光湖、白馬湖諸水，從寶應至界首諸（減水）閘，通洩東流，由流星港、紫嬰溝，……直抵射陽，以入海，至便也。覽社湖、新開湖諸水，從界首至高郵諸閘，通洩東流，由界首河、兔皮港、清水潭，入興化海陵溪，轉往北流，歷平望湖、崔垛鎮、沙溝，直抵射陽，以入海，至順也。泰（州）、鹽（城）諸場之水，由車路（河）、海溝（河）、白塗（河）、梓新（河），會歸運鹽河，西抵射陽，以入海，至通利也。」

射陽湖遂遭泥沙淤塞，如《萬曆‧鹽城縣志》載：

> 嘉（靖）、隆（慶）以來，淮水奪淮（安）之柳鋪灣而下；黃河南徙，
> 則又奪高（郵）、寶（應）之堤而下，並匯於射陽湖，日漸月洗，兼
> 以黃河之水，停蓄沙積，於是射陽湖日就淤淺，非曩昔矣。〔註178〕

又《萬曆‧揚州府志》載：

> 隆慶四年，黃河決崔鎮（桃源縣西北三十里），淮（河）大潰高家堰，
> 水浡東注，溢山陽、高郵、寶應、興（化）、鹽（城）諸州縣，漂室
> 廬、人民無數，淮（安）、揚（州）墊焉，淮（河）既東，黃水亦躡
> 其後，決黃浦八淺，沙隨水入射陽湖中，膠泥填淤，入海路大阻。
> 久之，東漫鹽城之石䃮口，及姜家堰（鹽城縣治西北），破范公堤而
> 入于海。〔註179〕

又《天下郡國利病書》載：

> 自萬曆三年，重決（寶應縣）黃浦口，濁沙隨水入墊河中，以致射
> 陽（湖）淤塞，沙泥湊合，不可撈濬。〔註180〕

射陽湖於萬曆初年既遭淤塞，其產生之影響，從下列各州縣之論述可知，山陽縣：「（射陽湖）日見淺淤，雨盈浸溢諸州縣。」〔註181〕寶應縣：「（射陽）湖淺，不能容水，則泛溢四出，東田輒為所苦。」〔註182〕鹽城縣：「射陽湖日就淤淺，非曩昔矣，夏秋水漲，則湖莫能容，崩騰泛溢，浸沒民田，千里相望。」〔註183〕興化縣：「今射陽湖淤塞，故興化受害為甚，獨取道於廟灣一口，其中所歷河道，曲折邅迴，流更迂緩。」〔註184〕

〔註178〕《萬曆‧鹽城縣志》，卷十〈藝文下‧楊公墩記〉，頁23。
〔註179〕《萬曆‧揚州府志》，卷五〈河渠上〉，頁7；又《天下郡國利病書》，卷二十八〈江南十六‧河渠志〉，頁16。
〔註180〕同註179下引書，卷三十〈江南十八〉，頁33；又同前書同卷，頁22，亦載：「射陽，入海故道也，自寶應屢決黃浦，濁沙隨水澱湖中，而（射）陽淤矣，諸流壅塞，遂穿支渠而下。」
〔註181〕《天下郡國利病書》，卷二十七〈江南十七‧山陽縣〉，頁4。
〔註182〕同前書，卷二十九〈江南十七‧寶應縣〉，頁38。
〔註183〕《萬曆‧鹽城縣志》，卷十〈藝文志‧吳敏道‧楊公墩記〉，頁23；又《乾隆‧鹽城縣志》，卷十六〈水道〉，頁16：「舊時，鹽城諸水，皆西北匯射湖，後黃（河）決入淮河，堤屢潰，射湖淤溢，水無去路，橫溢散漫，沒及田廬。」
〔註184〕《天下郡國利病書》，卷三十〈江南十八‧揚州府推官李春‧開海口議〉，頁28。

因此，「欲謀洩淮（安）、揚（州）之河水，以濬射陽湖爲第一要務。」〔註185〕爲整治射陽湖，萬曆七年鹽城知縣楊瑞雲首倡予以濬復，明年獲總漕兵部尙書凌雲翼之支持，發銀九千兩，委楊瑞雲督工開挑，乃「疏濬積淤，增葺頹岸」，於萬曆九年正月完成〔註186〕。此次濬復工程，所獲成效，若就鹽城縣士民之觀點言，「鹽民德之」〔註187〕，爲表彰楊瑞雲之功績，在該縣之清溝鎮樹立一墩，稱之「楊公墩」〔註188〕。但鄰近州縣，對於此次工役，卻有不同評價，依興化縣士民所條陳之〈水利總論〉：

> 萬曆八年，奏請捐銀九千餘兩，撈濬射陽湖，直開新豐市（近廟灣海口），又爲鹽城貪墨正官，利己病鄰，侵魚冒破，是以開而未開，濬而未濬，以致積水未退，年復一年，貽禍至今，傷哉未艾矣。〔註189〕

又萬曆十一年揚州府推官李春言：

> 近年，鹽城縣亦嘗挑濬、撈泥，費銀九千餘兩，夫萬人，船千隻。今訪撈泥，特置之草筏上，深僅三尺，闊僅容舟，不數旬，泥塞如故，今遍尋所挑處，曾無一線可睹，委九千金而歸之壑，前事足鑒也。〔註190〕

又萬曆二十年寶應知縣陳煃言：

> 先鹽城令楊君瑞雲，請發帑金數千，興人徒五萬，復之，然無所取土，安能使兩岸隆起，僅用箆從土中取油泥，置兩岸，稍以艾草護之，曾未經時，水波蕩之，尋復淤泥。〔註191〕

〔註185〕《乾隆·鹽城縣志》，卷六〈水道〉，頁9。
〔註186〕同註183，又《萬曆·鹽城縣志》，卷十〈藝文下·余孟麟·重開射陽湖記〉，頁16。
〔註187〕《乾隆·鹽城縣志》，卷六〈水道〉，頁9。
〔註188〕同註183。
〔註189〕《天下郡國利病書》，卷三十〈江南十八·興化縣·概縣士夫條陳水利總論〉，頁26；又同前書，卷三十〈江南十八·興化縣·水利四〉，頁22：「鹽尹楊瑞雲，奏捐帑金九千餘兩，濬之，而隨濬隨淤，迄無成功（事在萬曆八年）。」又同前書，卷二十八〈江南十六·興化縣〉，頁26：「自射陽九里淤淺，萬曆八年曾發帑金八千浚之，顧任者匪人，用罔成效，迄今，遂以射陽爲必不可復，非十隅之論。」
〔註190〕《康熙·興化縣志》，卷二〈水利·揚州推官李春·開海口議〉，頁54。
〔註191〕《天下郡國利病書》，卷二十九〈江南十七·寶應縣·附治水或問八條〉，頁38。

從前引資料，楊瑞雲未能深濬射陽湖，僅挑深三尺，不久淤淺如故。其所以輕挑射陽湖，得以推知：鹽城縣士民不願淮南各方來水匯積射陽湖，倘湖水滿溢，將有害於鹽城縣，故僅挑濬能收蓄鹽城縣積水之工程。但淮南其它州縣則希此次挑濬工程，能重複昔日之射陽湖；在失望之餘，不僅批評此次工程是「利己病鄰」，且污蔑楊瑞雲之操守爲「貪墨正官」。

射陽湖淤淺情形，萬曆十五年興化知縣饒舜宜曾實地勘查：「量得湖下，浮泥六、七尺，或八、九尺，或一丈有餘，沙泥湊合，膠粘篙插，不能頓拔，即欲撈置他所，泥淖如飴，無岸爲障，一經雨水，風浪淋漓，坍卸勢必復淤。」〔註192〕因射陽湖淤淺嚴重，遂興起不可開復之議論。萬曆二十年，興化知縣歐陽東鳳基於「高寶諸湖」建造三十八座減水堤閘，諸湖水日夜東流，而射陽湖卻「葑泥淤塞」；爲求諸湖水有疏洩入海之路，其認爲射陽湖已不可濬復，乃於射陽湖北方，開濬神臺河二十餘里，從披絲網，經神臺莊、油葫蘆港（鹽城縣西北八十里），出朦朧（鹽城縣西北一百三十里）、喩口（山陽縣治東北一百二十里），直至廟灣入海。（見圖九、圖十九）〔註193〕

〔註192〕同註184，頁22。
〔註193〕《康熙・興化縣志》，卷二〈水利・歐陽縣令・濬神臺申文〉，頁48；又神臺河濬通後，各方來水，如何經由此一河道入海，在〈濬神臺申文〉裏，有詳細記載：「則氾光、白馬湖水，從（減水）閘東流，由流星港、紫嬰溝，至南璺、太倉四十里，宜入黃土溝、披絲網、歷西塘河、神臺莊、建陽河，出朦朧，趨廟灣、新豐市下海矣。覽社、新開湖水，從閘東流，由界首河、兔皮港、清水潭，入興化海陵溪，一百二十里，轉北，歷平望、雀垛鎮、沙溝，直抵黃土溝，入披絲網，神臺、建陽等處，出朦朧，趨廟灣、新豐，下海矣。高郵以南至邵伯六十六里，諸閘通洩邵伯湖、董家湖之水，由成子河、菱絲溝、燒香港，流至興化河口鎮八十里，一入海陵溪，一轉北入平望湖，至雀垛、沙溝二鎮，直抵黃土溝、披絲網等處，出朦朧，趨廟灣、新豐、下海矣。邵伯迤南，至揚州灣頭，四十里，高阜之水，由樊次河、艾陵湖、六洋湖，經興化陵亭鎮，轉閘灣，入平望，至雀垛、沙溝，直抵黃土溝、披絲網、神臺等處，出朦朧，下海矣。揚州灣頭起，至泰州海安鎮止，二百四十里，南運河之水，由儀寧涵、戴家涵、徐家涵、韓家涵、界首、赤練港，入大官河、秦潼河、淤溪河、蚌沿河，復往北流，入平望湖、雀垛鎮，直抵黃土溝、披絲網等處，出朦朧下海矣。海安鎮迤北，富安、安豐、梁垛、東臺、何垛、丁溪、草堰、小海、白駒諸場之水，由海溝河、白金河、車路河、新梓河，西流入新河，直抵雀垛、沙溝，歷黃土溝、披絲網等處，出朦朧，下海矣。劉莊場、伍祐場迤北，至鹽城縣東西二鄉之水，則由串場河，至岡門鎮，一半分往南流，經石䃲口，入界河，直抵沙溝鎮；一半分往西流，由新河廟、古基寺、東唐河，直抵胡垛口，經神臺等處，趨朦朧，下海矣。」

圖十九：明代淮南射陽湖、各海口圖

射陽湖終未濬復，依崇禎四年之勘查資料，「查湖面舊制三十六丈，闊今止存三、四丈，極闊者七、八丈，湖面盡淤，安能受水。」〔註194〕由於神臺河從萬曆二十年以後取代射陽湖，湖其河道狹窄，水流緩慢，此爲淮南苦於水患之另一原因。

（三）廣開各海口

淮南沿海，能疏洩各方來水入海之主要海口，山陽縣有廟灣海口（縣治東一百八十里）、喻口（縣治東北一百二十里），鹽城縣有石磺口（縣城東門外一里）、天妃口（縣治北關二里）、姜家堰（縣治西北）、廖家港（縣治西北六十里），興化縣有牛灣河（在白駒場）、龍開港（在丁溪場，見圖十九、圖二十、圖二十一、圖二十二）〔註195〕。以上各海口，以廟灣海口、石磺口、姜家堰、牛灣河較具疏洩功能，其中又以廟灣海口爲淮南各州縣積水之尾閭，故《康熙‧興化縣志》載：「山陽境內之廟灣海口，此口空闊，實爲七州縣之尾閭。」〔註196〕又《道光‧寶應縣圖經》載：「諸鹽場海口，獨廟灣通利無阻，……方千里有餘之水，趨此而出。」〔註197〕

〔註194〕《康熙‧興化縣志》，卷二〈水利‧重濬射陽湖議揭〉，頁50。
〔註195〕《萬曆‧揚州府志》，卷六〈海口〉，頁15：「近議興化淺水要道，第一廟灣場，次石磺口，次白駒場。」又《治河奏績書》，卷一〈海口〉，頁29：「淮南沿海之海口，山陽有廟灣，鹽城有天妃、石磺。」又《行水金鑑》，卷一二三〈運河水〉，頁1791：「萬曆十年十一月戊午，河道尚書凌雲翼，牛灣河、姜家堰、廟灣爲三大海口，引各支河，東通於串場河，北會於射陽湖，俱入海。」又《天下郡國利病書》，卷二十六〈江南十六〉，頁60：「淮南之海口，有二：山陽縣廟灣海口，……鹽城縣石磺海口。」
〔註196〕《康熙‧興化縣志》，卷二〈水利‧重濬射陽湖議揭〉，頁50。
〔註197〕《道光‧寶應縣圖經》，卷三〈河渠〉，頁40。

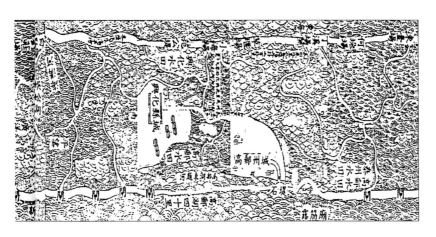

（採自陳應芳，《敬止集》，圖說）

　　淮南六州縣之積水洩放入海，依理應各從附近海口入海，但沿海州縣如鹽城、興化二縣之士民，爲維護本縣免遭海潮之浸灌，或個人利益，均希堵塞本縣之海口，而盼能開啓他縣之海口。然淮南地區日夜承受減水堤閘洩放之湖水，倘入海口太小，或僅依賴廟灣一海口，將因疏洩不及，湖水蓄積於區內，日久必然壅積成災〔註198〕。倘又逢「高寶諸湖」之湖堤潰決，或黃、淮二河水決入本區，如是災情將更加慘重。〔註199〕

　　海口之整治，依《天下郡國利病書》載：「萬曆間而高（家）堰決，淮（水）漲愈甚，於是始有海口之議。」〔註200〕可知議開淮南各海口，始於隆慶、萬曆年間，此因淮水屢決高家堰，黃、淮二河水入灌淮南，不僅淤塞射陽諸湖，亦淤塞各海口，故《淮南水利考》載：「以上諸海口（廟灣、石𥔵），舊本無淤，近日之淤，由黃沙而然。」〔註201〕又《治水筌蹄》亦載：「鹽城范公

〔註198〕《天下郡國利病書》，卷二十六〈江南十四·鄉人胡效謨·請復閘舊制書〉，頁69；又《萬曆·揚州府志》，卷六〈高郵州〉，頁13：「治西上河，宜開子嬰溝，今子嬰已濬，而（高）郵水不減，則海口壅塞如故耳，大抵高郵諸水，盡入于興化諸湖，治興（化）所以治（高）郵。」

〔註199〕《天下郡國利病書》，卷二十九〈江南十七·寶應縣·附治水或問八條〉，頁34：「頃年，淮水汎溢，浸高堰而潰堤，此猶曰：異常之水耳。至道其常，則周（家）橋入淮，通濟（清江浦運道通濟閘）納黃（河水），計則上海之水，由若干閘洞而下注者，涓滴瀦之支河，泝其出口，不過東洩牛灣河（白駒場），北洩葫蘆港（廟灣海口）耳。而上口，鯨吸不止，奈何不患腹門之病乎？故閘洞之水，非支河不洩，支河之水，非海口無歸，故誠多開海口，指示便門，分頭走逸，而後積水消，民田出矣。」

〔註200〕《天下郡國利病書》，卷三十〈江南十八·興化縣·水利二〉，頁21。

〔註201〕《淮南水利考》，卷下〈地方意見〉，頁43；《天下郡國利病書》，卷二十六〈江南十六〉，頁60，亦有相同記載。

圖二十：明代鹽城縣水利圖

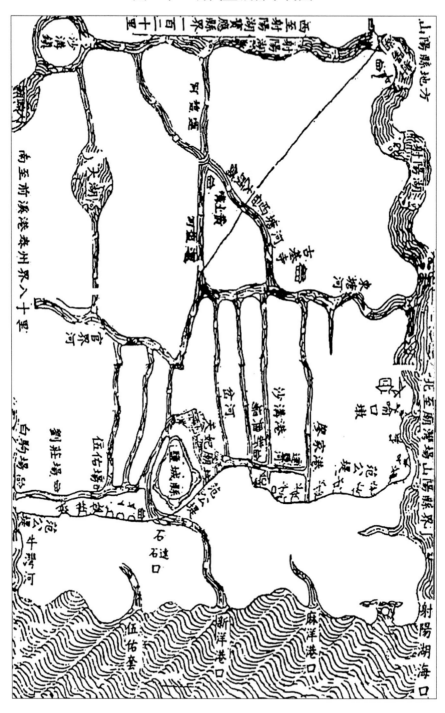

（採自楊瑞雲，《萬曆‧鹽城縣志》，疆域圖）

圖二十一：明代興化縣水利圖

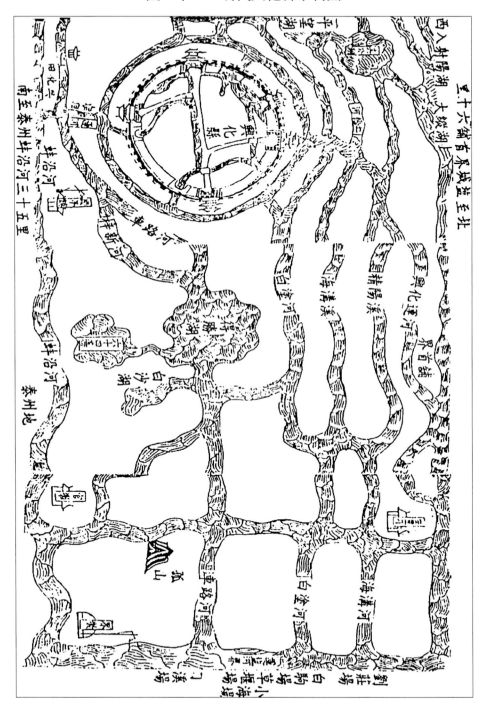

（採自歐陽東鳳，《萬曆・興化縣志》，疆域之圖）

圖二十二：明代泰州水利圖

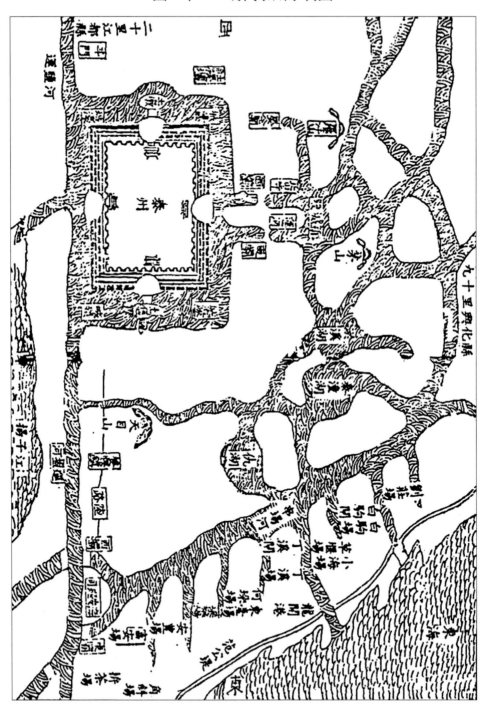

（採自劉萬春，《崇禎·泰州志》，四境圖）

堤，有入海五道，今（萬曆二年）堙其四，下流不疏，此高（郵）、寶（應）、興（化）、鹽（城）之多水患乎？」〔註202〕由於廟灣海口雖亦遭受泥沙淤塞，但始終能維持暢通（原海口寬一千六百步，茲僅有六百步）〔註203〕，因此晚明擬議開挑之海口，著重於鹽城、興化二縣。茲將萬曆朝整治海口之過程，分四個時段論述之：

1. 萬曆二年至萬曆六年正月

萬曆二年，總漕王宗沐、淮安知府陳文燭整治黃、淮二河下游，不僅構築高家堰、淮安北堤（郡西長堤），以嚴防黃、淮二河水入灌本區（詳見本章第二節一項〈拒外水入境〉），而且爲疏洩「高寶諸湖」之湖水入海，乃重開鹽城縣之石䃥口，當治海工程進行時，鹽城縣之民情譁然，認爲其他海口均可開啓，惟獨石䃥口不可開〔註204〕，此因重開此海口，將有如下之弊病：「蓋以水洇，而灌漑無所資，海溢而風潮無所避」〔註205〕；「石䃥口在鹽城之東南（一里），逼近城郭，不利風水。」〔註206〕由於大學士李春芳鼎力支持開挑海口，此一工程方能順利進行〔註207〕。石䃥口重建完成後，其所產生之疏洩功能，依《天下郡國利病書》載：

> 至是成焉，寶（應）、高（郵）、興（化）、鹽（城）四州縣之澇，皆
> 於此入海，士民（鹽城縣）復稱便；山陽之澇，於廟灣口入海，水
> 極大，亦於此（石䃥口）入海，然非山陽之正路也。〔註208〕

從前引文，可知石䃥口能疏洩高郵、寶應、興化、鹽城四州縣之積水入海；甚至山陽縣一帶積水過多，亦得經由此海口分洩之；而且鹽城縣士民見此海口具有如是之功能，其態度由最初之反對轉爲肯定。鹽城縣士民是否認同石䃥口功能，另依《乾隆・鹽城縣志》載：

> 隆慶己巳（三年），黃、淮兩河水溢，潰上堤（高家堰），奔匯于鹽
> （城），鄰邑（興化縣）實與同患。有柄議闢海口于鹽城東，洩水良
> 便者，鹽人習見，水道懸阻，徒捐力費，無益。拒之不得，遂鑿堤

〔註202〕《治水筌蹄》，卷二〈運河・九十七・高寶運河平水閘及歸海水道〉，頁97。
〔註203〕同註201。
〔註204〕《行水金鑑》，卷一二一〈運河水〉，頁1761，引「南河全考」。
〔註205〕《萬曆・揚州府志》，卷六〈海口〉，頁15。
〔註206〕《萬曆・興化縣志》，卷三〈人事之紀・水利二〉，頁26。
〔註207〕《天下郡國利病書》，卷二十六〈江南十四〉，頁58。
〔註208〕同註207。

（范公堤）抵于洋（東海），時萬曆乙亥（三年）也，既而鄰邑水如故，鹽（城）自是兼受（海）潮，貽患始益深矣。〔註209〕

可知力主開挑石䃮口者，爲興化縣。但據前引資料，石䃮口重開後，不僅無助於解決興化縣之水患，從此鹽城縣又增添海潮浸灌之害。亦因鹽城縣士民堅決反對重開石䃮口，故此海口未能維持長久，「開已旋塞」。〔註210〕

萬曆三年至萬曆六年之三年間，整治黃河下游水患之議論，以「分黃論」、「濬海口論」爲主（詳見本文第五章二節〈隆慶、萬曆年間之治河議論〉），此一論者，爲治理淮南水患，屢有建言：重開石䃮等海口，如萬曆三年四月，直隸巡按御史舒鰲：「濬石䃮海口，以備淮（河）、黃（河）之衝。」〔註211〕又同年六月，工科給事中侯于趙：「濬石䃮諸口，以濟興（化）、鹽（城）墊溺之危。」〔註212〕又萬曆五年九月，南河工部郎中施天麟：「若於鹽城、興化地方，海口煙塞之處，大加疏濬，……庶乎不致汗漫。」〔註213〕又萬曆六年正月，戶科給事中李淶：「鹽城、興化沿海地方，皆宜查其舊地，多濬十餘口，以導射陽（湖）瀦水而入於海。」〔註214〕前述諸建言，有被採行者，僅萬曆三年六月侯于趙之提議，因此萬曆四年鹽城知縣杜善教重開石䃮口，並建造石閘一座以防禦海潮內灌和排放各方積水入海〔註215〕。而且從萬曆五、六年之建言，亦可知因淮南水患日益嚴重，故主張開挑之海口，擴及鹽城、興化二縣之「十餘口」。

2. 萬曆六年二月至萬曆八年六月

此時期爲潘季馴三任總河期內，其對淮南水患之整治，經實地勘查後，原肯定李淶之多開淮南海口之建言，依〈兩河經略疏〉載：「該戶科給事中李淶題要見，興化、鹽城沿海，廟道口、新興場、牛團舖等處，某處可以多濬

〔註209〕《乾隆・鹽城縣志》，卷十五〈藝文志・工部郎中張試・重修范公堤功成碑記〉，頁30。

〔註210〕《天下郡國利病書》，卷三十〈江南十八・興化縣・水利二〉，頁21。

〔註211〕《明神宗實錄》，卷三十七，頁 12，萬曆三年四月甲午條，但總河傅希摯反對開石䃮口，其原因：「若開草灣（河）、石䃮二策，則未可輕議，何也，泇河之役，國儲所關，必不容已，若兩役並興也，……顧尾失首，非計也。」

〔註212〕同前書，卷三十九，頁7，萬曆三年六月乙未條。

〔註213〕同前書，卷六十七，頁4，萬曆五年九月丁卯條。

〔註214〕同前書，卷七十一，頁4，萬曆六年正月庚午條。

〔註215〕《乾隆・鹽城縣志》，卷十五〈吏科給事中胡希舜・築鹽城石䃮口記〉，頁16。

十餘口，以導射陽諸水入海，相度計議的確，陸續修舉。」〔註216〕遂動用鹽運司銀二萬五千八百七十六兩，首先大加疏濬沿海各鹽場之支河，如鹽城縣之新河廟，興化縣之白駒場、丁溪場，以為洩水之計〔註217〕。但巡鹽御史姜璧卻上奏〈條陳治安疏〉，不僅反對已在施工之沿海支河挑濬工程，更加反對重建各海口，其理由有二：

（1）范公堤內保民田外護鹽竈

此道捍海堤為宋代范仲淹所修建，堤外距離大海，遠者有百餘里，近者亦有數十里，為鹽場、草蕩、和竈民煎辦海鹽所在。堤內有運鹽運河一道，北抵廟灣，南至泰州，西通高郵州、寶應縣、興化縣、鹽城縣等地，故范公堤具有外抗海潮入浸，以免運鹽河和各州縣民田遭受海潮危害之功能。

（2）濬支河開海口有違百姓利益

沿海地勢，因外高內低，區內各處積水乃不易外洩入海，但海潮卻易於內灌。依鹽城知縣楊瑞雲、鄉老謝與成之調查報告：萬曆七年築塞寶應縣之黃浦八淺湖堤決口後，淮南田土已呈乾涸，百姓亦能從事耕種；茲疏通沿海各道支河，萬一引發海潮內灌，農田遭受海水淹浸，將永不得耕作；又據兩淮運司判官孫仲科、竈民管席等之報告：自從鹽城縣之沿海支河疏濬後，各鹽場之運鹽河道之水量，因隨海潮來去，以致河水量不足，鹽商無法駕船前來，竈民之生活因而困敝。至於多開各海口，其產生之弊病，除如同疏濬沿海支河，將引發海潮內灌，浸害民田外，在海防上亦會增加困難，將開啓商販走私之途徑，而且區內積水經此入海，亦將沖淡附近海水之鹹度，有違竈民之利益。〔註218〕

陳璧以前述二項理由，奏請「濬海口諸工，徑行停止。」〔註219〕並贊同鹽城知縣楊瑞雲之請求，將萬曆四年已開通之石䃮口予以築塞，其原因，依《乾隆・鹽城縣志》載：「（海）潮大至，壞閘，水澎湃震盪，盡沒民田，一時居民溺死者無算。」〔註220〕但興化縣士民，旋將該縣水患，歸因於石䃮口之築塞，乃前往石䃮口，希予重開，但遭楊瑞雲以死拒抗。〔註221〕

〔註216〕《河防一覽》，卷七〈兩河經略疏〉，頁169。
〔註217〕同前書，卷七〈勘估工程疏〉，頁191。
〔註218〕同前書，卷十三〈御史陳璧・條陳治安疏〉，頁469～470。
〔註219〕同註218。
〔註220〕同註215。
〔註221〕同註215；又《康熙・淮安府志》，卷十二〈藝文志・工部郎中張試・鹽城重

潘季馴對於姜璧之建言，予以支持：

> 其興（化）、鹽（城）等處，入海支河，原因高（家）堰未築，黃浦
> 八淺等決未塞，水勢浩蕩，故踵襲節年舊識，欲加挑濬，以洩積水。
> 近勘得高（家）堰完整，黃浦八淺俱塞，下游已乾，無水可洩。而
> 海口之水，反高於內地，若復挑濬，則海水灌入，既傷民田，復損
> 鹽利。正在勘議間，隨該巡鹽御史姜璧躬親踏勘，題請免濬，復經
> 司道會議，委應停止。夫興（化）、鹽（城）等處，既以無水可洩，
> 免濬支河。〔註222〕

潘季馴整治淮南之方策，著重在防禦外水之入浸，以爲厚築高家堰、淮安北
堤，和嚴控清江浦運道五座船閘之啓閉，從此黃、淮二河水已無法入浸淮南；
而忽視淮南地區排洩系統之改善，遂停罷沿海支河疏濬工程和多開海口之建
議。潘季馴此一決策，乃深獲鹽城縣士民之肯定，萬曆十年爲感激其恩德，
爲其建立「生祠」於該縣之湯家堡。〔註223〕

3.萬曆九年至萬曆十六年

依《崇禎・泰州志》載：「大司寇印川潘公（季馴）經略之，越三載，底
有成績，然高（郵）、寶（應）、興（化）、泰（州），受湖堤減閘，與伏秋霈
霖，諸水停蓄，未有所歸、而四州縣生民，猶魚也。」〔註224〕可知潘季馴整

修范公堤功成碑記〉，頁46。

〔註222〕《河防一覽》，卷八〈恭報續議工程疏〉，頁 199；又同前書同卷〈報黃浦築
塞疏〉，頁 208：「照得高堰，據黃浦之上游，而黃浦爲興（化）、寶（應）、
鹽城之門戶，高堰既塞，黃浦之工自易，黃浦既塞，則興（化）、寶（應）、
鹽城一帶田地，盡行乾出。」又同書同卷〈河工告成疏〉，頁214：「興（化）、
鹽（城）等支河，因黃浦八淺堤成，無水可洩，自宜停止。」

〔註223〕《萬曆・鹽城縣志》，卷三〈田賦〉，頁5：「潘公祠，供奉香火田一頃三十一
畝五分，座落湯家堡地方，萬曆十年，邑人建。尚書潘公季馴生祠成，知縣
楊瑞雲捐俸買田，助爲祭典，而以諸生張三鳳典之，歲入租，以報鹽城父老，
今春秋備祭，儀祠土神，祝潘公費出此，餘實以修祠宇。」又同書，卷二〈壇〉，
頁 16：「潘公生祠，在縣治北，祀工部尚書潘季馴，萬曆八年知縣楊瑞雲，
以父老請，創建正堂三間，東西廂房各三間，二門三座，大門三座，臥房三
間，廚房三間，斗房三間，四照亭一座，碑亭一座，碑記爲禮部尚書何維栢
作，見藝文志。按鹽邑，自隆慶三年以來，河、淮南徙，水患頻仍，民幾魚
鱉，城將丘墟，潘公受命總督兩河，先築高堰以捍水衝，繼築諸堤以防水潰，
又建諸閘以殺水勢，水患乃息，闔邑十萬生靈，無家者有家矣。」

〔註224〕《崇禎・泰州志》，卷八〈凌儒・舒海道開海口碑記〉，頁92；又《敬止集》，
卷二〈海陵修濬丁溪場龍開港碑〉，頁27。

治黃、淮二河下游，雖著有成效，但就淮南言，減水堤閘所洩放之湖水，和伏秋之雨霖，因區內排水系統不善，仍時有水患。

萬曆十年九月，氾光湖暴漲，湖堤遭沖決，湖水傾洩於淮南，災情慘重〔註225〕。總漕兵部尙書凌雲翼爲整治盈盛之「高寶諸湖」水，和淮南區內之積水，採行二項方法：一爲分洩上源之邵伯諸湖水入江，乃挑濬芒稻河（見圖十二）；二爲疏洩下流之淮南各處積水，乃以山陽縣之廟灣口，鹽城縣之姜家堰，和興化縣之牛灣河作爲疏洩河水入海之三大海口。此一工程於同年十二月興工，明年十月完成。〔註226〕

萬曆十一年，興化縣、泰州二地，苦於水患，其災情及造成之原因，依《崇禎・泰州志》載：

> 丁溪、白駒兩港，其諸水從出之門哉，是今所謂海口也。歲久日堙，故道阨阻，即通如白駒，僅僅一線；若丁溪，陵阜矣。是以沿堤減閘，和伏秋霪潦，諸水橫灌州縣之間，匯爲巨浸，興（化）、泰（州）尤甚，蓋興（化）、泰（化）地形窪下，環視四方，若釜底，近十二年來，所謂良田，一望沮洳。〔註227〕

可知白駒場之牛灣河，僅存一線；丁溪場之龍開港，則成爲陵阜，以致興化縣、泰州之百姓，「老稚轉於溝壑，壯者散之四方。」〔註228〕爲整治水患，泰州士民請求巡按御史姚士觀，能重開龍開港，並疏濬牛灣河。龍開港之疏濬功能，依《敬止集》載：「丁溪場龍開港，則縮轂海陵之口，而淤溪、秦潼、西溪、寧鄉、及東臺（場）、何垛（場）、串場河之水，所由以宣洩。」〔註229〕可知此海口爲疏洩泰州、興化二處積水之門戶。

當龍開港重建工程即將興工之際，沿海各鹽場之豪強乃群起反對言：若此海口予以重開，將不利於竈民（如海口鹹度轉淡，海潮內浸民田），且開啓海寇窺伺之心。因民情洶洶，泰州知府李裕爲查明眞相，親駕小船，勘查沿海各鹽場，得知：丁溪場一帶五十里，水深三尺至五尺，爲入海故道；而龍開港，「其勢漸下，其望彌遠，測之，（距海）不下百數十里，而民竈田在范（公）堤內，遠不相涉。……此豈海潮所能至乎？而胡虞鹹淡交以浸也。」

〔註225〕《道光・寶應縣圖經》，卷三〈河渠〉，頁42。
〔註226〕《明神宗實錄》，卷一三〇，頁2，萬曆十年十一月戊午條。
〔註227〕《崇禎・泰州志》，卷八〈都御史凌儒・姚代巡海口碑記〉，頁89。
〔註228〕《敬止集》，卷二〈海陵修濬丁溪場龍開港碑〉，頁27。
〔註229〕同註228，頁26。

〔註230〕於是決定興工重開龍開港，同年十月完成；是時，牛灣河亦予以挑濬；於二海口各建水閘，稱之「丁溪閘」，「白駒南、北閘」〔註231〕。但此二新開海口，因有違竈民利益，以致維持不及二年，「尋為竈丁所陰壞，而當路不一問也。」〔註232〕

萬曆十五年七月，都御史楊一魁曾因「高郵等六州縣，富安等十五場，俱被湖堤積水，潯沒田地」，為疏洩積水入海，計費銀五萬四千餘兩，開濬各海口，至於開挑那些海口，則無法確知。〔註233〕

此時期，為疏洩區內積水入海，多開各海口，除山陽縣之廟灣海口外，另增開興化縣白駒場之牛灣河、丁溪場之龍開港；至於鹽城縣之海口，則以姜家堰取代石磔口。但開挑鹽城、興化二處之海口，因有違竈民之利益，故未能持久。

4.萬曆二十年至萬曆二十四年

整治黃、淮二河，以「分黃、導淮」為主之治河方策下，泛溢之淮水，經高家堰之三座減水石閘往南流，為避免南下之淮水，其入海之海口，僅依賴廟灣口一處，以致疏洩不及，有害於淮南。萬曆二十三年，南京四川道御史陳煃〔註234〕，南京吏科給事中祝世祿等〔註235〕，基於淮南之射陽湖、廣洋

〔註230〕同註228。

〔註231〕《敬止集》，卷二〈議湖工疏〉，頁4；《嘉靖·揚州府志》，卷六〈河渠志下〉，頁21。

〔註232〕《敬止集》，卷一〈論鹽場海口〉，頁30。

〔註233〕《明神宗實錄》，卷一八八，頁7，萬曆十五年七月戊申條。

〔註234〕《皇明留臺奏議》，卷十六〈陳煃·請河流分洩疏〉，頁29：「近舉（萬曆）二十一年，淮水從高堰漫溢，驟奔東南，高寶、邵伯決堤五十餘處，⋯⋯如是大闢周（家）橋，而以高（郵）、寶（應）為壑，則其為害何如？蓋周（家）橋勢高，淮水陵下，疾若建瓴，⋯⋯高（郵）、寶（應）、興（化）、泰（州）、鹽（城）之民，欲不為魚鱉不可得也。⋯⋯分洩淮水，一由子嬰溝，入廣洋湖達海；一由董灣閘，直達涇河，從射陽湖入海，百里而遙，何途之從而遽達于海。且與射陽湖，皆無畔，周圍潯佔民田，水行至此，不復可潛，畢竟汛濫四出，仍為民患。⋯⋯試自興（化）、鹽（城）迤東，擇其便利之所，如白塗河、石磔口、廖家港等處，條為數河，分門出海，然後從下流而上，將高郵北界，開清水溝；寶應南界，開子嬰溝；山陽東北，開涇河口，濬其壅淤，闢其窄隘，使河身深廣。⋯⋯如是興（化）、鹽（城）、泰（州）之水，有所歸宿，而高（郵）、寶（應）之水，次第東行。⋯⋯倘慮西來水多，一時宣洩不及，再於瓜洲十壩開十閘口，儀眞五壩開五閘口，灣頭閘旁，增置一閘，令入通（州）、泰（州）鹽河，則分洩之路既多，潰決之患可免。

〔註235〕《明神宗實錄》，卷二九二，頁3，萬曆二十三年十二月乙巳條：「南京吏科

湖已呈淤塞，淮水經此，已無法發揮瀦蓄功能；惟恐淮水漫溢，淹浸農田，為分洩淮水入海，乃建言多開海口，如鹽城縣之石䃟口、廖家港，興化縣之白塗河（縣東北十里）、牛灣河、龍開港等；又顧及淮水南下水量過多，淮南各海口無法宣洩，另於揚州府城東之金家灣，開挑芒稻河，分洩淮水入江。（見圖十二）

淮水南下，能否順行入江、海，遭分黃論者，勘河禮科左給事中張企程之置疑：

經查鹽城縣、興化縣，以至泰州、通州，從未有淮水入海之正道。去年（萬曆二十三年），因武家墩設置滾水石閘，曾挑濬涇河，分洩淮水入海，茲又議挑子嬰溝，但此二道支河之寬度，僅有十丈而已，即使能分洩淮水，但射陽湖已淤高（較涇河、子嬰溝地勢高），而且石䃟口之寬度，僅有二丈八尺，廟灣海口亦淺窄，如何能容受傾洩而下之淮水，並順導入海。至於分洩淮水入江，經查臨大江處之地勢隆起，較邵伯諸湖為高，故淮水南下無法順流入江，如萬曆五年，曾分洩淮水，經由儀真、瓜洲二運河入江，結果高郵湖之水勢，僅降低二尺，而江都縣一帶三十里之運道已呈現乾涸，此為地勢高差所造成。另有議開芒稻河者，其將不能大洩淮水，亦能預知。故淮水南下，在往東經淮南無法順流入海，在向南循「湖漕」運道入江亦不能順行之情勢下，惟有在清口之上游一帶開挑支渠分洩黃河水，使黃河水勢減弱，如是方能順導淮水東北出清口，會同黃河入海。〔註236〕

但總漕褚鈇力倡「導淮論」（詳見本文第五章五節〈分黃、導淮論及其實行〉），其認同陳煃、祝世祿等之建言，責成濬海郎中樊兆程等，務必挑濬深廣淮南各海口，如鹽城縣之石䃟口、廖家港，興化縣之牛灣河、龍開港。亦鑒於：去年知縣龐尚鴻前往興化縣勘查海口，遭豪民盧三扣等數千人，鼓噪

給事中祝世祿奏：議開高良澗、子嬰溝，放淮（水）從廣陽湖東入于海，議開武家墩、涇河，從射陽湖東入于海。廣陽湖闊僅八里，射陽名為湖，實則為河，闊僅二十五丈，離海且三百里，迂迴淺窄，高（郵）、寶（應）等七州縣之水，惟此一線宣洩之，宣洩不及，即苦淊沒，若又決淮（水）注焉，田廬、鹽場，必無幸矣。廣陽湖東有一湖，名太湖，廣六十里，湖北口有舊官河，自官蕩，直至鹽城石䃟口通海，只五十三里，此河見闊六、七丈，若加深挑廣，此導淮下流入海之一便也。至云：周家橋，放淮（水）下高寶諸湖，從金家灣、芒稻河南入于江，而此灣、此河入江之路，甚隘，十不能入其一、二，非開廣十五丈，深五尺許，不可。」

〔註236〕《行水金鑑》，卷三十七〈河水〉，頁536，萬曆二十四年正月。引「題覆河工奏議」。

民眾，將引勘海口者劉謨之房屋予以搗毀，並搶奪其財物，首倡者雖已緝捕，此則顯示法紀已蕩然無存；茲為避免豪強再阻撓治海工程，乃嚴申：凡有豪強占種海口淤田，阻撓工程進行者，必予查辦。〔註237〕

萬曆朝以後，海口之整治，僅知天啓二年四月，寶應湖潰決，同年興化知縣邊之靖重開劉莊場、白駒場（牛灣河）、小海場、丁溪場（龍開港）、草堰場等五處海口（見圖十九）〔註238〕。天啓六年，興化縣鄉官李碧海議開鹽城縣之天妃口，但遭鹽城縣士民群起反對，而不可行，故《康熙・興化縣志》評論言：「凡事有礙於地方，知其不可為而強為之者，終畫餅耳。」〔註239〕

晚明，淮南各海口，僅廟灣海口能維持長期暢通，但此海口若僅疏洩淮南六州縣自然之河水，尚能順導入海，倘值夏秋淫雨，河水量增加，則將宣洩不及。若是石䃺口，論其地勢，內地高於大海「數十百丈」，河水經此入海，勢若建瓴，在各海口中，此海口最稱便捷；惟鹽城縣士民惑於風水之說，屢開旋閉，無法發揮宣洩功能〔註240〕。至於白駒場之牛灣河，因其河道紆曲，並無海潮內灌之患；惟興化縣士民認為該縣地勢，東高西低，如「側釜」，諸鹽場之海口，僅能分洩浮漫之河水，無法盡洩釜底之積水〔註241〕。丁溪場之龍開港，興化縣士民亦認為：其河道原本長而紆曲，無海潮內灌之害，但從萬曆十一年開濬河道十八里後，因其河道直通大海，以致「永利未得，而禍不旋踵。」〔註242〕由此可知鹽城、興化二縣士民，僅計較於自身之利益，均不願在本縣沿海處開設海口，使淮南地區之諸河、湖水，呈現上源有所洩，而下游無所歸之情勢。

總之，各方來水匯積淮南，射陽湖遭淤塞而無法濬復，各海口則旋開旋塞；此一排水系統之不善，為淮南多水患之主因。

〔註237〕《漕撫疏草》，卷十〈再議分導未盡事宜疏〉，頁27；又同前書，卷九〈酌議黃淮善後事宜疏〉，頁31。

〔註238〕《皇明世法錄》，卷四十九〈河道・南河〉，頁22；《行水金鑑》，卷一三〇〈運河水〉，頁1883，引「南河全考」。

〔註239〕《康熙・興化縣志》，卷二〈水利・重濬射陽揭議〉，頁50。

〔註240〕《敬止集》，卷一〈論鹽場海口〉，頁21。

〔註241〕《天下郡國利病書》，卷二十八〈江南十六・興化縣〉，頁26；又《康熙・興化縣志》，卷二〈水利・海口〉，頁44：「興化，地形東高西下，如側釜然，……然沿海諸場地形既高，水勢平緩，一旦破堤決防，西北洪流，滔滔下注，並非東偏數閘，所能驟洩。……即議開白駒之牛灣河，亦僅能洩釜邊之水，而釜底瀦積之水。終不克去。」

〔註242〕《萬曆・興化縣志》，卷三〈水利三〉，頁27。

第五章　潘季馴整治黃淮二河

　　季馴於晚明四度主持河務，時間長達八年六個月，為明代諸河臣中最為久任者。其所力倡之束水攻沙論，導致黃河中下游河道趨向單一河道，此一治河觀之實踐對往後整治黃河之方策產生深遠影響。

第一節　治河經歷

　　季馴，字時良，號印川，浙江烏程（吳興）人，生於正德十六年（1521），卒於萬曆二十三年，享年七十五歲。其於嘉靖二十九年（三十歲），登上進士後，開展仕途。於嘉靖四十四年（四十五歲）以前，歷經九江府推官、河南道監察御史、廣東巡撫御史、大理寺石、左侍郎等職務〔註1〕。嘉靖四十四年以後，至萬曆二十年之二十七年間，曾四度出任總理河道都御史等職官負責整治黃、漕二河事務。由於其治河方策，力倡築堤束水之治河觀，能辨析黃河水性，超越前此治理黃河以分導河水為主策之舊鑿，樹立治河良規，故其一生事功，最受肯定者，主要表現在黃、淮二河之整治上，茲將其四度治河經歷，論述於後。

〔註 1〕　《明史》，卷二二三〈列傳一一一・潘季馴〉，頁 2574；以及民國・韓仲文〈潘季馴年譜〉（《華北編譯館館刊》，一卷一期、三期，二卷一期、二期、三期、四期、五期、七期，1942 年 10 月至 1943 年 7 月），得知季馴於嘉靖四十四年以前任官歷程如下：九江府推官（嘉靖二十九年十二月～嘉靖三十三年正月），江西道監察御史（嘉靖三十三年正月至同年五月，因父卒回籍守制），河南道監御史（嘉靖三十六年正月～嘉靖三十七年），廣東巡按御史（嘉靖三十八年～嘉靖三十九年十一月），視學順天（嘉靖四十年～四十一年），大理寺右、左少卿（嘉靖四十二年十二月～嘉靖四十四年十月）。

一、首任總河期

從嘉靖四十四年十一月至嘉靖四十五年十一月，歷時一年。

嘉靖四十四年七月，黃河決於沛縣（江蘇沛縣），淤塞「閘漕」南段運道一百餘里；同年十一月，任命季馴以總理河道右僉都御史輔佐工部尚書朱衡整治黃、漕二河〔註2〕。是時，朱衡認為魚臺縣（山東魚臺）至沛縣之運道，因位於昭陽湖（沛縣東北八里，周圍八十里），西岸，倘逢黃河潰決，洪水易於衝阻運道，為使「閘漕」南段運道遠離黃河，並以昭陽湖作為黃河潰決時之滯洪區，主張在昭陽湖東岸，另開一條新運道。但季馴則認為在昭陽湖東岸另開新運道，雖得避免黃河沖阻運道之禍害，但該河段地勢偏高，而且工程經費亦龐大，將很難完成，因此提議重新開挑已遭淤塞之原運道〔註3〕。雖然季馴與朱衡之意見相左，但勘河給事中何起鳴則贊同朱衡之治河觀〔註4〕，使新河工程得於嘉靖四十五年興工開挑。是時為兼顧季馴之意見，新運道里程為之縮短，從魚臺縣之南陽挑至沛縣之留城，全長一百四十里；至於留城以南至鏡山（徐州城北四十里）之六十里，則挑復原運道。此一新河工程於同年九月完成，稱為「南陽新河」（見圖二）〔註5〕。季馴因治河有功，晉陞右副都御史，但二個月後，因母親病逝，乃留職返鄉守喪。〔註6〕

二、二任總河期

從隆慶四年八月至隆慶五年十二月，計一年四月。

隆慶四年七月，黃河水灌淤「閘漕」南端之茶城運口；山東之汶、泗諸河水亦暴漲，沖決濟寧州（山東濟寧）之仲家淺諸處運道〔註7〕。值此河務

〔註2〕 《明世宗實錄》，卷五四八，頁1，嘉靖四十四年七月癸卯條；及同書，卷五五二，頁8，嘉靖四十四年十一月己亥條。

〔註3〕 《明穆宗實錄》，卷三，頁16，隆慶元年正月甲申條。

〔註4〕 《明世宗實錄》，卷五五六，頁5，嘉靖四十五年三月己未條，何起鳴奏報勘議言：復舊運道有三難：(1)南陽至留城，水勢巨浸，無法施工。(2)興工開挑，十萬役夫，無處棲身。(3)修築堤防，卻無處取土。至於開挑新河，則謂：多屬舊堤高埠，黃水難浸，所需工費較之舊河為省，又能確保無黃河沖阻之患。

〔註5〕 南陽新河之開鑿，詳見拙著《明代漕河之整治與管理》，第三章三節二項〈南陽和、洳河之開鑿〉，頁102。

〔註6〕 《明世宗實錄》，卷五六五，頁5，嘉靖四十五年十一月壬午條。

〔註7〕 《明穆宗實錄》，卷四十七，頁12，隆慶四年七月壬辰條。

多事之秋，適總河工部右侍郎翁大立調陞兵部左侍郎，季馴經翁大立之推薦〔註8〕，以原職（都察院右副都御史）再度出任總理河道官〔註9〕。季馴尚未到職，黃河又於九月間潰決於邳州（江蘇邳縣），「河漕」運道從睢寧縣（江蘇睢寧）之白浪淺至宿遷縣之小河口，遭淤塞一百八十餘里，糧船一千餘艘無法經此北上。〔註10〕

　　隆慶五年正月，季馴興工整治邳州、睢寧縣等地決口。同年四月，當治理工程即將完成之際，黃河又決於靈壁縣（安徽靈壁）之雙溝（靈壁西北）等處，從雙溝以下之河道兩岸計有大、小決口四十多處。季馴派河夫五萬餘人，挑濬匙頭灣（邳州城西四十四里）等處河道八十里，又修建兩岸縷堤三萬餘丈，並堵塞大、小決口，導引黃河全流水回歸原河道〔註11〕。但同年十二月，糧船北行「河漕」運道，行經剛整治完成之河段，遇上新形成之急溜，糧船多艘遭漂沒；勘河禮科給事中雒遵遂彈劾季馴治河無效，裁撤其職務，返回故里。〔註12〕

　　季馴遭彈劾之理由，在於「王家口（睢寧縣北方水口）初決之時，黃水盡從漫坡經流，南於小河口（宿遷縣），藉令季馴緩築一月，則漕船可以盡出漫坡，避新溜之險，乃計不出此，反驅舟以就新溜，坐視陷沒。」〔註13〕可知黃河於睢寧縣、邳州等地潰決後，黃河水從河道南岸之王家等決口，漫流入睢河；經由睢河，在宿遷縣之小河口再會入黃河（見圖一、圖二十三）。故是時糧船北上，至宿遷縣之小河口，因「河漕」運道（宿遷縣以西）已呈淤淺，無法通行漕運，遂於此轉行睢河，至王家口再轉入黃河。故雒遵指責季馴為何不延後一個月，待所有糧船經由睢河入黃河後，再築塞王家等決口。

〔註8〕同前書，卷四十七，頁12，隆慶四年七月癸巳條。

〔註9〕同前書，卷四十八，頁1，隆慶四年八月丁酉條。

〔註10〕清・夏燮，《新校明通鑑》（臺北：臺灣學生書局，民國51年11月），卷六十五，頁2533，隆慶四年九月甲戌條。

〔註11〕《明穆宗實錄》，卷五十六，頁1，隆慶五年四月甲午條；《淮系年表全編》，表十〈明三・隆慶〉，頁469：「春，潘季馴大治邳，睢決河，四月，工垂成。復大決，自靈壁、雙溝而下，北決三口（油房、曹家、青羊），南決八口（關家、曲頭集、馬家淺、閻家、張擺渡、王家、房家、白浪淺），及諸水口，凡四十餘處。」

〔註12〕同註11上引書，卷六十四，頁11，隆慶五年十一月辛亥條。

〔註13〕同註12。

圖二十三：明代草灣新河、草灣導河、黃家壩新河圖

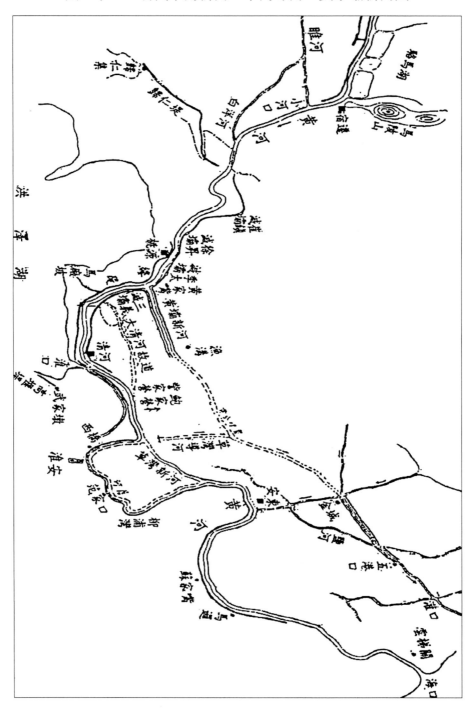

（採自武同舉，《淮系年系全編》，淮系歷史分圖三十八）

此一彈劾季馴離職之理由，並非眞正原因，依《河渠記聞》載：「終明之世，徐州以下，皆以黃（河）爲運河，從未聞有逆流覆舟而重譴者，有之自季馴始。」〔註14〕可見季馴去職必另有隱情，依申時行撰寫之〈官保大司空潘公（季馴）傳〉載：「廷臣或言河數不治，工費無已時，不若廢舊渠（河漕運道），開泇河，以漕便。……（季馴）乃以三難二悔之說進，忤用事者，嗾勘河給事中論罷公（季馴）。」〔註15〕又據王錫之〈工部尚書兼都察院右副都御史印川潘公季馴墓誌銘〉亦載：「泇河議興，江陵實陰主之，屬人謂公（季馴），新河（泇河）成，旦暮大司空矣。公謝曰：司空任他人爲之，老臣知有不可而已。江陵怒嗾言者論公去。」〔註16〕從前引二則資料，得知季馴是因反對開挑泇河（見圖三），得罪「用事者」，遂嗾使言官予以論罷；此位「用事者」即是大學士張居正，因是時張居正力主開挑泇河以取代「河漕」運道，季馴卻以「三難二悔」反對之。（詳見本章第三節二項一款〈河水循行故道〉）〔註17〕

三、三任總河期

從萬曆六年二月至萬曆八年六月，計二年四月。

季馴第三度出任總河以前，於萬曆四年六月已奉召以原職巡撫江西，明年冬轉任刑部右侍郎。於萬曆五年春夏間，黃河決於桃源縣之崔鎭；淮河亦南潰高家堰、黃浦等湖堤，洪水泛濫於淮南〔註18〕。爲整治黃、淮二河，萬曆六年二月，晉陞季馴爲右都御史兼工部右侍郎總理河漕兼提督軍務〔註19〕。季馴勘查災情後，奏陳〈兩河經略疏〉，論述六項治河方針：(1)塞決口，以

〔註14〕〈潘季馴年譜〉（《華北編譯館館刊》一卷三期），頁8，引《河渠記聞》。

〔註15〕《河防一覽》，附存〈賜閒堂集·明·申時行撰宮保大司空潘公傳〉，頁544。

〔註16〕《國朝獻徵錄》，卷五十九〈王錫爵·總理河道提督軍務太子少保工部尚書兼都察院右副都御史印川潘公季馴墓誌銘〉，頁99。

〔註17〕明，張居正，《張文忠公集》（臺北：臺灣商務印書館，民國57年12月臺一版，國學基本叢書），卷二十三〈答河道潘印川〉，頁10。泇河從沛縣夏鎭至宿遷縣之董、陳二溝（宿遷縣西二里）入黃河，全長二百六十餘里。此新河之開挑，是明代「以黃爲漕」政策下，備嘗黃河水危害後，所尋求之救濟方法。爲減少利用黃河爲運道，而計畫開挑泇河，此新河道開鑿之過程，詳見拙著《明代漕河之整治與管理》，第三章三節二項〈南陽河、泇河之開鑿〉，頁102。季馴反對開挑泇河之理由，得參考《河防一覽》，卷六〈隆慶六年工部覆止泇河疏〉、〈萬曆三年工部覆止泇河疏〉，頁140～152。

〔註18〕同註1。

〔註19〕《明神宗實錄》，卷七十二，頁6，萬曆六年二月丁酉條。

挽正河；(2)築堤防，以杜潰決；(3)復閘壩，以防外河；(4)創滾水壩，以固堤防；(5)止濬海工程，以免靡費；(6)寢老黃河之議，以仍利涉（詳見本章第四節〈束水攻沙論之實行〉）。此一治河方策，其大要在築堤塞決，以水治水，充份發揮束水攻沙之治河觀〔註20〕。經工部核覆後，於同年十月興工，明年十月告成。萬曆八年二月為獎勵季馴之治河功績，加官太子太保，晉陞工部尚書，兼左副都御史〔註21〕。同年六月，又調任南京兵部尚書。〔註22〕

季馴從隆慶六年起閒賦在家六年，其所以能出任江西巡撫和第三度主持河務，依《明史》載：「季馴之再起也，以張居正援。」〔註23〕可見是來自張居正之奧援，方有此機會。但前此曾論及季馴於二任總河期遭言官彈劾罷職，是因其反對開挑泇河，而得罪張居正；茲張居正為何反而推薦季馴，再委以治河重任。其中主要原因在於繼季馴之後負責河務者，為工部尚書朱衡與兵部侍郎萬恭，此二人之治河觀，亦屬於「束水攻沙論」（詳見本章第二節第一項〈鄒萌型之束水攻沙論〉），故反對開挑泇河〔註24〕。此舉頗令張居正認知開挑泇河並非善策，因此其寫給季馴之信函中曾言及：「惟公（季馴）雅望宏猷，久切傾響；昔者河上之事，鄙心獨知其枉；每與太宰公評騭海內佚遺之賢，未嘗不以公為舉首也。」〔註25〕可知張居正對於兩人之間曾因治河觀相左，頗感遺憾，乃言：「昔者，河上之事，獨知其枉。」此事另在申時行之〈宮保大司馬潘公傳〉裏有更明確表述：「公（季馴）歸，而泇河之工亦報罷，用事者（張居正）乃大悔，且嘆服公卓識，萬曆丙子（四年），以原官起撫江西。」〔註26〕

茲季馴三度出任總河官，張居正給予大力支援，使其能排除萬難，貫徹治河方策。否則，是時甚多治河議論，並不認同「束水攻沙論」，且多批評；

〔註20〕 同前書，卷七十六，頁9，萬曆六年六月乙巳條。

〔註21〕 同前書，卷九十六，頁9，萬曆八年二月戊戌條。

〔註22〕 同前書，卷一○一，頁5，萬曆八年六月辛酉條。

〔註23〕 《明史》，卷二二三〈列傳一一一・潘季馴〉，頁2575。

〔註24〕 《明穆宗實錄》，卷六十五，頁5，隆慶六年正月辛未條：「工部尚書朱衡疏請修築徐州至宿遷長堤凡三百七十里，并繕治豐、沛太黃堤，從之」；又《明神宗實錄》，卷二，頁24，隆慶六年六月己卯條：「工部尚書朱衡疏報，徐（州）邳（州）等處，河堤工完，并請寢泇河之議，言泇口河開鑿之難有三：一則葛墟嶺（沛縣東難九十里）開深之難，一則良城、侯家村（屬山東嶧縣）鑿石之難，一則呂、孟等湖（屬徐州）築堤之難。」

〔註25〕 《張文忠公全集》，卷二十八〈答河道潘印川〉，頁10。

〔註26〕 同註15。

張居正最初亦頗受時論影響，對於季馴之治河方策，產生置疑，依《張文忠公全集》載：

> 前在途中，得治河大議，比至都，司空言此大事，以便舉事；比時初至，酬應匆匆，未及廣詢。……乃近日得一相知書，……惟言崔鎮口（桃源縣西北四十里）不宜塞，遙堤未易成，則不肖亦不能無疑焉。夫避下而趨虛者，水之性也，聞河身已高，勢若建瓴，今欲以數丈之堤束之，萬一蟻穴之漏，數寸之瑕，一處潰決，則數百里之堤皆屬無用，所謂攻瑕則堅者瑕矣，此其可慮者，一也。……自崔鎮決後，（黃）河勢少殺，淮（河）乃得以安流，高家堰乃可修築，今老（黃）河之議既寢，崔鎮又欲塞，將欲河勢復強，直衝淮口、天妃閘（清江浦運道口）以南，復有橫決之患，而高堰亦終不可保，此其可慮者，二也。〔註27〕

季馴為消除張居正之疑慮，奏陳〈河工事宜疏〉，剖析其治河觀，其中「議息浮言」一項言：

> 臣等竊惟治河困難，知河不易，……但勞民動眾之事，怨咨易興；而往來絡繹之途，議論易起。至於將迎之間，稍稍簡略，則以是為非，變黑為白者，亦不可謂其盡無也。憂國計者，以急於望成之心，而偶聞必不可成之語，何怪乎其形諸草牘也；而不知當局者，因而銷沮，官夫遂生觀望，少為搖奪，墮敗隨之，勉強執事，疏遠難達，其若有不可言者，伏望皇上，俯垂鑒照，容臣等殫力驅馳，悉力料理，寬臣以三年之期，如有不效，治臣以罪。〔註28〕

季馴認為勞民動眾之事，原本易生怨恨，況且達官之間相往來，招待稍有不週，易致感情用事，變白為黑；茲其治河方策遭受質疑，頗感沮喪，但懇請給予三年時間，使其整治黃、淮二河，若未能達成預期目標，願意「治臣以罪」。經季馴解釋後，張居正遂肯定其治河方策，乃言：「前奉書以河事請問，辱翰云：條析事理，明白洞悉，鄙心及無所惑。……今之進口者，喜生事而無遠圖，又每持以歸咎廟堂，坐視民患，不為拯救，不知當軸者之苦心深慮也。」〔註29〕故河工告成時，張居正鑒於「工堅費者，數年沮洳，一旦

〔註27〕《張文忠公全集》，卷三十〈答河道巡撫潘印川計淮、黃開塞策〉，頁2。
〔註28〕《河防一覽》，卷七〈河工事宜疏〉，頁183。
〔註29〕《張文忠公全集》，卷三十〈答潘印川〉，頁11。

膏壞」，乃贊頌季馴言：「公之功不在禹之下也」。〔註30〕

四、四任總河期

從萬曆十六年五月至萬曆二十年二月，計三年十月。

萬曆十一年，季馴改任刑部尚書，但萬曆十二年七月即牽涉張居正案，遭奪職，罷斥爲民。季馴爲何涉入張案，此因張居正卒後，張四維等柄持朝政；中官張誠揭發司禮監馮保之資產，「踰天府」，及其過去不法行爲，將馮保、錦衣指揮同知徐爵等先處予「挾詐通奸」之罪。明神宗又懷疑張居正私藏巨資，及構罪遼庶人憲㸁，乃命司禮中官張誠等抄其家，幽禁家屬，餓死者達十餘人，長子禮部主事張敬修因不堪酷刑被迫自殺。季馴眼見居正家人慘遭巨變，爲回報張居正相識拔舉之恩，遂上奏疏，疏中文詞激切，懇求寬賜居正年逾八十歲之老母親，並能留置房屋一間，田地十頃，作爲贍養之資。但是時擔任江西道御史之李植，其爲張四維之門生，在此之前已因季馴支持其政敵申時行等人，二人之間已存有嫌隙，茲遂假藉張案彈劾季馴「黨庇居正」，使季馴二度遭罷斥爲民。〔註31〕

但萬曆十三年、十四年，黃河相繼決於范家口（淮安府城東北），洪水沖灌淮安府城，並漂沒淮南。萬曆十五年，黃河又屢決於劉獸醫口（開封府城西北三十里）等處。由於河務多事，時論興起再啓用季馴主持河務，如萬曆十三年御史李棟上疏言：隆慶年間，黃河決於桃源縣之崔鎮，阻塞運道；而今黃河得以安流，百姓能樂業，此爲「潘尙書功」；先臣宋禮因整治會通河，其子孫至今仍備受朝廷優遇，而季馴之治河功績不在宋禮之下，如今卻淪爲百姓，此一作法，將無以激勵肯任事者。是時，御史董子行亦建言：「季馴罪輕責重」。但二人之建言，不僅未獲採納，且遭削減俸祿一年之懲罰〔註32〕。

〔註30〕同前書，卷三十一〈答河道潘印川論河道就功〉，頁9。

〔註31〕《明史》，卷二一三〈列傳一○一·張居正〉，頁 2482；又同前書，卷二二三〈列傳一一一·潘季馴〉，頁 2574；又《明神宗實錄》，卷一五一，頁4，萬曆十二年七月己丑條，詳載李植彈劾潘季馴之奏疏內容：「故輔居正，挾權關之重柄，薾皇上于沖齡，殘害忠良，荼毒海內，即斬棺斷屍，尚有餘罪。夫何季馴，昔爲私黨，深銜卵翼之恩，今藉恤舊，甘爲跛犬之吠。不曰：居正宜抄，而曰：好貨貪財；不曰：居正之罪，宜誅，而曰：損德傷體，奉差籍沒，諸臣少加推問。季馴又倡言惑眾，至謂：銅柙鐵夾，斷肢解體，栲斃數命，餓死十人，詢之楚人，以爲並無此事。季馴不惟誑皇上於前，而且欺皇上於今日矣。若不速行斥逐，恐以下訕上，以臣議君，相率成風，莫知底止。」

〔註32〕同前中引註，頁2575；又《明神宗實錄》，卷一六三，頁3，萬曆十三年七月

萬曆十六年，勘河都給事中常居敬、御史喬星璧基於河患不常，治河工程浩大，河務一事不應再由總督漕運都御史兼理，奏請再度專設總理河道都御史〔註33〕。工科給事中梅國樓認爲季馴熟知河務，遂予推薦，同年四月，以右都御史總理河道兼理軍務一職第四度起用季馴。〔註34〕

季馴於萬曆十六年三月在淮安府城到任後，至萬曆十八年六月整建完成南直隸、河南、山東等地所屬之漕、黃二河之河務（詳見本章第四節〈束水攻沙論之實行〉）。可知束水攻沙論已推廣及於黃河中下游，但徐州、淮安、揚州諸府所屬州縣，仍年年有水患。萬曆十九年（1591）九月，泗州大水，城內水深三尺，並浸及祖陵。季馴治河，因無法免除祖陵水患，於萬曆二十年二月奉准離職〔註35〕。返鄉後，隔年患風痺症，萬曆二十三年四月十二日卒於家。〔註36〕

季馴四度治河，均處於河務紛擾之際，其所力倡之束水攻沙論，於首任總河期因其治河觀與朱衡相左，無從實施；二任總河期僅在「河漕」運道兩岸構築縷堤，可謂束水攻沙之論初次展現；三任總河期，因獲得張居正之鼎力支持，能貫徹其治河觀於黃河下游；四任總河期，更將其治河方策推廣及於黃河中游河段，故季馴之治河觀主要實踐於三、四任總河期。

第二節　隆慶、萬曆年間之治河議論

嘉靖末年以來，爲整治黃、淮二河，治河議論相當紛雜，由於季馴之束水攻沙論，主要施行於三、四任總河期，故在探討此一治河觀以前，首需述明其二、三任之間（隆慶六年至萬曆六年），及三、四任之間（萬曆十年至萬曆十六年），有何治河議論，如此方能瞭解束水攻沙論得以實踐之背景。

甲戌條，詳載御史董子行推薦潘季馴之奏文：「臣觀（李）植論季馴不過二端：馮邦寧之獄，聖躬偶違和則縱之，聖躬萬安則拘之，以是爲無君，一可罪；輕信人言，謂張居正家屬，斃于獄者數十人，二可罪。以二罪較無君之罪，大；輕信之罪，小。乃今一年之後，是非頗定，咸謂罪之大者，非眞；罪之小者，爲眞罪。非眞而顯斥之罪，非大而重法之，陛下必有不忍于心者矣。」
〔註33〕《明史》，卷八十四〈黃河下・河渠二〉，頁885。
〔註34〕《明神宗實錄》，卷一九七，頁9，萬曆十六年四月庚午條。
〔註35〕同前書，卷二四五，頁4，萬曆二十年二月戊申條：「改南京兵部尚書舒應龍爲工部尚書總督河道管理軍務。」
〔註36〕〈潘季馴年譜〉（《華北編譯館館刊》二卷七期），頁7～9。

一、鄒萌型之築堤束水論

（一）朱衡、萬恭之束水攻沙論

萬曆六年以前，主張束水攻沙論者，除季馴以外，主要尚有朱衡、萬恭等河官。朱衡治河時間是在嘉靖四十四年至隆慶元年，以及隆慶五年至隆慶六年；萬恭則在隆慶六年至萬曆二年。可知二人在隆慶六年有共事治河之經驗，是時朱衡以工部尚書經理河工，而萬恭則以兵部侍郎總理河道，從二人之治河方策，得知均屬於束水攻沙論。

朱衡之治河觀，依《明神宗實錄》載：

> 隆慶六年七月甲午，工部尚書朱衡言：國家治河，不過濬淺、築堤二策。……茶城（黃、漕交會處，亦是閘漕南端運口）、清河（黃、淮交會處）之淺，無歲不然。蓋二水互為勝負，黃河水勝，則壅沙而淤；及其消也，淮、漕水勝，則衝沙而通，雖用人力，水力居十之七、八。……河由淮入海，運道實資之，故於兩岸築堤，不使從旁潰溢，始得遂其就下，入海之性，蓋以順為治，非以人力勝水性。〔註37〕

又同前書載：

> 隆慶六年十月庚午，朱衡亦言：清河至茶城，則黃河即運河也，臣故謂：茶城以北，當防黃河之決而入；茶城以南，當防黃河之決以出。防黃河即所以保運河，故自茶城至邳（州）、（宿）遷，高築兩堤；宿遷至清河，盡塞決口，蓋以防黃水之出。……河深水束，無旁決、中潰之虞。……與徐（州）、邳（州）之間，堤逼河身，應於新堤外，別築遙堤，譬之重門待暴，增繕禦寒。〔註38〕

可知朱衡之築堤束水觀主要在隆慶六年提出，但將前引二則資料，與萬恭之〈萬少司馬漕河奏議，勘報淮河、海口疏〉等相比較，無論內容與觀點幾乎雷同〔註39〕，因此疑其治河觀源自萬恭。故論述此時期之束水攻沙論，本文乃以萬恭為主。

萬恭之築堤束水觀，見於以下四項：

〔註37〕《明神宗實錄》，卷三，頁10，隆慶六年七月甲午條。
〔註38〕同前書，卷六，頁11，隆慶六年十月庚午條。
〔註39〕《皇明經世文編》，卷三五一〈萬少司馬漕河奏議・勘報淮河、海口疏〉，頁13。

1.以水刷沙

依《治水筌蹄》載：

> 夫水之為性也，專則急，分則緩；而河之為勢也，急則通，緩則淤。
> 若能順其勢之所趨，而堤以束之，河安得敗。〔註40〕

又同前書：

> 河為中國患，久矣。……多穿漕渠以殺水勢，此漢人之言也（賈讓
> 治河三策之中策）。特可言之秦、晉峽中之河耳。若入河南，水匯土
> 疏，大穿則全河由渠而舊河淤，小穿則水性不趨，水過即平陸耳。
> 夫水專則急，分則緩；河急而通，緩則淤。治正河，可使分而緩
> 之，道之使淤哉？今治河者，第幸其合，勢急如奔馬，吾從而順其
> 勢一，堤防之，約束之，範我馳驅，以入於海。淤安得停，淤不得
> 停，則河深，河深則永不溢，亦不舍其下而趨其高，河仍不決，故
> 曰：黃河合流，國家之福也。〔註41〕

又《明神宗實錄》載：

> 隆慶六年十一月乙未，……故欲河不為暴，莫如令河專而深；欲河
> 專而深，莫如束水急而驟；束水急而驟，使由地中，舍堤別無策。
> 前都御史潘季馴議開一百里故道，給事中雒遵議築三百里長堤，人
> 情洶洶，謂堤費且無益于河，獨荷先皇俞允臣等，督司道等官，申
> 畫地之約，下募夫之令，期以九十日而工止六十，期以六萬兩而費
> 止三萬，堤工遂成，河流順軌。臣等復念築堤如築邊，守堤如守
> 邊，又會題設官布夫，建鋪編號，沿堤修守，以此今年黃水大發者
> 三，堤竟不敗，河卒無虞。〔註42〕

從前引資料，萬恭認為黃河在各朝代，因所處時代背景不同，故採行之治河
方策亦各異。旁開支渠以分洩黃河水之分黃論，僅能施行於漢代，或是黃河
上游之山西、陝西等黃土高原地區。若於晚明，因黃河中下游之地質，「水匯
土疏」，則需於河道兩岸構築堤防，以利約束河水，使水流湍急，如是湍急之
水勢，方能沖刷河床上之淤沙。

　　萬恭於隆慶六年以前，並無治河經驗，其所以能提出以堤束水之治河論，

〔註40〕《治水筌蹄》，卷一〈黃河・四十二・縷水堤與截水堤〉，頁53。
〔註41〕同前書，卷一〈黃河・十七・治黃思想及論証〉，頁27。
〔註42〕《明神宗實錄》，卷七，頁5，隆慶六年十一月乙未條。

並非出自其個人之創見，依其自述，是採納虞城縣（河南虞城西南）一位秀才（姓名失傳）之建言：「以人治河，不若以河治河。夫河性急，借其性而役其力，則可淺則深，治在吾掌耳。法曰：如欲深北，則南其堤，而北自深；如欲深南，則北其堤，而南自深；如欲深中，則南北堤兩束之，衝中堅焉，而中自深。此借其性而役其力也，功當萬之於人。又其始也，假堤以使河之深，其終也，河深而任堤之毀。」〔註43〕

2. 堤防功能

萬恭已認知各式堤防各具有防洪之特別功能：(1)縷堤：「因河之勢，而順流束之者，治水者便之。」〔註44〕又「利于深河，而不利于守堤。」〔註45〕(2)遙堤：「利于守堤，而不利于深河（衝刷河槽）。」〔註46〕(3)月堤：「正堤單薄，宜築月堤掎之。近日房村（徐州府城東南五十里）正堤一決，月堤如穿縞葭，蓋二堤各力則薄，而分禦之力微。若以築月堤之工而幫正堤則厚，而合禦之力大，古云：散指之輪彈，不如合拳之一擊。」〔註47〕從上得知：縷堤為束水之堤；遙堤為第二道防線，得避免洪水浸灌沿岸州縣；月堤則能強化縷堤之禦水功能。

3. 滯洪落淤

在防洪上，萬恭首次提出滯洪落淤之方策，其言：「為之固堤，令漲，可得而踰也，漲衝之不去，而又踰其頂，漲落，則堤復障急流，使之別出，而堤外水皆緩，固堤之外，悉淤為洲。」〔註48〕此即在水汛發生前，在河灘上預築牢固之矮堤；在水汛泛漲期間，得以用來滯洪攔沙，從而緩流落淤，淤高灘地，穩固河槽（見圖三十）。此一落淤固堤之方策，在一定範圍內，確能獲得相當助益。

4. 黃漕合一

萬恭力倡徐州城至淮安府城間六百零五里之河道，既是黃河亦是運河。因其認為「河漕」運道，寬一百多丈，深有二丈，若僅引用山東之汶、泗諸河水以濟助該河道，則連濕潤徐、呂二洪（即徐州洪、呂梁洪，位於徐州城

〔註43〕《治水筌蹄》，卷一〈黃河・束水深河・與緩流、落瘀的理論經驗〉，頁50。
〔註44〕同前書，卷一〈黃河・四種堤防及其作用〉，頁52。
〔註45〕同註44。
〔註46〕同註44。
〔註47〕同前書，卷一〈黃河・十一・徐州、淮陰間河道口及決口、堵築〉，頁21。
〔註48〕同前書，卷一〈黃河・三十八・束水深河與緩流落瘀的理論〉，頁50。

東南）之淤沙都不足用，何況要維護全年漕運所需水量。故爲暢通此段運道，其不僅反對黃河改道（北徙或南徙），亦反對將黃河下游河水分流入其它河川。如是黃河下游之全流水量，東南行於「河漕」運道，方爲「國家之福」。〔註49〕

　　萬恭反對黃河改道或分流之原因，依張含英之《明清治河概論》：「萬恭反對改道，反對分流，完全是維持漕運的觀點出發。」〔註50〕其實，爲維護「河漕」運道之暢通固然爲主因，但亦顧及黃河之整治。因萬恭深知朝廷整治黃河之目的，在於維護漕運暢通，若黃河與漕河相合爲一，朝廷爲確保「河漕」運道，亦不得不重視黃河之整治，故其言：「今以五百里治運河（河漕運道），即所以治黃河；治黃河，即所以治運河，知行合一，不亦便哉。」〔註51〕因此隆慶六年，萬恭和朱衡之所以反對開挑伽河，即惟恐黃、漕二河分離後，糧船不行於「河漕」運道，朝廷將怠慢黃河之整治，故堅決反對之。〔註52〕

　　萬恭之束水攻沙治河觀已如前述，至於此一治河觀之實踐，從隆慶六年春，其奉命治河起，至萬曆二年四月遭言官彈劾治河無效，被奪職返鄉〔註53〕。在此二年四個月內，其整治黃河工程如左：

1. 黃河下游河道工程

　　徐州至宿遷縣之河道兩岸，構築縷堤三百七十里；爲養護堤防，縷堤上每隔三里設置舖舍一座，每四座舖舍置「老人」一人負責督導修守事宜；每年五月十五日派河夫駐守堤上，至同年九月十五日水勢消落後，方予撤防。〔註54〕

2. 黃河中游河道工程

　　即山東、河南二省所屬黃河。在河道北岸，接築曹、單二縣交界，尚未修建縷堤計八十八里；從此黃河北岸，從曹縣至徐州有綿延二百餘里之縷堤，形同「常山之蛇」〔註55〕。在河道南岸，管河副使章時鸞構築縷堤從蘭陽縣

〔註49〕同前書，卷一〈黃河・十七・治黃思想及證論〉，頁28。
〔註50〕《明清治河概論》，第三章二節〈黃河與漕運〉，頁27。
〔註51〕《治水筌蹄》，卷一〈論治黃爲了通運〉，頁39。
〔註52〕同前書，卷二〈運河・八十九・反對開伽河・以爲有六難〉，頁91。
〔註53〕《明神宗實錄》，卷二十四，頁2，萬曆二年四月癸丑條。
〔註54〕《明史》，卷八十三〈河渠二・黃河下〉，頁880。
〔註55〕《治水筌蹄》，卷一〈黃河・四十四・曹縣、碭山間築堤〉，頁53。

（河南蘭封）之趙皮寨至虞城縣（河南虞城西南）之凌家莊，長有二百二十九里；但碭山縣至徐州城間，是時並未築堤，預留此處不予築堤之目的，在逢河水暴漲時，得用以宣洩洪水，避免潰決堤防。〔註56〕

黃河中下游河道兩岸，已修建縷堤，希能發揮「上源水有所束，得沖刷之利。」〔註57〕

（二）鄒萌型之築堤束水論

近來研究明代黃河史之學者，多將束水攻沙論歸於萬恭或虞城生員之創見，至於潘季馴僅是此一治河觀之承繼者，並付諸實踐而已，如姚漢源《中國水利史綱》：

> 萬恭，《治水筌蹄》，最早提出束水攻沙外，亦提出放淤固堤之辦法，並試用過，不過當時已有這類想法，只是萬氏開其端，潘氏（季馴）擴大到全河而已。〔註58〕

又張含英《明清治河概論》：

> 萬恭，任官於明隆慶六年至萬曆二年，……較諸潘季馴第三次任河官，提出：「築堤束水；以水攻沙」之說為早。後者顯然受上述理論與實踐之影響，而又有所發展。〔註59〕

又朱更翎整編之《治水筌蹄》，其校註言：

> 虞城生員，……是明代治河「束水攻沙」理論的首創人，經萬恭採納，實施於河工，效果顯著，其後潘季馴又加以發展，並在所著《河防一覽》等書中，作了詳盡的論述，在潘（季馴）以後，凡是提到束水攻沙，都以潘季馴為代表，而虞城生員和萬恭，反而埋沒無聞。〔註60〕

〔註56〕同註55。

〔註57〕《明神宗實錄》，卷七，頁12，隆慶六年十一月己酉條。

〔註58〕姚漢源，《中國水利史綱要》（北京：水利電力出版社，1987年12月第一版），第七章一節〈治河防洪・潘季馴治河及晚明河情〉，頁454。

〔註59〕《明清治河概論》，第四章三節〈攻沙的探索〉，頁41。

〔註60〕《治水筌蹄》，卷一〈黃河・三十八・束水深河與緩流落淤〉，頁49；又鄒逸麟，〈萬恭和治水筌蹄〉（《黃河史論叢》上海：復旦大學出版社，1985年），頁181：「治黃史者都知道「築堤束水，以水攻沙」的治河方針是潘季馴最早提出來的。但這種束狹河床，加大流速，以水力來沖刷泥沙的治河思想，卻在萬恭《治水筌蹄》裡已經出現。當時有個虞城（今河南虞城北利民集）生員向萬恭提出「以河治河」的理論。……潘氏總結了前人的治河經驗（包括

其實，季馴整治黃河，其於嘉靖四十四年首任總河任內。已主張「復（賈魯）故道」；又於隆慶五年二任總河期，在黃河下游構築兩岸縷堤三萬餘丈，此一時間比較萬恭治河時（隆慶六年），尚早一年。至於遙堤，在隆慶四年十二月工部郎中張純已向季馴建言：從徐州城至淮河，為防黃河潰決，除於河道兩岸應修建縷堤外，尚需構築遙堤，以防不測。此一建言經季馴詳勘後，雖基於工程浩大，國家財政匱乏，未能採行，但是時季馴已確知遙堤、縷堤各有其防洪上之功能，故言：堤防有二種，一是「近者（縷堤），所以束湍悍之流」；另一為「遠者（遙堤），所以待沖決之患。」〔註61〕由此可知季馴對束水攻沙論之認知，並非源自萬恭（請參閱本章第三節二項三款〈治河理念來源〉）。

但季馴於萬曆十八年將其一生治河經驗彙編成書，題名為《河防一覽》，從其內容，可知季馴於三、四任總河期推動整治黃、淮二河方策時，必然閱過萬恭於萬曆初年（可能是二年）出版之治河名著《治水筌蹄》〔註62〕，尤其該書內「國朝（明代）河決」部份，可謂全抄自《治水筌蹄》〔註63〕。但二者之治河方策，基本上雖同屬束水攻沙論；論其治河觀仍有些差異，其不同之處，見於以下二項：

1. 清口淤沙之整治

季馴反對以人力挑濬清口淤沙（詳見本章第三節二項〈力倡束水攻沙論〉），但萬恭則主張：

> （黃）河自西而東，淮（河）自南而北，會于清口，東南入海。夏秋，海潮既盛，河水復湧，河不得入海，乃流入淮；淮不能容，則必衝決。今惟疏其下流，捍其決口，水將自順，毋煩多謀，以滋

萬恭以前），進而提出「築堤束水，以水攻沙」的治河方針。後來治河者均奉為圭臬，在這一點上，萬恭的貢獻是不容忽視的。」

〔註61〕《明穆宗實錄》，卷五十二，頁10，隆慶四年十二月癸亥條；又《潘季馴評傳》，第七章一節〈交友述要〉，頁200，亦載：「治水筌蹄」作為專著，在書坊出版的時間可能要早於《河防一覽》，但是這并不能成為否定潘季馴在「束水攻沙」理論上首創地位的理由。筆者認為，明代黃河治理問題上，「束水攻沙」理論的首創者和最早實踐者，無疑都是潘季馴。」

〔註62〕萬恭治水始於隆慶六年，至萬曆二年四月遭罷職歸里；其編著《治水筌蹄》一書之序文裏，雖未明載其著書時間，但其職銜仍是兵部侍郎，可推知成書時間應在萬曆二年以前。

〔註63〕《治水筌蹄》，〈整編說明〉，頁4；及上引書，下卷，頁1～10；和《河防一覽》，卷五〈歷代河決考〉，頁121～125相比較得知。

勞費。〔註64〕

又言：

> 照我國相傳治河之策，不過濬淺以防淤塞，築堤以防潰決，舍此之
> 外，則無策也。……乃濬二水交會之淺，則不然。如黃水和閘水（閘
> 漕運道）相會，則在茶城；與淮水相會，則在清口。茶城、清口之
> 淺，無歲無之，良以二水互為勝負，黃河水勝，則壅沙而淤；及其
> 消也，淮（河）、漕（閘漕運道）水勝，則衝沙而通。要之，人力居
> 二、三，而水居其七、八，此濬淺之大概也。〔註65〕

可知萬恭為整治清口淤沙，雖主張以七、八成之淮水沖刷之，但仍兼採二、
三成之人力挑除之。

2.引沁河入衛河，或分導洛水等入淮河

季馴為匯集黃河水，反對分洩黃河中下游之水量（詳見本章第三節二項
〈力倡束水攻沙論〉），但萬恭則主張：

> 自潼關（陝西潼關）以下，南北分散旁流，不使助（黃）河為虐，
> 有二便焉。夫以（黃）河南、北之細流，分洩於（黃）河南、北之
> 郡縣，既免巨浸之患，又得通舟之利，則郡縣便。南、北之水，自
> 歸南、北，黃河之水自為黃河，在郡縣不以河為壑，在黃房（疑為
> 黃河）不引賊入室，則黃河便。〔註66〕

又言：

> 泛論導洛（水）入淮（河），主張引沁（河）入衛（河），減少黃河
> 流量，黃河多穿漕渠，以殺水勢者，洩其自內出，治於已然者也。
> 支開上流，不入黃河助之為虐者，禁其自外入，治於未然者也。治
> 於未然者，易為力，治於已然者，難為功。（黃）河之南，水之大者，
> 莫如淮（河）；黃河之北，水之大者，莫如衛（河）。若使伊（水）、
> 洛（水）、瀍（水）、澗（水）自右助黃河者，導之悉南歸於淮（河），
> 入安東（江蘇漣水）之海。丹（水）、汾（汾河為黃河重要支流之一，
> 在山西萬榮縣境入黃河，不可能導歸衛河）、沁（河），自左助黃河
> 者，導之悉北歸於衛（河），入天津之海。則黃河得經由秦、晉本來

〔註64〕同前書，〈萬恭治水文輯‧七‧河、淮、海口及疏下游、捍決口〉，頁143。
〔註65〕同前書，〈萬恭治水文輯‧萬少司馬漕河奏議〉，頁141。
〔註66〕同前書，卷一〈黃河‧二十一‧論潼關以下‧支流各自分洩不入幹流〉，頁33。

之面目，何患哉。……唯丹（水）、汾（疑誤，不與沁河通），俱入沁（河），爲流頗巨，可抵黃河四分之一，若從木蘭店（河南武涉縣治）開大樊口，直入衛河，乘高而趨去之，黃河去此大助，可以安流，顧衛輝（河南汲縣）甚下，宜自大樊口而下，闢衛河之身二百丈，經衛輝、德（山東德縣）、滄（河北滄縣）入天津，令沁（河）不爲暴，可也。〔註67〕

又言：

黃河上源支河一道（睢河），自歸德（府）飲馬池，歷虞城、夏邑（河南夏邑）、永城（河南永城）、宿州（安徽宿縣北）、靈璧（安徽靈璧）、睢寧，出宿遷小河口。弘治中（三年），侍郎白昂濬之，一段河勢，一利商船，今淤，若（黃）河趨，則因勢利導之，而豐（縣）、沛（縣）、蕭（縣）、碭（山）、徐（州）、邳（州）之患紓也。〔註68〕

可知萬恭爲降低黃河中下流之河水量，主張將黃河中游河道北岸之支流，如丹水、沁河等，引入衛河，從天津入海；在其南岸之支流，如伊水、洛水、瀍水、澗水等，亦導入淮河，如是黃河中下游之河水量大減，得以降低水患。

從上所述，萬恭之治河觀，雖以束水攻沙論爲主，但仍兼採「挑濬」、「分黃」諸策，故得稱爲「鄒萌型之束水攻沙論」。至於季馴之治河觀雖非出自萬恭，但其第三度治河時，必然閱過《治水筌蹄》一書，有助於治河思想更趨成熟。

二、挑濬論、濬海口論與分黃論

晚明，爲整治黃河下游河道淤高，及清口、海口之淤塞，是時屢有倡議採行如下治河方策者：(1)挑濬論：即採用挑河工具以人力挑除河道上之淤沙。(2)濬海口論：亦採人力挑濬海口淤沙，以利河水順流入海。(3)分黃論：因分洩黃河水之目的不同，所需開挑之分水河渠亦互異：①爲避開海口淤塞，黃河水不必專由安東縣雲梯關海口入海，於清口下游地區，開挑支渠，另擇出海口，此即草灣導河（草灣屬安東縣，位於淮安府城東二十里，見圖二十三）。②爲分洩黃河以免河水衝擊淮安府城，亦在清口下游之草灣或訾家

〔註67〕同前書，卷一〈黃河・二十二・泛論導洛入淮・主張引沁入衛・減少黃河流量〉，頁35。

〔註68〕同前書，卷一〈黃河・三・商丘、宿遷間分洪支河〉，頁14。

營，另開支渠，但其尾端仍歸入正河，此即草灣新河，或訾家營新河（見圖二十三、圖二十五Ⅰ、Ｊ）。③為避免黃河水灌淤清口，而危及泗州和祖陵，於清口上游地區，重濬老黃河故道（即大清河），以分洩黃河水（見圖四、圖五、圖二十五Ｈ）。上述三種治河方策之建言或採行，以季馴第三任總河期作為分界點，分兩個時期論述之。

（一）隆慶六年至萬曆六年

萬恭治河，主要採行築堤束水論，但萬曆二年三月，刑科右給事中鄭岳認為現今茶城運口有灌淤之患，徐州有淹城之危，邳州有潰決之虞，均是海口淤塞，水流不暢所造成；故應採行宋代李公義創造之「濬川杷法」來挑除海口淤沙，此一濬河工具之形狀和挑濬功能如下：「以圓木八尺，橫於中，以鐵為齒，齒列三行，兩端有軸，以舟駕之，行淺水中，舟過則泥去。」〔註69〕亦因有此建言，工部遂命萬恭前往海口勘查，但萬恭卻將海口淤塞之說視為無稽（詳見本文第二章一節二項〈河床淤高原因〉）。

稍後，萬恭遭言官彈劾其治河無效，被奪職返鄉，傅希摯繼為總河官。萬曆三年八月，黃、淮二河泛漲，黃決於碭山縣，淮水則東潰高家堰，淮河南北二地漂沒千里〔註70〕。為整治水患，是時興起「分黃」等議論，如監察御史舒鰲言：「海口淤塞，橫絕下流，故淮（安）、揚（州）、徐（州）、邳（州）諸處，頻年水患，郡邑幾廢，宜開草灣（河）。」〔註71〕又工科都給事中侯于趙言：「淮（安）、揚（州）地方，頻年水患，惟在下流壅滯，宜通草灣，以導河流入海之路；開漁溝老黃河，以疏淮（安）、揚（州）湧激之勢。」〔註72〕但議未決，萬曆四年二月總漕吳桂芳奏請治河三策：

1. 安東縣雲梯關海口已遭橫沙淤塞，以致河水泛漲，但朝廷治河，卻忽視海口之挑濬，故請增設水利僉事一員，專理海口淤沙。

2. 黃、淮二河水，不必專由雲梯關海口入海，得審視地勢，於草灣等地另開支渠，分洩河水入海。〔註73〕

3. 「河漕」運道已淤高為懸河，應採人力挑除淤沙。

〔註69〕《明神宗實錄》，卷二十三，頁6，萬曆二年三月己亥條。
〔註70〕同前書，卷四十一，頁3，萬曆三年八月丁丑條。
〔註71〕同前書，卷三十七，頁12，萬曆三年四月甲午條。
〔註72〕同前書，卷三十九，頁7，萬曆三年六月乙未條。
〔註73〕同前書，卷四十七，頁9，萬曆四年二月癸未條。

此項提議，獲吏、戶二部贊同，除增設按察水利僉事一員，駐紮淮安府城，專理挑濬海口外〔註74〕，並命吳桂芳整建以下二項治水工程：

1. 開支渠：於草灣開挑分水河渠，經由安東縣之金城（縣北二十餘里），至五港（安東縣北五十里，雲梯關河口北岸）入大海，全長六十二里，稱「草灣導河。」（見圖二十三）〔註75〕是時，疑亦開濬「草灣新河」，長約四十里，其尾端於赤顏廟（淮安新城東五十里）仍歸入正河。（見圖十、圖二十三、圖二十五①）〔註76〕

2. 濬河道：採用「混江龍」等工具以疏通「河漕」運道，其形制及功能如下：「用檀木造軸，沈水入泥，隨船行走，船行龍轉，積泥隨起，大約一回，可濬積淤二尺，日逐推淌，務深三尺而止，但遇桃花伏秋水發，即行推濬，每歲得濬過河身而止。」（見圖二十四）〔註77〕

「草灣導河」於萬曆四年七月開通之後，其功效依監察御史邵陛之評論：「頃開草灣河，導黃、淮赴海，雖當大漲，旋漲旋消，不復停積，數十年魚鱉之淵，幸有平土。」〔註78〕可知頗獲一時之成效。但同年九月，總河傅希摯卻奏報：從今年七月以來，黃河決於沛、曹等縣〔註79〕。因此工科都給事中劉弦乃上疏批評吳桂芳治河無效：「草灣既開，河復大漲，漕臣（吳桂芳）言已不驗，而八月迄今，一字不報，為桂芳咎。」吳桂芳獲知後，乃上疏答辯：

整治黃、漕二河，原不分南、北河段，均由總理河道衙門負責。但萬曆

〔註74〕《天下郡國利病書》，卷二十七〈江南十五・職官〉，頁 22：「水利道，駐淮安，萬曆四年設，巡海濱，疏鹽河港汊。」
〔註75〕《明神宗實錄》，卷四十九，頁 7，萬曆四年四月庚午條；和同書，卷五十二，頁15，萬曆四年七月辛亥條：「以草灣工成，立河、淮、海三神廟，賜名顯應。」及同書，卷五十三，頁2，萬曆四年八月乙丑條：「工部覆巡按直隸御史舒鰲奏：草灣河工告成，計河身長一萬一千一百四十八丈九尺，塞過大小決口二十二處，募過人夫四萬四千名，實用銀三萬九千六百三十兩。」
〔註76〕《淮系年表全編》，〈淮系歷史分圖三十八，黃河十八〉，頁70。由於草灣新河乃是嘉靖三十二年，因黃河泛漲，洪水於草灣所刷出之一條河道，往後呈現通塞不常。其河口亦位於草灣，易與「草灣導河」相混淸。
〔註77〕《明神宗實錄》，卷四十九，頁 10，萬曆四年四月辛巳條；又《張文忠公全集》，書牘八〈答河湖吳自湖〉，頁 350：「混江龍之制，昔曾聞之，近以河政廢弛，人不知用耳，頃屬所司題覆，通行河道衙門，一體製造。」
〔註78〕同前上引書，卷五十三，頁 10，萬曆四年八月丙戌條。
〔註79〕同前書，卷五十四，頁 4，萬曆四年九月壬寅條。

四年正月工科給事中侯于趙建言後，淮安府城以南之河道，由漕臣負責；而以北之河道則歸河臣。茲今黃河於曹縣、徐州、桃源縣等地潰決，此一河段，已非屬漕臣權責所在，故不敢越權奏報。至於草灣導河，論其疏洩黃河水之功能，實無法遠達黃河中游地區。至於黃河下游，今年九月，黃、淮二河同時泛漲，因黃河水勢強盛，迫使淮水東潰高家堰，漂沒淮南。但經整治後，淮南各州縣之水勢均已消落，能佈種稻米，米價隨之降落，斗米僅需錢四分；能獲得此一功效，實歸功於草灣導河能發揮分洩黃河水之效用。

圖二十四：混江龍圖

（採自馮應京，《皇明經世實用編》，卷十）

由於朝廷肯定吳桂芳之治河成效，乃命其留職管事。〔註80〕

萬曆五年八月，黃河決於桃源縣之崔鎮（縣西北三十里），旋再潰三義鎮，河水沖向「老黃河故道」。是時總河傅希摯主張築塞各處決口，挽黃河全流水回歸原河道；但總漕吳桂芳則認爲維持其現狀，使黃河分流水奔行於老黃河故道，如是得減緩黃河水灌淤清口之勢〔註81〕。由於河臣與漕臣意見相左，

〔註80〕同前書，卷五十六，頁5，萬曆四年十一月丁酉條。
〔註81〕同前書，卷六十五，頁2，萬曆五年八月壬戌條；及同前書，卷六十六，頁1，萬曆五年閏八月乙酉條。

治河事務乃曠日無功。萬曆六年正月，遂裁撤總河官，晉陞吳桂芳爲工部尚書兼理河、漕二項事務，但吳桂芳甫受命即卒，同年二月，命季馴以工部左侍郎兼理河、漕二項事務。〔註82〕

季馴第三度負責河務，剛上任時，治河議論仍相當紛雜，有主張挑濬海口者，如戶科給事中李淶〔註83〕；有建言重濬老黃河故道者，如工科都給事中王道成〔註84〕。季馴對上述諸議論均不予採納，而全力推動束水攻沙之治河方策。

（二）萬曆十年至萬曆十五年

季馴於三任總河期之治河功效，萬曆十五年正月刑科給事中李國士言：「賴舊總河潘季馴創建遙堤，修閘壩，築堰口，導泛濫，東歸雲梯關入海，五、六年來無水患。」〔註85〕但依《淮系年表》之統計，從萬曆九年至萬曆十六年之六年間，黃河水患記錄，其於中游河道，有水溢一次，大水二次，潰決一次；於下游河道，有水溢一次，大水三次，潰決二次〔註86〕。可知河患仍不斷發生，三次潰決中，有二次（萬曆十三、十四年）均決於淮安府城北之范家口，另一次（萬曆十五年）發生在河南之祥符、蘭陽、原武、封丘等縣。

萬曆十五年二月，爲整治黃河中下游之水患，總漕楊一魁之治河方策，除堵塞范家等決口外，尚提出五項整建方策：

1. 濬草灣，以殺水勢。草灣新河，其河口東岸應挑濬二百六十丈，西岸則是四百丈，以利分洩黃、淮二河水。〔註87〕

〔註82〕同前書，卷七十一，頁5，萬曆六年二月丁未條。

〔註83〕同前書，卷七十一，頁4，萬曆六年正月庚午條：「戶科給事中李淶，條陳治河五事，一曰：多濬海口，以導眾水之歸，夫徐（州）、邳（州）而下，黃河自西而東，淮河自南而北，俱會於清河口，東南折而歷安東縣出雲梯關以入於海，舊甚深廣，嗣以黃水泥淤，黃、淮二瀆皆無所歸，故其勢不決徐、邳，而沖嚙乎高（郵）、寶（應）諸堤，至高、寶諸湖，浩蕩無涯。」

〔註84〕同前書，卷七十四，頁5，萬曆六年四月丙午條：「工科給事中王道成題當今之事，莫急治河，日者，黃（河）、淮（河），水發，勢且滔天，以數千里之巨津，而僅洩於雲梯（關）之一線，於是南、北俱受其害，謂宜塞崔鎮之口，築桃（源）、宿（遷）之長堤，修理高家堰，開復老黃河，仍嚴督當事諸臣，務在疏通壅滯，庶幾有濟，議下所司。」

〔註85〕同前書，卷一八二，頁2，萬曆十五年正月戊戌條。

〔註86〕《淮系年表全編》，表十〈明三‧萬曆〉，頁484～489。

〔註87〕《明神宗實錄》，卷一九二，頁2，萬曆十五年十一月戊子條。

2. 放濁溢，以固堤岸。近來黃河兩岸縷堤，愈築愈高，致使堤外田地，相對更為低下。故每逢夏秋，逢河水泛漲，易於沖決堤防。為鞏固縷堤，擬仿效栲栳灣堤（睢寧縣西界南岸），從徐州至邳州間，凡堤外有低窪處，於縷堤上開挖水口，引黃河水進入縷、遙兩堤之間，因滯洪落淤作用，窪地隨之澱高，如是縷堤更為強固。（見圖三十）

3. 濬河道，以抑泛濫。近來治河，惟知增築堤防，黃河河床乃高居兩岸田地；一旦河堤崩塌，河水將沖灌臨河各州縣。故應於秋冬之際，探知河道深淺，採用人力挑濬河床淤沙。

4. 復故道，以定長策。此一故道，是指「賈魯故道」。因黃河從祥符縣至徐州城間，原行於賈魯故道，由於水勢順暢，「河漕」運道能通行糧船。茲此一故道已遭淤塞，遂改行於「濁河」（見圖二十六），導致（閘漕）茶城運口有黃河水灌淤之患。

5. 引沁水，以濟衛河。前此黃河、沁河原會同衛河入海，自從黃河南徙後，沁水亦隨之南流，以致衛河水量不足，常有淤淺之患。茲擬導引沁水入衛河，不僅能降低黃河之流量，且能濟助衛河之水量。〔註88〕

前述提案，除第二項被採納外，其餘均擬行再議〔註89〕。由於黃河整治計畫未定，萬曆十六年三月，禮科給事中王士性為分洩黃河水，建議重濬老黃河故道，其所持理由：開挑此一故道，民事糾紛較少，因從桃源縣城至瓦子灘九十里間，沒有耕地、房舍、塋墳，所需工程費用雖倍增，但所獲成效卻無窮。〔註90〕

勘河都給事中常居敬、總漕舒應龍等卻反對開挑草灣新河和老黃河故道，其理由如下：

1. 草灣新河，通塞無常，「曾費十數萬金，塞之不得，忽然自塞；費四十萬金，開之未能，忽然自通。」況且此河道經前任總漕吳桂芳開通後，河道寬有二百餘丈，已分洩黃河水十分之四。茲若因其河道彎曲，分水量尚不足，計畫予以拓寬。倘逢黃河暴漲，草灣新河遭淤塞，將危及淮安府城。故不如將原議開挑該河渠之經費六千一百四十四兩，移作修建「王公堤」（屬淮安北堤之一段，亦稱郡西長堤）之費用。

〔註88〕同前書，卷一九四，頁2，萬曆十六年正月癸巳條。
〔註89〕同註88。
〔註90〕同前書，卷一九六，頁6～7，萬曆十六年三月癸巳條。

2. 老黃河故道，從桃源縣之三義鎮，經毛家溝、漁溝，在大清口入黃河，全長六九・三里。茲此故道，從毛家溝至漁溝之二十餘里間，雖有河形，但漁溝以下六十餘里，已淤成平陸，無法開挑。〔註91〕

因有常居敬等之反對，擬議開挑老黃河故道者，針對遭受反對原因，局部修改原議路線；漁溝以上維持不變，以下則改經葉家衝——周伏三莊——瓦子灘——顏家河——赤晏廟——黃河〔註92〕。常居敬對於此一修正案，仍予以反對，其理由如下：

1. 工程艱難：此故道全長八十餘里，其中地勢低窪，具有河形，易於施工處，僅有四十三里；若是地勢高，蘆葦雜生，難於施工處，亦達四十里。

2. 阻礙漕運：若此故道開通之後，倘若黃河正流水奪行於此，則桃源縣之三義鎮至清口間三十五里之運道，將因缺乏黃河水流通，河水量不足，而阻礙漕運進行。若糧船改從淮安府城，順行黃河東下四十五里，至赤晏廟再轉西溯老黃河故道（修正後路線）八十餘里，於三義鎮入黃河。如果是從淮安府城，經赤晏廟，至三義鎮之航程，將長達一百二十餘里（見圖二十五Ⓗ、Ⓘ、Ⓙ），較原航程三十里（三義鎮至清口），多出九十里，恐會延誤糧船越渡「河漕」運道之期限（糧船依漕規定須於每年四月以前，經河漕入閘漕，以免遭黃河之春汛）。

3. 航程危險：此故道沿線多處曠野，距離縣府太遠，糧船、貢船行經此地，多所不便。

〔註91〕《河防一覽》，卷十〈欽奉敕諭查理河漕疏・都給事中常居敬〉，頁 502～504。

〔註92〕同前書，卷十四〈祖陵當護疏〉，頁 514。常居敬認為是時主張開復老黃河之原因，在於「弘治、正德以前，運道、漕船到淮（河），俱由五壩（淮安新城臨河處，建仁、義、禮、智、信五壩）車壩以達外河，沂流至大河口（大清口），由清河縣復經漁溝等處，出三義（桃源縣之三義鎮）老河口，而北達桃（源）、宿（遷）、邳（州）、徐（州）以上，淮（河）不入裏河（清江浦運河），黃（水）不至清口。自塞三義口，而黃流橫絕清口矣，自開天妃壩，而外河（黃、淮二河水）引入內灌矣。黃、淮轉折，直射清浦（清江浦），淮南之患始殷。淮口（清口）之沙日積，泗北之水日聚，故議者，每每欲開復老黃河，意蓋有具於此耳，近年以來，泗水之潴愈厚，而王公堤之勢愈危，通濟閘外常淤，而天妃壩亦決，故首慮祖陵，次慮運道，次慮民生，而復開老黃河之說，若不容己者。」

圖二十五：明代潘季馴構築黃河下游各項水利工程圖

Ⓐ

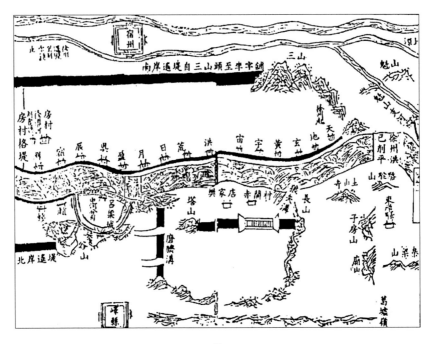

Ⓑ

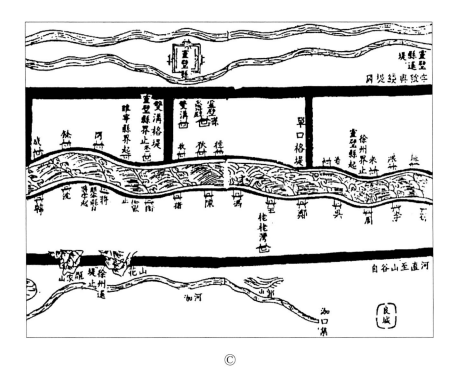

Ⓒ

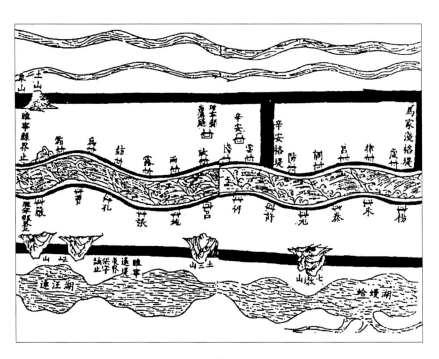

Ⓓ

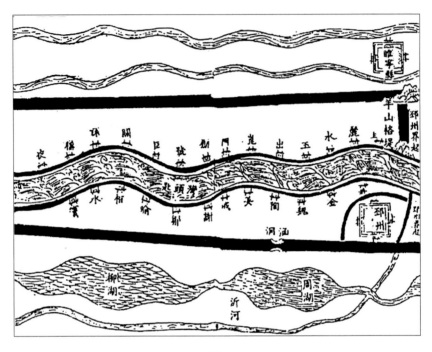

Ⓔ

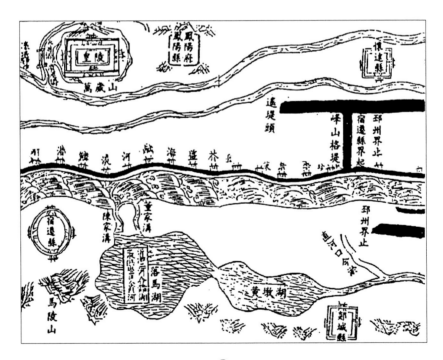

Ⓕ

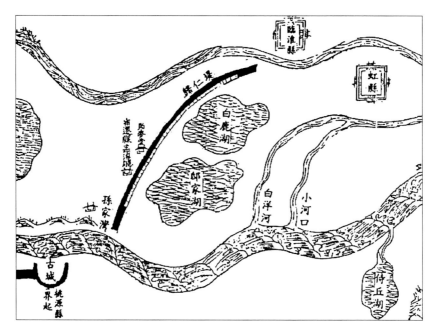

Ⓖ

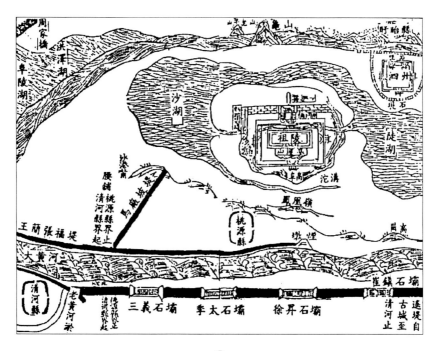

Ⓗ

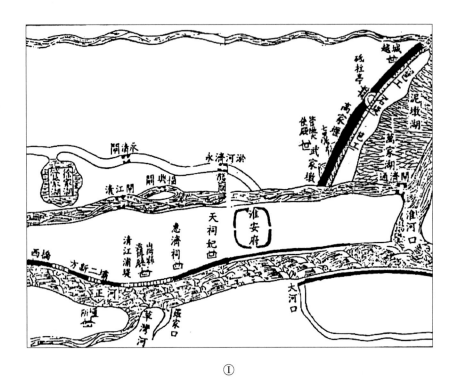

Ⅰ

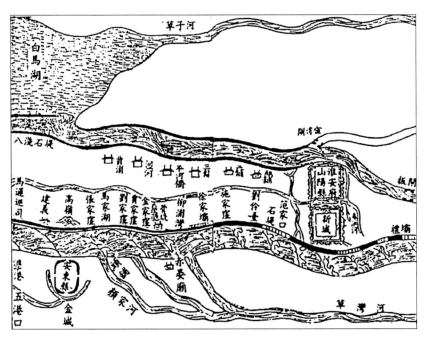

Ⅰ

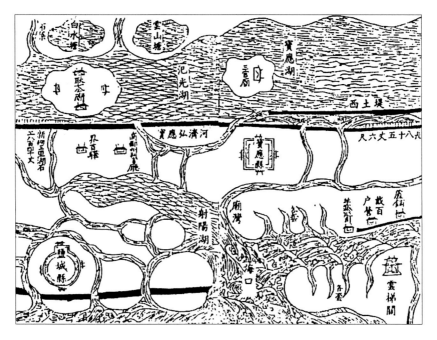

ⓀK

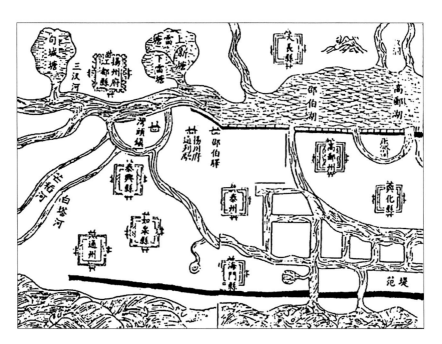

ⓁL

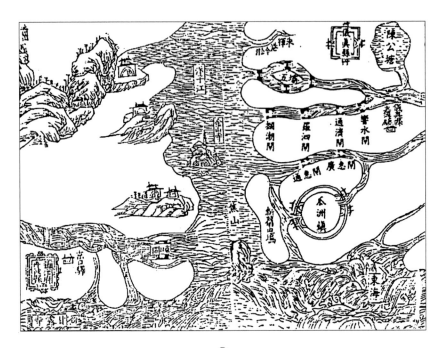

Ⓜ

（採自《河防一覽》，全河圖說）

4. 經費浩繁：黃河於桃源縣一帶，面闊二百五十丈，深達二、三丈；故
　開挑此一故道，其深闊至少須準此一半，所需工程費，未含夫役錢糧，
　經初估已高達九十餘萬兩。〔註93〕

前述反對理由中，以第二項最具影響力。常居敬爲解決黃、淮二河合流
於清口，造成水量盛大之問題，提議開挑「甃家營新河」以替代之。〔註94〕

甃家營，位於清河縣東北數里（見圖二十三），其西北方正迎向清口。在
此開挑支河，以分洩黃、淮二河水，經盧思萬莊——羅家河——周喬禮莊—
—循草灣新河——赤顏廟——黃河，全長四十四・八里〔註95〕。若能開通，
具有以下三項利益：

1. 漕運順行：甃家營河口，位於清口、清江浦運道口之下方，在此分洩
　黃、淮二河水，倘黃河正流水奪行此一支河，不會影響漕運在清口以
　西運道之進行。

〔註93〕同註92，頁512～514。
〔註94〕《行水金鑑》，卷三十二〈河水〉，頁470，萬曆十六年六月己未條。
〔註95〕同註93。

2. 工程易成：此道支河之長度僅有老黃河修正故道之一半，況且其下半河段循行於草灣新河，故此一工程，不僅經費減半，並具有事半功倍之效。

3. 分洩黃水：訾家營河口，隔著黃河與清口相對，逢黃河泛漲，得分洩近半之洪水，如是能減緩灌淤清口之黃河水。

但常居敬亦承認訾家營新河具有如下二項缺點：(1)其下半河段雖行於草灣新河，河水順流，但雲梯關海口，「入海之路，又散漫而難收」；(2)工程費用高達五十九萬兩，政府財政難於負擔。故是否興工，未敢遽然決定，提議由新任總河官潘季馴詳勘後再行定奪。〔註96〕

經季馴勘查後，乃罷除開挑老黃河故道、訾家營新河、和引沁河入衛河諸策；而繼續推動束水攻沙之治河方策。(詳見本章第三節二項〈力倡束水攻沙論〉)〔註97〕

第三節　束水攻沙論之確立

一、反對整治黃、淮二河時議

季馴掌理三、四任總河官以前，既有各項與其相左之治河方策；其負責河務後，對於這些議論均主張罷議；其不予採行之理由，茲論述於後。

(一) 反挑濬河道

季馴認為以人力挑除河道淤沙，僅可施行於漕河，而不能運用於黃河。因黃河河道，最寬處達一、二里，狹窄處亦有一百七、八十丈，茲泥沙淤滿河道，論其數量，不知有「幾千斛」；僅以十里長之河道核算，欲去除淤沙，不知需動用夫役「若干萬名」，興工「若干月日」，方能完成。但河道兩岸若未能構築縷堤，以約束河水，倘逢黃河泛漲，泥沙又將淤滿河道，如是前功隨之盡棄，故採人力挑濬黃河淤沙，只是浪費錢糧、夫役而已。〔註98〕

〔註96〕同註95。

〔註97〕《明神宗實錄》，卷二〇四，頁5，萬曆十六年十月丙午條。

〔註98〕《河防一覽》，卷二〈河議辯惑〉，頁61；又同前書，卷七〈兩河經略疏〉，頁172：「挑濬之說，僅可施之於閘河（臨清州城至徐州府城間之運道），黃河河身廣闊，撈濬何期，捍激湍流，器具難下，前人屢試無功，徒費工料。」又同前書，卷十三〈條陳善後事宜疏〉，頁449：「濬閘河，以利運艘，照得黃河

（二）反開闢海口

開闢海口，具有二意：一為挑濬雲梯關海口之淤沙；二是除雲梯關海口外，另開闢新海口以導引黃河水入海。此二項治海工程，季馴反對理由如下：

前者，因海水有早、晚二潮，當海水灌入海口時，挑濬者將無立足之地，而無法施工。

後者，黃河於安東縣雲梯關海口附近，其河道寬有七、八里至十餘里，水深達三、四丈。若黃河水另謀出海口，則新海口附近河道之寬深，須與原海口相同，如是開挑工程艱難，未必能完成。倘若強予興工，距海口稍遠處，因土質尚屬堅實，勉強還能施工；若是近海處，因潮汐往來，同於雲梯關海口，開挑者將無立足之處。〔註99〕

（三）反河行兩道

季馴言：「（黃）河不兩行，自古記之。」故其反對「分黃論」之理由有三：(1)違反束水攻沙之理論，因為黃河河道兩岸開挑分水支渠，則正河道之水量必趨於緩弱，如是河水中挾帶之泥沙易淤積於河床。(2)逢黃河泛漲，正河道之河水易奪行於支渠，如是黃河為之改道。(3)支渠易遭黃河挾帶之泥沙所淤塞，將無法持久，徒然浪費錢糧而已〔註100〕。茲以此三項理由，論述季馴反對各項分黃論於後：

1.老黃河故道

黃河正流水從桃源縣之三義鎮轉行於老黃河故道，於大清口與淮河相會，此處西距清口僅有五里，仍無法避免黃河水灌淤清口，只是交會地點稍為更動而已〔註101〕。若此故道能夠開通，逢黃河泛漲，其全流水萬一奪行於此，則三義鎮至清口間三十里之運道，將因缺乏黃河水濟運，以致糧船無法順行於此。〔註102〕

此外，此故道之開挑工程，尚有三項困難：(1)故道全長七十餘里，廢棄已久，不論有無積水處，均難於施工。(2)開挑此故道之寬深，須與黃河相

濁水，隨挑而隨淤，惟當束水以濬河。開河清水，愈挑而愈深，必當疏濬，以通運。」

〔註99〕同前書，卷七〈兩河經略疏〉，頁166。
〔註100〕同前書，卷十一〈停寢謇家營工疏〉，頁317。
〔註101〕同前書，卷二〈河議辯惑〉，頁72。
〔註102〕同前書，卷十四〈祖陵當護疏〉，頁517。

同；但此一故道甚爲狹窄，其寬度不及黃河（桃源縣一帶）之三分之一。(3)
此故道之中段，如漁溝、鐵線溝、陰陽口等處，地勢低窪，汪洋一片。每逢
黃河潰決於下游，洪水均漫流於此，故在此處興工築堤，不僅經費不貲，且
難持久。〔註103〕

2. 草灣新河

此道支河於伏秋時節雖能分洩黃河水，以免洪水浸灌淮安府城。但其從
嘉靖三十年沖刷成河道以來，即呈現通塞無常之現象；況且黃河面寬三百餘
丈，而此一支河僅有一百餘丈，爲黃河之三分之一，若黃河全流水奪行於草
灣，將因河道狹窄，水流不暢，河水潴蓄於徐州、邳州等河段，如是將帶來
無窮之後患。〔註104〕

3. 訾家營新河

此一支河不可開挑之原因，除與「罷草灣新河」有相同因素外，尚有以
下三項：

（1）工程艱難

從黑墩湖至羅家口間五十里，因地勢低窪，於此開挑河道，不僅工程艱
巨，且需徵調河夫「數十萬」，動工「數年之久」，方能成事。況且徐州、淮
南等地，正苦於水患，在此瘡痍未復之際，興此大工，亦非得當。

（2）經費浩繁

原議經費五十五萬九千兩，此僅核算開挑河道之費用，尚未包括築堤工
程；依往例，構築遙堤，若取堤土於一、二里外，所需經費必倍增。況且開
挑河道時，若挑深一丈以下，遇有泉水併出，則所需費用至少需增加十倍，
如是開挑此支河之總經費，目前尚無法確估。

（3）泗州水患

此道支河論其功能，實無法分洩泗州洪水於二百里外，僅能於伏秋時節，
稍爲減弱黃河水對清口之浸灌而已。〔註105〕

可知此道支河，未必能發揮分流效果，以挽救泗州水患，並確保日後不
遭黃河水之淤塞。

〔註103〕同前書，卷七〈兩河經略疏〉，頁176。
〔註104〕同前書，卷二〈河議辯惑〉，頁58。
〔註105〕同前書，卷十一〈停寢訾家營工疏〉，頁312～318。

4. 睢　河

因黃河下游河道已淤高成「懸河」，致使徐州至邳州間，屢有河患。是時，為通行漕運和挽救徐州、邳州等地水患，有建言：重濬睢河，流通黃河正流水，以取代徐邳河道（即河漕運道之一段）。但季馴予以反對，其理由如左：

（1）通塞無常

睢河從開封以東，經歸德府城、虹縣、宿州、睢寧縣，於宿遷縣之小河口入黃河（見圖一、圖二十五Ⓕ、Ⓖ）。於弘治六年（1493），侍郎白昂曾因黃河於封邱縣潰決，洪水北衝，於壽張縣之張秋（山東安平鎮）阻斷會通河，漕運為之中斷。是時為削弱黃河北流水勢，曾開挑睢河以分殺黃河水。但睢河開通後不久即告淤塞，可知黃河水不能同時流通於兩條河道，因此睢河與徐邳河道亦無法並流黃河水。

（2）漕運難行

漕船從宿遷縣之小河口至徐州城間，即使能改行於睢河；但小河口至清口間尚有三百里，仍須以黃河為運道，若此段河道遭淤塞，糧船亦無法經此往來。

（3）工程艱難

睢河從徐溪口（碭山縣東南）至永城縣間之河道，現已淤成平陸，若欲開挑成運道，工程難行。〔註106〕

此外，糧船航行於睢河，尚有行進上之困難，「非特牽挽無路，而經行于樹樁、基礫之間，必至觸敗」，故何必「去夷就險」。〔註107〕

（四）反引沁入衛

萬曆十六年，總漕楊一魁為解決衛河淺涸問題，以及降低黃河下游之流水量，擬議導引黃河中下游最大支流——沁河入衛河。此一建言，季馴反對理由如下：

1. 水文不同

沁、衛二河之水性，沁河，暴漲暴落，水質混濁，較「黃河益盛」〔註108〕；

〔註106〕同註104，頁76。
〔註107〕同註106。
〔註108〕同前書，卷三〈河防險要〉，頁96。

衛河，則水勢緩弱，河水清澄。而且二河之地勢，相差懸殊，若以修武縣〔河南修武〕與大樊口〔武涉縣沁河東岸〕相比較，高差「十五餘丈」，依《衛輝府志》載：「衛河浮圖最高，才與沁水平。」

二河之水性、地勢既有差異，若引沁河入衛河，將帶給衛河中下游百姓，無窮水患。如萬曆十五年，沁河泛漲，沖決木欒店〔武涉縣東北，沁河東岸，距衛河百里〕等地三百餘丈，洪水漂沒衛河沿岸州縣，各地災情如下：(1)新鄉〔河南新鄉〕、獲嘉〔河南新鄉西南〕二縣之城門，是時雖採泥沙添塞，但房屋、田土仍遭漂沒一百餘里；(2)衛輝府城內，民房遭沖塌八千餘間；(3)沁水之淤泥，阻塞「衛漕」運道〔天津至臨清州城之運道，屬衛河下游河道，長六百九十五里〕七十餘里，故引沁河入衛河，往事可鑒。

2.河寬差距

沁河面寬一里，衛河僅有三、四丈，若引沁河入衛河，衛河河道須拓寬「幾十丈」；但新鄉縣臨河居民有一千多家，衛輝府城西北臨河道兩岸，居民亦稠密，且爲商業區，如是濱臨衛河之商民勢必往後遷移數里，影響百姓生計甚巨。

3.水源自足

「衛漕」運道，原本水源充足，從國初二百年來，糧船航行暢通，此因衛河沿岸農民，取衛河水灌溉農田之時間，在於每年四、五月，而兌運漕糧則在二、三月間，二者引用衛河水之時間相互避開，故不相妨，近來，因氣候乾旱，泉源枯竭，衛河水源不足，若值漕運進行時期，能嚴禁農民引河水灌溉農田，亦能稍濟糧運。〔註109〕

季馴基於沁河之水質混濁，不亞於黃河，若引沁河入衛河，兩河相合爲一，水勢強盛，如是「臨〔清〕、德〔州〕一帶，必至堙塞。」故其認爲提倡此議者，「此不過據舊說，及臆度之耳。」〔註110〕

從前述探討，可知季馴認爲傳統治河方策均無法善治黃河，必須有所更新，乃力倡束水攻沙之治河策。

二、力倡束水攻沙論

季馴熟知黃河水性雖湍悍，但其善決主因，則在水流緩慢，泥沙壅積河

〔註109〕同前書，卷十四〈查理沁、衛二河疏〉，頁477～483。
〔註110〕同註109，頁478；以及同前書，卷二〈河議辯惑〉，頁77。

道所造成。爲整治黃、淮二河，季馴提出：「人欲棄舊以爲新，而臣（季馴）謂故道必不可失；人欲支分以殺勢，而臣（季馴）謂濁流必不可分。」以及「法莫若以堤束水，以水攻沙，循河故道，束而淵之。」〔註111〕可知「循河故道」，「以堤束水」爲其治河理論之二大軸心方策。

（一）河水循行故道

1.黃淮二河下游故道

季馴言：「治河者，必先求河水自然之性，而後可施其疏築之功。」〔註112〕因此在推動束水攻沙論之各項整建工程以前，首需依黃、淮二河之自然流向，探尋其故道，以利順導二河水入大海，依《河防一覽》載：

> 黃水來自崑崙，入徐（州）濟運（河漕運道），歷邳（州）、宿（遷）、桃（源）、清（河），至清口會淮（河），而東入於海。淮水自洛及鳳（陽），歷盱（眙）、泗（州），至清口，與（黃）河會，東入于海，此兩河之故道，即河之自然之性。〔註113〕

又《兩河經略》載：

> 我朝建都燕冀轉輸，運道實爲咽喉，自儀眞至淮安（湖漕運道），則資淮河之水；自清河至徐州（河漕運道），則資黃河之水。黃河自西而來，淮河自南而來，合流於清河縣之東，經安東達雲梯關而入於海，此自宋及今，兩瀆之故道也。〔註114〕

可知黃、淮二河下游故道：黃河是從河南，出徐州，奪行泗河下游河道，經邳州、宿遷縣、桃源縣、清河縣，至清口會淮河；淮河，則從發源地桐柏山（河南桐柏縣西南三十里），經鳳陽縣、泗州，至清河縣東之清口，會黃河；黃、淮二河水合流後，經淮安府城北（西橋），至安東縣雲梯關海口入海。

晚明之治河議，總河劉天和等對於季馴主張「河復故道」之說，是否可行，頗爲置疑：

(1) 黃、淮二河交會於清口，從安東縣雲梯關入海，是否爲二河故道；尤其黃河此一流向，並非禹河故道。〔註115〕

〔註111〕同前書，附存〈信史紀事本末〉，頁552。

〔註112〕同註111。

〔註113〕同前書，卷七〈兩河經略疏〉，頁170。

〔註114〕明・潘季馴，《兩河經略》（臺北：臺灣商務印書館，民國65年出版，文淵閣本四庫全書珍本七集），卷三〈遵奉明旨恭報續議工程以便查覆疏〉，頁16。

〔註115〕禹河故道所行經之路線，依《河防一覽》，卷五〈河源考・夏書禹貢〉，頁109：

(2) 依宋代歐陽修之治河名言：「河流已棄之故道，自古難復，蓋河流既久，底岸皆高，水行漸壅，自不能行，乃棄而他徙。」〔註116〕因此故道是否能恢復，頗值商榷？並舉穎河爲例說明：穎河於正德朝以前，曾爲黃河正流或支流會入淮河所循之河道，於弘治二年（1489），其河床已遭泥沙淤積而澱高，弘治六年（1493）至嘉靖十三年（1534）之四十一年間，曾以人力挑濬其河道計十五次，每次濬河經費高達「數萬緡」。論其成效，欲是屢濬屢淤，如嘉靖十二年秋，挑濬穎河一百五十里，但明年逢黃河泛漲，河道又遭淤滿，前功隨之盡棄，此實爲「已棄之故道，難復之明驗也。」〔註117〕

季馴對於前述二項置疑，提出辯解言：

前者，依《禹貢》載：「導淮（河）自桐柏，東會于沂（水）、泗（河），東入於海。」〔註118〕文中之「沂、泗」是指泗河、沂水，爲泗州下游河道（見圖四、圖五），其經徐州、邳州，至清河縣，會淮河；淮、泗二河水會流後，東行入海，此即淮河故道。至於黃河，從宋神宗熙寧十年（1077），黃河決於澶州（河南濮陽西），因北流河道斷絕，黃河水南徙，奪行南清河（即泗河），入進河。因南清河爲「沂、泗道故」，可見黃河奪行泗河入淮河，已有五、六百年，故黃河南徙入淮河，所循河道，雖非「禹河故道」，卻是「自宋及今，兩瀆之故道。」〔註119〕

後者，季馴認爲「故道」並非不能恢復，有實例爲證：如漢武帝曾堵塞瓠子決口（河南濮陽縣西南），導引黃河水北流，復行「禹河故道」〔註120〕。況且「河復故道」尚有二項益處：(1)新沖刷之河道，原屬陸地，故其河道淺

「導河積石（甘肅寧夏），至于龍門（山西河津之禹門口），南至于華陰（陝西華陰），東至于底柱（河南陝縣三門峽），又東至于孟津，東過洛、汭（河南鞏縣），至于大伾（河南汜水），北過洚水，至于大陸（河南淇縣至河北鉅鹿一帶之廣漢平原），又北播爲九河，同爲逆河入于海。」

〔註116〕《河防一覽》，卷十三〈科臣進圖疏〉，頁444。
〔註117〕《問水集》，卷二〈治河始末〉，頁37；《宋史》，卷三一九〈列傳第七十八·歐陽修〉，頁10375；《行水金鑑》，卷十一〈河水〉，頁161。
〔註118〕《尚書孔傳》（臺北：臺灣中華書局，民國54年11月臺一版，四部備要），卷三〈尚書禹貢第一〉，頁7。
〔註119〕《河防一覽》，卷二〈河議辯惑〉，頁76。
〔註120〕同前書，卷八〈河工告成疏〉，頁215；同前書，序〈刻河防一覽引〉，頁1；以及拙著《中國傳統詩文之黃河觀》，第五節三項三款；〈贊頌漢武〉，頁59～63。

窄，水流散漫，難於通行糧船。(2)動用巨資開挑新河道，此新河道之寬深無法等同於原河道（河寬百丈以至二百丈，河深二丈以至三、四丈），況且經黃河水流通數年後，此一新河道遭受泥沙淤塞變成舊河道後，是否又將另開一條新河道以取代之。〔註121〕

季馴整治黃、淮二河，「惟求復故道而已」〔註122〕，此一治河觀之實踐，依《河防一覽》載：

> 嘉靖乙丑（四十四年），謬承總河之命，……力請僅得復留城以下故河六十里（即閘漕南端運道）。隆慶庚午（四年），（黃）河決邳（州）、睢（寧），渠成平陸，奉命再治，而故道盡復。萬曆戊寅（六年），三奉璽書，以右副都御史總理河漕，時黃（河）決崔鎮而北，淮（河）決高（家）堰而東，清（河）、桃（源）塞，海口堙，而淮（安）、揚（州）、高（郵）、寶（應）、興（化）、鹽（城）諸郡邑，則匯爲巨浸。……爲（季）馴慮者曰：爾居常欲復故道，今故道何在哉。（季）馴曰：是固難，第無他策，乃以身先之，發舍爲居，腐心蒿目於畚鍤間者，八閱月，塞崔鎮、堤歸仁（堤），而黃水悉歸故道。……而河復四潰矣，戊子（萬曆十六年），（季）馴從草萊中，再拜命而出，而河亦如故（道）。〔註123〕

季馴四度奉命治河，除首任總河期爭取保留「閘漕」南端運道從留城至境山間六十里之故道外，往後三任，均貫徹執行黃河全流水從徐州城以東，奪行「泗、淮故道」。

季馴爲實踐「復故道」之治河觀，其治理黃河，原以黃河爲主體來整治，反對爲維護漕運暢通而治黃。但隆慶五年，其二度主持河務，首次推行束水攻沙論，當邳州堤防工程告成，奏請朝廷獎賞治河有功官員時，明穆宗卻質問：「今歲漕運比常更遲，何爲輒報工完」，乃命工部查明實情。經工部尙書朱衡詳勘後，奏言：「河道通塞，專以糧運遲速爲驗，非謂築口導流，便可塞責。」遂命季馴戴罪管事〔註124〕。季馴歷經此次經驗，頓悟朝廷治理黃河之主要目的，在於維護漕運暢通。此後季馴之治河方策乃提出：整治黃河就是治理漕河，並主張：徐州城至淮安府城間六百餘里之河道（泗河下游河道），

〔註121〕同前上引書，卷十二〈併勘河情疏〉，頁418。
〔註122〕同前書，附存〈信史紀事本末〉，頁551。
〔註123〕同前書，序〈刻河防一覽引〉，頁1。
〔註124〕《明穆宗實錄》，卷六十，頁7，隆慶五年八月甲寅條。

既是黃河亦是運河，依《河防一覽》載：

> 夫河者，莫難於我朝，而亦莫善於我朝。蓋自元、宋以前，惟欲避
> （黃）河之害而已，故賈讓不與河爭之說，爲上策。自（明）永樂
> 以後，由淮（安）及徐（州），藉（黃）河資（漕）運，欲不與之爭
> 得乎？此之謂難。然以治（黃）河之工而收治漕（河）之利，漕（河）
> 不可以一歲不通，則（黃）河不可以一歲不治，一舉兩得，乃所以
> 爲善也。故元、宋以前，黃河或北或南，曾無寧歲，我朝（黃）河
> 不北徙者二百餘年，此兼漕（河）之利也。〔註125〕

季馴爲使朝廷重視黃河水患，將黃河之整治依附在保漕運之下，如是朝廷爲求「河漕」運道暢通，不得不傾國家之力以治理黃河，使明代重視黃河之整治，遠超過前朝代。亦因黃、漕合一，使晚明之黃河，其流向始終維持向東流。

　　季馴擬定治河方策，所秉持原則之一，即在「必無一勞永逸之功，……不可有喜新炫奇之智，惟當循兩河（黃、淮）之故道，守先哲之成矩，便是行所無事。」〔註126〕爲求貫徹復故道之治河觀，而主張黃、漕合一，故其反對開挑迦河及復行海運，即惟恐南糧北運，另有替代航線後，不再利用漕河，或不經行「河漕」運道，朝廷在有限經費下〔註127〕，將置「兩河（黃、淮二河）於不治」，如是黃河水患，將如同「堯舜之時，泛濫於中國。」〔註128〕

2. 黃河中游賈魯故道

　　嘉靖三十七年（1558）以前，黃河之正流或支流，從開封府城至徐州城間，通行於「賈魯故道」（見圖二十六）。此一故道在季馴首次主持河務時，已遭淤塞，故季馴在其四度治河任內，均力陳予以濬復，但始終無法實現。茲將季馴爲何力倡濬復賈魯故道，以及無法獲得採行之原因，論述於後：

　　觀黃河變遷大勢，從南宋以來，其正流河道在開封以東，逐漸趨向東南，會同淮河入海。所謂「賈魯故道」，是指元順帝至正四年（1344）五月，黃河決於山東曹縣西南之白茅堤，洪水北沖，阻斷會通河。於至正十一年

〔註125〕《河防一覽》，卷二〈河議辯惑〉，頁75。
〔註126〕同註125，頁60。
〔註127〕潘季馴反對迦河、海運之原因，請參考《河防一覽》，卷六〈隆慶六年工部覆止迦河疏〉、〈萬曆三年工部覆止迦河疏〉、〈隆慶五年工科題止膠河疏〉、〈萬曆四年工部覆止膠河疏〉、〈都御史于湛題名記略〉。
〔註128〕同註125。

圖二十六：明代賈魯河圖

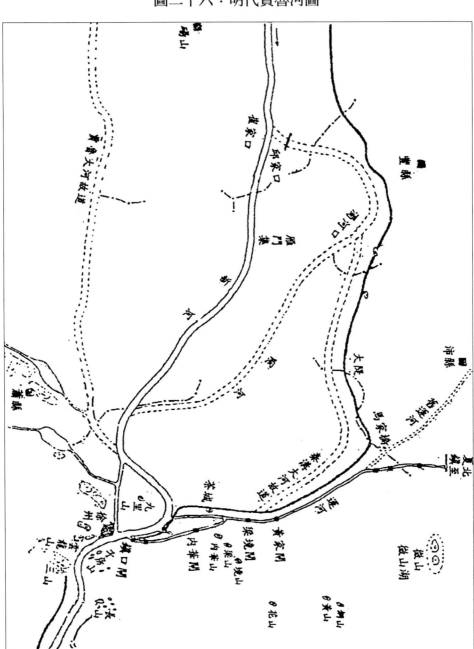

（採自武同舉，《淮系年表全編》，淮系歷史分圖二十四）

圖二十七：元代賈魯河圖

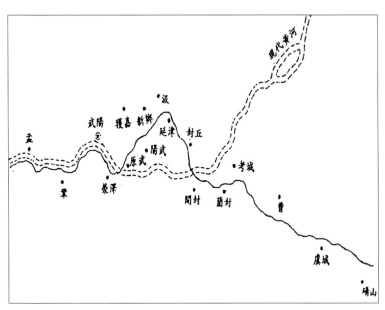

（採自岑仲勉，《黃河變遷史》，圖九）

（1351），乃命總治河防使賈魯整治黃河，其徵調軍民夫役十七萬人，堵塞決口，挽黃河正流水回歸故道。此一故道流向，趨向東流，奪行泗河下游河道（見圖二十七）〔註129〕。其行經那些地方，由於《元史·河渠志》並沒有詳載，茲參閱《明實錄》、《明史·河渠志》，及其它明代史料，覓得一些資料，將其聯綴，知其行經地方如左：

封邱縣（河南封邱）：金龍口。（縣西南三十里）〔註130〕

祥符縣（河南開封）：魚王口、中欒。〔註131〕

陳留縣（河南陳留）：葛岡。〔註132〕

〔註129〕明·宋濂，《元史》（臺北：鼎文書局，民國68年3月再版，點校本），卷六十六〈河渠三·黃河〉，頁1645。

〔註130〕清·胡渭，《禹貢錐指》（臺北：臺灣商務印書館，民國75年3月出版，文淵閣四庫全書），卷十三下〈附論歷代徙流〉，頁56。

〔註131〕明·夏原吉等，《明太宗實錄》（臺北：國立中央研究院歷史語言研究所，民國57年6月二版，依北平圖書館紅格鈔本景印），卷一一四，頁6，永樂九年三月壬午條：「工部右侍郎張信奏，……祥符魯王口至中欒下二十餘里，有舊黃河。

〔註132〕依《明世宗實錄》，卷七十一，頁13，嘉靖五年十二月丙子條：「御史戴金奏，……自開封經葛岡、小壩、丁家道口、馬牧集、鴛鴦口到徐州小浮橋，

儀封縣（河南蘭封北）：黃陵岡。〔註133〕

曹縣（山東曹縣）：新集、梁靖口、武家口。〔註134〕

虞城縣（河南虞城）：馬牧集、鴛鴦口。〔註135〕

單縣（山東單縣）：黃堌口。〔註136〕

夏邑縣（河南夏邑）。〔註137〕

商邱縣（河南商邱）：小壩、丁家道口。〔註138〕

碭山縣（江蘇碭山東）：韓家道口、司家道口。〔註139〕

蕭縣（江蘇蕭縣）：北薊門、趙家圈口（縣西二十里）、石將軍廟、

兩河口。〔註140〕

徐州（江蘇銅城）：小浮橋。〔註141〕

曰汴河。」

〔註133〕依《明宣宗實錄》，卷七十六，頁 6，宣德六年二月戊戌條：「濬祥符抵儀封
黃陵岡，淤塞四百五十里」；又清・夏燮，《明通鑑》（臺北：世界書局，民國
51 年 11 月初版），卷三十七，頁 1434，弘治七年十二月甲戌條：「劉大夏，……
濬儀封黃陵岡南，賈魯舊河四十餘里。」

〔註134〕依《明史》，卷八十三〈河渠一・黃河上〉，頁 879：「嘉靖三十七年七月，曹
縣新集淤，新集、歷夏邑、丁家道口、馬牧口、韓家道口、司家道口，至蕭
縣薊門，出小浮橋、此賈魯故道也。」又《明通鑑》，卷五十二，頁 1976，
嘉靖五年十二月：「御史劉欒言：曹縣梁靖口南岸，舊有賈魯河，南至武家口
十三里，黃沙淤平。」

〔註135〕同註134。

〔註136〕位於曹、單兩縣交界，依《明史》，卷八十四〈河渠二・黃河下〉，頁 889：「萬
曆二十一年五月，河決單縣黃堌口。」

〔註137〕同註134。

〔註138〕《天下郡國利病書》，卷三十九〈山東五・曹縣〉，頁 43：「賈魯堤，……自
本縣張家灣東南至丁家道口，凡九十餘里。」

〔註139〕同註136，載：「萬曆二十五年楊一魁奏，……黃河南徙至韓家道、盤盆河、
丁家莊，俱岸闊百丈，深踰二丈，乃銅幫鐵底故道也。」銅幫鐵底即賈魯故
道。

〔註140〕清・顧祖禹，《讀史方輿紀要》（臺北：樂天出版社，民國 62 年 10 月初版），
卷二十九〈江南十一・徐州〉，頁 1304：「故大河至蕭縣北三里之冀門渡，又
東三里至兩河口，與山西湖之委流合。」又《明神宗實錄》，卷三三二，頁 4，
萬曆二十七年三月丁未條，載總河劉東星奏：「河自商（邱）、虞（城）而下，
由丁家道口、抵韓家道口、趙家圈口、石將軍廟、兩河口，出小浮橋下二洪，
乃賈魯故道，自元代及我朝嘉靖間，行之甚利。」

〔註141〕清・朱忻等，《徐州府志》（臺北：成文出版社，民國 59 年 3 月臺一版，清同
治十三年刊本景印），卷十一〈山川考〉，頁 14：「城東南二里有百步洪（徐
州洪），……又東五十里有呂梁洪。」

可知賈魯故道從封邱縣之金龍口，東行至徐州之小浮橋，會入泗河。明人稱之「銅幫鐵底」，意謂此河道既寬闊且穩固，在引黃河水以濟助「河漕」運道通行糧船上，作為主要輸水管道。季馴對於賈魯之治河，以及此一故道之功能，有如下之評論：「則見賈魯之治河，亦是修復故道，黃河自此不復北徙，蓋天假此，人為我國家開創運道，完固鳳（陽）、泗（州）二陵風氣，豈偶然哉。」〔註142〕季馴認為賈魯整治黃河，亦是濬復故道，而此一河道流通黃河正流水，不僅有利於漕運，並能完固祖陵之風水。

嘉靖三十七年（1558）七月，賈魯河遭泥沙淤塞，開啓晚明之黃河從曹縣以東至徐州間，須另行其它河道。鄭肇經之《中國水利史》對於賈魯河遭淤塞原因有如下之評述：

> 河自賈魯治河後，至嘉靖三十七年北徙，中間二百餘處，雖漫溢靡常，終歸故道，當時往往畏其功鉅役重，不專力修治，僅開支河濟運，水緩沙沈，壅而致溢，至徐（州）、邳（州）梗噎，水無所歸，不得不徙而北也。〔註143〕

此一評論非常正確，在嘉靖十三年至嘉靖二十五年之十二年間，黃河正流是南循渦河入淮河，而賈魯河僅流通黃河之分流水。但此時期，逢黃河潰決，常挈引其全流水南入渦河，以致賈魯河之水量愈趨乾涸。是時河、漕諸臣為引黃河水濟助「河漕」運道，基於重濬賈魯河，工役繁重，遂放棄之，而另在睢州之地丘店、孫繼口，或考城縣之孫祿口等處，另開挑支河，用以輸送黃河水入「河漕」運道，因此嘉靖三十七年以後，賈魯河遂完全遭淤塞。

賈魯河淤塞後，導致黃河潰決於曹縣之新集，洪水東北沖，至單縣之段家口，分散為六股河道，各自交會於「閘漕」運道，此六股河道，從北而南為：(1)沛縣之飛雲橋河道，(2)胭脂溝（沛縣東），(3)大溜溝（徐州城北四十三里），(4)小溜溝（徐州城北四十里），(5)秦溝（徐州城北三十五里），(6)濁河（徐州城北三十里）〔註144〕。此外，黃河在碭山縣之堅城集（縣西北），尚衝出一小股，至郭貫樓（碭山縣東），又分散為五道支河：(1)龍溝，(2)母河，(3)梁樓溝，(4)楊氏溝，(5)胡店溝，此五道支河之尾端均會於徐

〔註142〕《河防一覽》，卷六〈賈魯河記〉，頁136。
〔註143〕民國‧鄭肇經，《中國水利史》（臺北：臺灣商務印書館，民國65年2月臺三版），第一章〈黃河〉，頁48。
〔註144〕《明史》，卷八十三〈河渠一‧黃河上〉，頁879；及《天下郡國利病書》，卷三十一〈江南十九‧徐州〉，頁2。

州之小浮橋〔註145〕。因此曹縣新集之潰決，黃河從沛縣至徐州城間，計分散為十一條河道，為黃河河道最為紛亂時期。往後六年，「河忽東，忽西，靡有定向。」至嘉靖四十三年（1564），黃河於徐州城以北之六股河道，僅存秦溝一道，其餘五股均已淤塞〔註146〕。嘉靖四十四年（1565）七月，黃河決於蕭縣之趙家圈（縣西六十里），洪水東北沖，淤塞「閘漕」南段運道二百餘里（即魚臺縣以南至徐州城間），不久黃河在碭山縣之郭貫樓分出之五道支河亦均淤塞〔註147〕，如是黃河全流水在曹縣以東是流經「秦溝」會「閘漕」運道於茶城（徐州城北三十里，見圖二十六）。隆慶元年（1567）正月，黃河決於豐縣東南，其全流水轉循「濁河」，因此黃、漕二河交會處，轉移至茶城南方四里。（見圖二十六）〔註148〕

　　嘉靖四十四年，季馴首次參與治河，即認為賈魯故道為「黃河故道之最順者」〔註149〕，因其「河身深廣，自及我朝嘉靖年間，行之甚利。」〔註150〕故季馴四度出任總河官，均力倡重濬賈魯故道，並批評晚明河患趨於嚴重原因之一，即是黃河全流水行於秦溝或濁河，依《河防一覽》載：

> 後一變而為溜溝，再變而為濁河（應是秦溝），又再變而為秦溝（應為濁河），止因河道淺澀，隨行隨徙，然皆有丈餘之水，未若今之逾尺也。淺愈甚，則變愈速，臣（季馴）等是以夙夜為懼也。〔註151〕

又〈河議辯惑〉載：

> 濁河漫溢，坡水皆由地面，徐州以下之渠（河漕運道），不能著底沖刷，以致河水易盈，堤防甚為艱苦，尤可慮也。〔註152〕

可知濁河或秦溝，其河道淺窄，水流散漫，不僅導致黃河於曹、單、豐、沛

〔註145〕同註144。
〔註146〕《行水金鑑》，卷二十五〈河水〉，頁380，引「蕭縣志」，載：「統會於秦溝。」又《明神宗實錄》，卷六十九，頁3，萬曆五年十一月壬午條：「嘉靖四十四年，河大決，改由秦溝出口。」可知嘉靖四十三年，黃河是東循秦溝入漕河。
〔註147〕同註144。
〔註148〕《治水筌蹄》，卷一〈黃河〉，頁10：「隆慶元年正月，河南衝濁河、雞爪溝入洪。」又《同治・徐州志》，卷十一〈山川考〉，頁14：「濁河在豐縣南五里，一名單河，隆慶初，黃河自秦溝決而南，遂為濁河。」
〔註149〕《河防一覽》，卷八〈黃河來流艱阻疏〉，頁222。
〔註150〕同註149，頁224。
〔註151〕同註150。
〔註152〕同前書，卷二〈河議辯惑〉，頁74。

諸縣間，易於潰溢；而且徐州以下之「河漕」運道，因無法獲得充沛河水量以沖刷河床上之淤沙，河水亦易於泛溢。因此季馴主張：若能重濬曹縣之新集以下二百五十里之賈魯故道，能獲得如下六項益處：

(1) 黃河改行曹縣之新集，經蕭縣之薊門，出徐州之小浮橋，如是曹、單、豐、沛諸縣因無黃河水流經，從此得免除水患。

(2) 此故道之河道寬深，容水量大，不易潰決，故沿岸州縣（虞城、夏邑、蕭縣、碭山）百姓，得以安居。

(3) 此故道距離會通河（閘漕北段運道）較遠，「閘漕」運道得免遭黃河水之沖擊。

(4) 此故道濬通後，因水勢盛大，得沖刷徐州以下「河漕」運道之淤沙；淤沙刷除，河道深闊，得降低黃河下游水患之發生。

(5) 此故道與「閘漕」運道交會於徐州之小浮橋，「閘漕」南端之茶城運口，得免遭黃河水之灌淤。〔註153〕

(6) 開挑此故道，工程易於進行，因商邱縣之丁家道口以下二百餘里，「舊河形跡具在」；雖有四分之一河段已淤爲平陸，但其地質屬於浮沙，遇有河水流通，即能藉助水勢沖刷成河道。〔註154〕

但隆慶、萬曆年間，甚多河官對於是否重濬賈魯故道，多持反對。反對者及其意見，茲述於後：

（1）總理河道尚書朱衡

隆慶元年，有詳勘賈魯故道後，認爲有五項不可開復之理由：① 此故道從曹縣之新集至蕭縣之兩河口，已淤成高阜，無尺寸之河形可資挑濬，若強予施工，如同穿井。② 黃河流經州縣，必然有水患，若開通此故道，必將河患從魚臺縣、沛縣，轉移至蕭縣、碭山縣等地。③ 爲導引黃河水流入故道，須構築一道數里長之水壩，橫截巨流於洪濤之中，但建造此壩工程，非常艱難。④ 開挑此故道，須動用河夫三十三萬人，施工二百五十日，方能完成；因施工日長，河夫處於疲累，易生動亂。⑤ 嘉靖四十五年開挑南陽新河，其經費不及四十萬兩，尚需多方借貸，方能籌足；茲開挑此故道，工程費高達三百三十萬一千八百餘兩，值此財政匱乏之際，不知錢糧要從何處籌措。〔註155〕

〔註153〕同註149，頁225。

〔註154〕同註153，頁223。

〔註155〕明・朱衡，《漕河奏議》（明隆慶六年刊本），卷三〈遵奏明旨勘議上源疏〉，

（2）工科給事中尹謹

萬曆八年，季馴三任總河期治河工程完成後，朝廷命尹謹勘查各項整建工程。是時其反對開挑賈魯故道，理由在於：此故道從商邱縣之丁家道口至蕭縣之石將軍廟計有二百五十餘里，其地勢高亢，已淤成平陸；在此處開濬河道，施工困難，即使能開通，亦易於再淤塞。至於「閘漕」運道南端之茶城運口，雖然黃河行於濁河，其易遭黃河水之灌淤；但若改行賈魯故道，黃、漕二河交會於徐州之小浮橋，亦難以確保新運口能免遭灌淤之患。〔註 156〕

（3）工科都給事中常居敬

其於萬曆十六年勘查賈魯故道後，認為：黃、漕二河不論交會於何處，「閘漕」南端運口必遭黃河水之灌淤，故徐州之小浮橋亦無法避免灌淤之患。〔註 157〕

因有前述諸臣之反對，賈魯故道終未開復。季馴解讀反對者之所以反對之真正原因，在於惟恐黃河之水性難測，若動用巨資開挑此一故道，若尚有潰決之患，須負起治河無效之責任，故目前「既有一河（濁河）可通，姑為苟安之計耳。」〔註 158〕

總之，季馴之治河方策中，黃河於其中下游所循行之故道，從開封府城至徐州城間，是希重濬已於嘉靖三十七年淤塞之賈魯故道，但此一擬議未能實現；徐州城以下至海口，則奔行於泗、淮二河之故道。〔註 159〕

（二）築堤束水功能

1. 沖刷淤沙

築堤束水，即藉黃河水勢以沖刷河床淤沙，而能增強河水流速者，即是堤防和堰壩，此因堤壩能固定河槽，匯集河水，故季馴言：

頁 22。

〔註 156〕《明神宗實錄》，卷九十七，頁 3，萬曆八年三月乙巳條；以及《河防一覽》，卷十四〈條陳善後事宜疏〉，頁 501。

〔註 157〕《河防一覽》，卷十二〈河上易惑浮言疏〉，頁 389；又《行水金鑑》，卷三十二，頁 470，萬曆十六年六月己未條：「勘科常居敬奏：黃河故道開復甚難，宜罷役。」

〔註 158〕同註 150。

〔註 159〕《河防一覽》，卷二〈河議辯惑〉，頁 57：「或有問於馴曰：河由草灣入海如何？馴應之曰：河由（淮安府）城北西橋地方入海，此故道也。」

> 惟當繕治堤防，俾無旁決，則水由地中，沙隨水去，即導河之策
> 也。〔註160〕

又言：

> 蓋旁決則水去沙停，其底自高，歸槽則沙隨水刷，自難墊底。但沙最
> 易停，亦易刷，即一河之中溜，頭趨處則深，平緩處則淺。……此挽
> 水歸槽之策，必不可緩，而欲挽水者，非塞決、築堤不可。〔註161〕

又言：

> 水分則勢緩，勢緩則沙停，沙停則河飽。……水合則勢猛，勢猛
> 則沙停，沙刷則河深。……築堤束水，以水攻沙，水不奔溢於兩
> 旁，則必直刷乎河底，一定之理，必然之勢，此合之所以愈于分
> 也。〔註162〕

可知黃河因其「性悍而質濁」〔註163〕，其整治方法，不同於其它清流河川。至於堤防之功能，季馴認為不可稱之「障」，而應名為「導」；因「障」為逆障，違反河水自然流向，並以鄰為壑，如同戰國時代白圭之治河築堤；茲其所構築之堤防，具有積極作用，不僅能順依河水自然本性，通流於故道，且以大海為壑，故稱為「順導」。〔註164〕

築堤束水如何沖刷淤沙，其運作如下：

（1）破除清口淤沙

清口之所以淤塞，在於「黃強淮弱」，以及淮水東潰高家堰所造成。若能導引全淮水勢盡出清口，與黃河水相抗衡，則清口得免遭黃河水之灌淤。如何增強淮水出清口之水勢，需將洪澤湖南北兩岸之分水口均予築塞，故其南岸，須厚築高家堰，使大小澗、高良澗等處（淮安府城西南七十里），無法分洩淮水入寶應諸湖；於北岸，則築堤堰於王家口（清河縣，清口西三里）、張福口（桃源縣），使淮水無法經此旁洩入黃河（見圖二十八）〔註165〕。此一「蓄

〔註160〕同前書，卷七〈兩河經略疏〉，頁166。
〔註161〕同註159。
〔註162〕同註161，頁61；及同前書，卷十三〈河工告成疏〉，頁449：「築塞似為阻水，而不知力不專則沙不刷，阻之者所以疏之也。合流似為益水，而不知力不宏，則沙不滌，益之者乃所以殺之也。旁溢則水散而淺，返正則水束而深。」
〔註163〕同前書，卷十〈恭誦綸音疏〉，頁298。
〔註164〕同註159，頁58。
〔註165〕《河防一覽》，卷十〈申明修守事宜疏〉，頁283。

清刷黃」之方策，稱爲：「藉以敵黃而刷清口者，全淮也；淮若中潰，清口必塞。」〔註166〕

（2）刷除河道淤沙和海口淤塞

河道、海口等淤沙之整治，惟有導引黃、淮二河水，全由安東縣雲梯關海口入海，以全河水勢沖刷之，方能盡除〔註167〕。而能匯集河水東下之方法，即堵塞河道兩岸之分水口和構築堤防，其運作如下：

① 堵塞水口

凡黃河沿岸有水口處，均予築塞，以免河水經此旁洩，正河水勢爲之減弱〔註168〕，此如同「嬰兒之口，旁潰一癰，久之成漏，湯液旁出，不能下咽，聲氣旁泄，不能成音，久之不治，身且槁矣。」〔註169〕

② 構築堤防

築堤之功能，在於約束河水，河水匯集則水勢湍急，水勢強盛則能沖刷淤沙，淤沙滌盪則河道深闊；全河水量順導入海，海口淤沙亦能清除。〔註170〕

堤防具有束水和導河之功能，其形勢有四種，各有不同作用：

(a) 縷堤、月堤：季馴言：「縷堤以束其流」〔註171〕，「縷堤拘束河流，取其沖刷。」〔註172〕可知縷堤即是束水之堤，在固定河道和匯集河水上，最爲重要；但其濱臨河道兩岸，若束水過甚，逢伏秋水汛，因水勢澎湃，易於潰決縷堤。故凡掃灣急溜處，爲補強縷堤禦水功能，在其後方，乃增築月堤，故《河防一覽》載：「恐縷（堤）逼河流，雖免衝決，故欲其遇月（堤）即止。」（見圖二十九）〔註173〕

〔註166〕同前書，卷二〈河議辯惑〉，頁60；又同前書，卷三〈河防險要‧淮南〉，頁84：「防清口淤澀，清口，乃黃、淮交會之所，運道必經之處，稍有淺阻，便非利涉，但欲其通利，須令全淮之水，盡由此出，則力能敵黃、不爲沙墊。……往歲高堰潰決，淮從東行，黃亦隨之而東，清口遂爲平陸。今高堰築矣，獨慮清河縣對岸王家口等處，淮水過盛，從此決出，則清口之力微矣。故於清河縣南岸築堤一千一百八十丈，今又接築張福口堤四百四十餘丈，以防其決，蓋爲此也，工若甚緩，而關係甚大。」

〔註167〕同前書，卷七〈兩河經略疏〉，頁167。

〔註168〕同前書，卷二〈河議辯惑〉，頁62；以及同註167，頁173。

〔註169〕同前上引註，頁58。

〔註170〕同註169。

〔註171〕同前書，卷十二〈恭報三省直堤防告成疏〉，頁376。

〔註172〕同註171。

〔註173〕同註171。

圖二十八：明代洪澤湖北岸張福口、王簡口圖

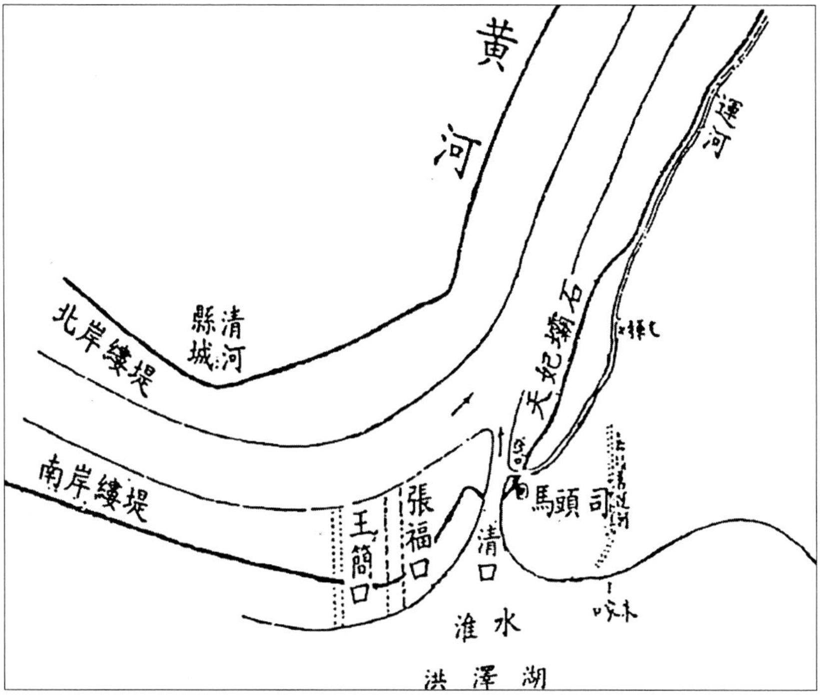

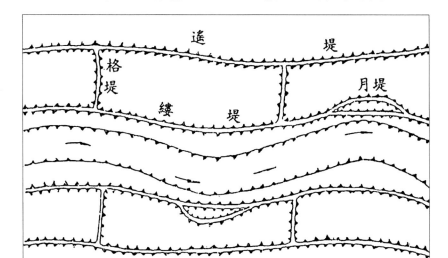

（採自武同舉，《淮系年表全編》，淮系歷史分圖七）

圖二十九：明代縷堤、遙堤、格堤、月提示意圖

（採自水利部黃河水利委員會，《黃河水利史述要》，圖八之四）

(b) 遙堤：其功能在於「堤欲遠，遠則有容而水不能溢」〔註174〕；以及「遙堤以防其潰。」〔註175〕可知遙堤具有遠離河岸，使河道空間寬廣，以防洪水潰溢之意。故此堤乃築於距南北兩岸縷堤約一至三里處，遇洪水潰決縷堤，尚有此堤作爲第二道防線，以免河水散溢，泥沙澱積〔註176〕。因此季馴言：「往歲黃河惟恃縷堤束水，堤迫而不能容，堤鬆而不能固，致水決嚙，今兩岸遙堤既成，俱係眞土堅築，則範圍寬廣，而水不迫堤根。」（見圖二十九）〔註177〕

(c) 格堤：亦稱橫堤，築於縷、遙二堤間，其功能在於若洪水潰決縷堤，河水順遙堤東下，則易刷出新河道，如是黃河正流爲之改道；若有格堤橫阻於縷、遙二堤之間，則洪水遭格堤攔阻，俟水勢消落，泛溢河水又回歸原河道。（見圖二十九）〔註178〕

此四式堤防相互運作，稱爲：「固堤即所以導河，導河即所以濬海。」〔註179〕

爲刷除河道、清口、海口等淤沙，於黃河，須堵塞沿岸各分水口，並修建縷、遙、月、格四種堤防；至於淮河，於洪澤湖南岸構築高家堰，在其北岸則築塞王家、張福等水口，以順導全淮水盡出清口。如是黃、淮二河水，通行於故道，暢流入海。

2. 滯洪落淤

構築雙重堤防，不僅能發揮束水刷沙之作用，而且具有滯洪落淤之功效。

明代之治河議論，有將黃河多水患原因，歸於其中下游河道兩岸缺乏能收蓄洪水之天然湖泊，如劉天和論析黃河善潰之六項原因之一，即是：「傍無湖陂之停瀦。」〔註180〕宋濂亦言：「比歲河決不治，以中原之地平曠衍，無洞庭、彭蠡以爲之匯，故河常橫潰爲患。」〔註181〕又陸深亦言：「今欲治之，非

〔註174〕同前書，卷七〈兩河經略疏〉，頁174。
〔註175〕同註171。
〔註176〕同前書，卷九〈遵奉明旨計議河工未盡事宜疏〉，頁255。
〔註177〕同前書，卷十三〈條陳善後事宜疏〉，頁446。
〔註178〕同前書，卷三〈河防險要〉，頁88。
〔註179〕同註174，頁167。
〔註180〕《問水集》，卷一〈黃河‧統論黃河遷徙不常之由〉，頁9。
〔註181〕《通漕類編》，卷八〈古今治河要略〉，頁16。

大棄百里之地不可，先作湖陂以瀦漫波。」〔註182〕可知是時之治河議論已提出：黃河之所以較長江多水患，除高含量之泥沙外，則以其沿岸缺乏能調整洪水之湖泊爲主因。

其實，依《水經注》記載，黃河於古代，其上游之汾、沁、渭、洛等支流，各有湖泊五至十餘個；其中下游地帶之湖泊，亦有一百四十餘個，其中較爲廣大者，有滎澤、圃田澤（以上位於河南）、大陸澤（在河北）、鉅野澤、雷夏澤、荷澤（以上位於山東）。前述諸湖在調節黃河及其支流之流量，農田灌溉，及濕潤當地氣候上，發揮一定作用。但諸湖泊於國史上歷經黃河潰決，河道變遷，洪水沖淤，以及湖泊自身之滲漉和蒸發，至五代以後，已逐漸乾涸或淤平。如圃田澤屢遭黃河灌淤，於明代萬曆年間已形成由一百五十餘個小陂塘所組成之一片沼澤窪地〔註183〕；又鉅野澤，於宋代仍屬大湖，南北三百里，東西一百里，歷經宋、元二代，黃河屢次灌淤，於元順帝至正四年（1344）已「淤成平陸」〔註184〕。故晚明，黃河正流向東行，循「泗、淮故道」入海，在其下游地帶，可供瀦蓄洪水之自然湖泊，僅有宿遷縣之駱馬湖（長六十里，見圖三、圖二十五Ｆ）〔註185〕，但其範圍不大，收蓄河水有限。

季馴之治河方策，爲防禦黃河之暴漲河水，其所建構之堤防系統，爲強化縷堤之禦水功能，以及能發揮自然湖陂停蓄洪水之作用，其將縷、遙、格三堤間二、三里之灘區，規劃爲能停滯洪水之廣闊地區。此一堤防系統如何運作，以發揮滯洪、落淤、固堤之成效，依《河防一覽》載：

> 異常泛漲，縷堤不支，而溢至遙堤，勢力淺緩，容蓄寬舒，必復歸槽，不能潰出。……固不能保縷堤之無虞，而能保其至遙（堤）而止。〔註186〕

又《明神宗實錄》載：

〔註182〕《皇明經世文編》，卷一五五〈陸文裕集・黃河〉，頁22。

〔註183〕鄒逸麟，〈黃河下游河道變遷及其影響概述〉（《復旦學報》社會科學版增刊，1980年8月），頁21。

〔註184〕邱成希，〈明代黃河水患探析〉（《南開學報》，1981年第四期），頁20。

〔註185〕明・李東陽等，《大明會典》（臺北：東南書報社，民國52年9月出版），卷一九七〈河渠二・運道二・湖泊〉，頁3。

〔註186〕《河防一覽》，卷八〈河工告成疏〉，頁210；卷十三〈條陳善後事宜疏〉，頁447：「往歲黃河惟恃縷堤，……今兩岸遙堤既成。……縱伏秋泛漲，水上崖以鋪淤，而崖益高，水落河以刷沙，而河益深。」

萬曆十九年十一月癸亥，工部題覆河道都御史潘季馴條議：一、放
水淤平內地，以圖堅久，謂縷、遙二堤，俱為防河善法。……獨直
河（邳州東南六十里）以西、地勢卑窪，歲歲患水，宜將遙堤查閱
堅固，卻將縷堤相度地勢，開缺放水、沙隨水入，地隨沙高，庶消
患而費可省。〔註187〕

又《行水金鑑》載：

是年（萬曆十八年），（潘）季馴新築單口（徐州）、辛安（睢寧縣）、
雙溝（靈璧縣）、馬家淺（睢寧縣）、羊山（邳州）、峰山（宿遷縣）
諸格堤，縷堤既不可恃，萬一決縷（堤）而入橫流，遇格（堤）而
止，可免泛濫。水退，本格之水，仍復歸槽（正河道），淤溜地高，
最為便益，永無分流奪河之患。〔註188〕

可知雙重堤防在滯洪落淤上之運作如下：

(1) 不僅是被動地等待洪水漫溢或沖潰縷堤，流入縷、遙二堤之間，即
所謂：「縷堤不支，而溢至遙堤。」而且是主動地，「開缺放水」，以
達灘區內「沙隨水入，地隨沙高」，如是各灘區不僅能收蓄暴漲洪水，
而且灘地淤高後，將形成寬廣之堤防，以防禦河水。（見圖三十）

(2) 橫築於縷、遙兩堤間之格堤，其能提高洪水之落淤作用，因縷、遙、
格三式堤防組成一個長形方格，如同一座沉沙地，逢洪水進入灘區
後，因受阻於格堤，使洪水僅能在一個格子內回蕩，河水中所含之泥
沙，逐漸淤澱於格內，故季馴於黃河下游南岸從徐州至宿遷縣間，計
構築六道格堤（房村、單口、雙溝、馬家淺、辛安、羊山），形成六
座沉沙地（詳見本章第四節〈束水攻沙論之實行〉），以利進行滯洪落
淤。（見圖二十五Ⓑ、Ⓒ、Ⓓ、Ⓔ、Ⓕ）

晚明，黃河中下游雖缺乏能收蓄洪水之自然湖泊，但季馴將縷、遙、格
三式堤防規劃為六個方格灘區，此如同六座人造水庫。

（三）治河理念來源

季馴在《河防一覽》之序論裏，曾提及：從小生長於浙江，對黃、淮二
河並不瞭解，及長任官後，曾坐船航行於黃河，見河道中佈滿險灘，亦認為

〔註187〕《明神宗實錄》，卷二四二，頁1，萬曆十九年十一月癸亥條。
〔註188〕《行水金鑑》，卷三十三〈河水〉，頁485，引「淮安府志」。

此是黃河應有之自然現象〔註189〕。可知季馴於嘉靖四十三年以前，對於河務一事，仍一無所知；但從嘉靖四十四年奉命治河以後，其確能深入瞭解黃河善決原因，不在水勢強盛，而在河水中所挾帶之高量泥沙；爲刷除淤沙，乃力倡束水攻沙之治河方策。季馴在河工知識上之充實，如何從無到有，此從其各項治河議論中，可窺出端倪。依《河防一覽》載：

　　檢括故牒，諮詢父老，始信治河之法，惟有修防，必難穿鑿。〔註190〕

又〈兩河經略疏〉載：

　　爲政不因先王之道，可謂智乎？是大智者，事必師古，而不師古則鑒矣。……必先求古人已試之效，而後可做其平成之業。〔註191〕

季馴自認「築堤束水論」並非其獨創，而是承繼前人已提出之治河理論，並參酌熟知水性之鄉老意見，故季馴之治河方策，「原無奇謀秘策，駭人觀聽。」〔註192〕

圖三十：淤灘固堤示意圖

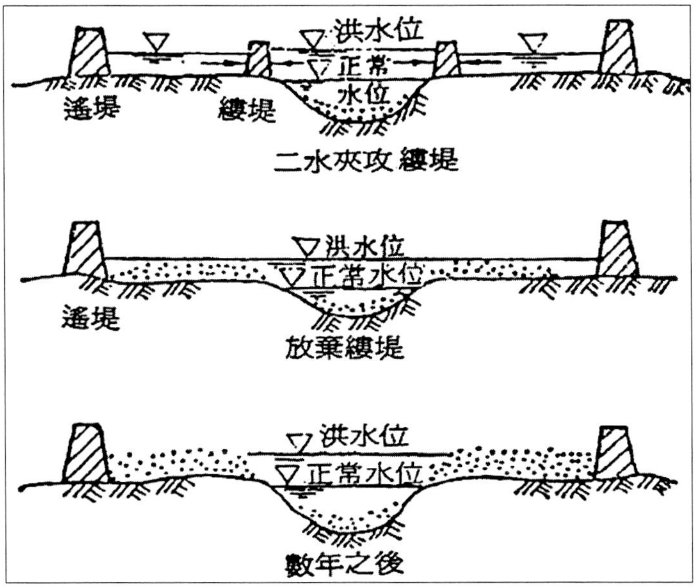

（採自水利水電科學研究院，《中國水利史稿》下冊，圖十之三）

〔註189〕《河防一覽》，序〈河防一覽序〉，頁1。
〔註190〕同前書，卷七〈兩河經略疏〉，頁170。
〔註191〕同註190。
〔註192〕《兩河經略》，卷三〈遵奉明旨恭報續議工程以便查覈疏〉，頁17。

季馴擷取前人、鄉老那些治河經驗，以樹立其治河觀，茲分二方面論述：

1. 撿括故牒

茲以明代前後，分兩個時期論述之：

明代以前之治河論，對於季馴構成影響者，主要有二位：一位是漢代大司馬史張戎，另一為北宋左正言任伯雨，二者之治河觀如下：

（1）張　戎

王莽始建國三年（11），因黃河為患，為整治之，曾廣徵治河方策，張戎乃提出其計畫；從其內容，已知黃河泥沙危害之嚴重性：

> 水性就下，行疾則自刮除成空而稍深，河水重濁，號為一石水六斗泥。今西方諸郡以至京師東行，民皆引河、渭山川水漑田，春夏干燥，少水時也，故使河流遲，貯淤而稍淺，雨多水暴至，則溢決，而國家數堤塞之，稍益高于平地，猶築垣而居水也，可各順從其性，毋復灌漑，則百川流行，水道自利，無溢決之害也。〔註193〕

從現存資料，張戎是首次提出：黃河水具有自行刷沙之功能，河水分散則勢緩沙淤等理論，以及黃河水之含沙量，為「一石水六斗泥」。這些見解對於季馴之治河觀深具影響，其於〈恭誦綸音疏〉中言：「黃河與清河迴異，黃（河）性悍而質濁，先臣張仲義（戎）云：河水一石六斗泥，以四斗之水，載六斗之泥，非極湍悍汛溜不可；分則勢緩，緩則沙停，沙停則河飽，河飽則水溢，水溢則堤決，堤決則河為平陸。」〔註194〕可知季馴之束水攻沙等理論源自於張戎。

（2）任伯雨

其於宋徽宗建中靖國元年（1101）分析黃河屢決原因：

> 河為中國患，二千歲矣。……蓋河流混濁，泥沙相半，流行既久，迤邐淤澱，則久而必決者，勢不能變也，或北而東，或東而北，亦安可以人力制哉。〔註195〕

任伯雨認為黃河因含沙量高，流行既久，河道淤滿，必然潰決，此是無法以人力加以改變。此一觀點觸發季馴決意構築遙堤，以防河患，其言：「惟任伯

〔註193〕《漢書》，卷二十九〈溝洫志第九〉，頁1696。

〔註194〕《河防一覽》，卷十〈恭誦綸音疏〉，頁298。

〔註195〕《宋史》，卷九十三〈河渠三‧黃河下〉，頁2310。

雨曰：河流混濁，淤沙相半，流行既久，迤邐淤澱，久而決者勢也。爲今之計，止宜寬立堤防，約攔水勢，使不大段湧流耳，此即（季）馴近築遙堤之意也。」〔註196〕可知季馴已預知雙重堤防仍無法永保黃河不潰決，但爲降低災情和發生頻率，若能構築遙堤，由於其能寬容洪水，逢河水暴漲，得以「不大段湧流耳」。故季馴認爲任何治河方策，「必無一勞永逸之功」。〔註197〕

　　此外，季馴爲說服時議，佐證其治河觀確實可行，亦常引經據典，如「治河之法，……全在束水歸槽，即先賢孟軻所謂：水由地中行，而宋臣朱熹之曰：地中兩崖間也。」〔註198〕又「考之《禹貢》云：九澤既陂，四海會同，傳曰：九州之澤，已有陂障，而無決潰，四海之水，無不會同，而各有所歸，則禹之導水，無嘗不以堤成。」〔註199〕前引諸文，提及孟子、大禹、朱熹等先賢之言論，以附會其築堤束水之方策。

　　明代之治河議，對季馴構成影響者，除萬恭之外（詳見本章第二節一項〈鄔萌型之築堤束水論〉），主要尚有二位，一是平江伯陳瑄，二爲總河都御史劉永和：

（1）陳　瑄

　　其於永樂十三年（1415）負責治河，爲治理黃、淮二河，曾於洪澤湖南岸修築高家堰以防範淮水東浸淮南；並於淮安府城北之黃河南岸，從清江浦，沿鉢池山（淮安府城西北十五里），至柳浦灣（淮安府城東北），構築堤防四十里（即淮安北堤之一段），以防禦黃河水南潰於淮南。〔註200〕

　　季馴爲整治清口淤沙，施行「蓄清刷黃」之方策，此一方法，乃出自陳瑄之故業遺意，依其〈治兩治經略以圖永利疏〉言：

> 永樂年間，平江伯陳瑄，始堤管家諸湖，通淮河爲運道，始慮淮水漲溢，東浸淮郡（淮安）也，故築高家堰堤以捍之。……又慮黃河漲溢南浸淮郡也，故堤（淮安）新城之北以捍之。……尤慮河水自閘（清江浦運道）衝入，不免泥淤，故嚴啓閉之禁。……而陳平江之功，至今未斬也。後因剝食既久，堤岸漸傾，水從高家堰決入壹郡（淮安），遂爲魚鱉，而當事者，未考其故，乃謂海口壅塞。……

〔註196〕《河防一覽》，卷二〈河議辯惑〉，頁59。
〔註197〕同前書，卷二〈河議辯惑〉，頁59。
〔註198〕同前書，卷十〈議留河工米銀疏〉，頁276。
〔註199〕同前書，卷十二〈併勘河情疏〉，頁419。
〔註200〕《明史》，卷八十五〈河渠三・運河上〉，頁896。

惟有修復平江伯之故業，高築南北兩堤，以斷兩河之內灌，而淮

（安）、揚（州）昏墊之苦可免。〔註201〕

又〈兩河經略堤決白〉言：

但查兩河合流，自元（代）以前無論矣。即平江伯（陳瑄）創築高

（家）堰之後，幾二百年合流無恙。至隆慶年間，高堰決而後淮南

遂為水困。尋復築之，而淮（安）、揚（州）無水患者二年。〔註202〕

可知季馴整治黃、淮二河下游，採行修築高家堰、淮安北堤等工程，此一治

河觀，主要承繼陳瑄之遺業。

（2）劉天和

其於嘉靖十三年負責整治黃河，並將治河經驗，撰成《問水集》一書。

季馴之治河觀深受此書影響，如論述構築堤防，植柳樹保護堤防，以及祖陵

地勢等內容均採自此書〔註203〕。尤其季馴之治河理論中，構築堤防位居主導，

但晚明之治河議，仍深受漢代賈讓治河三策評論：修築堤防為下策之影響。

季馴為改變時人對於堤防功能之看法，乃引用劉天和反駁賈讓治河三策之言

論，以強調其治河方策之可行性。

劉天和對於賈讓治河三策之評論，依《問水集》載：

漢·賈讓治河三策，古今稱之，其上策，放（黃）河使北入海，是

即禹之故智也，今妨運道已不可行。其中策，謂據堅地作石堤，開

水門；早則開東方下門，溉冀州，水則開西方高門，分河流，然自

漢迄今數百年，盡中州、大名之境，率為（黃）河所淤，泥沙填委，

〔註201〕《兩河經略》，卷一〈奉明旨陳愚具議治兩河經略以圖永利疏〉，頁10。

〔註202〕《河防一覽》，附存〈兩河經略堤決白〉，頁564；又同前書，序〈重刻河防
一覽後序〉，頁11：「公（季馴）才識精明，……其敷治全河方略，備載公所
著河防一覽中，迹其築高堰，堤淮河，雖公自謂一準平江（陳瑄）舊轍，然
以堤束水，以水攻沙，俾二瀆安流利濟，其苦心碩畫，直可垂諸萬世。」又
同前書，卷十三〈勘工科道進圖說〉，頁443：「至於塞天妃閘（清江浦運道），
以拒黃流，修復通濟、清江、福興等閘，以嚴啟閉。……此皆查復先臣陳瑄
之故業遺意，若能歲加修守，即久安長治之策也。」

〔註203〕《河防一覽》，卷二〈河議辯惑〉，頁68；和卷十〈申明修守事宜疏〉，頁
283，有關祖陵地勢之記載，與《問水集》，卷六〈事體重大欽遵敕旨奏請定
奪貳條·原勘議祖陵東西南三面量築土堤以障泛溢〉，頁105，所記載之內容
相同。又植柳六法，《河防一覽》，卷四〈修守事宜·栽柳護堤〉，頁104，和
《問水集》，卷一〈植柳六法·臥柳、低柳、編柳、深柳、漫柳、高柳〉，頁
19，亦是相同。

無復堅地，而河流不常，與水門每不相值，或併水門而衝決淤漫之，濬治無已，所溉之地，一再歲而高矣，西方地高，水安可往，使（賈）讓復作，或亦不可行也。丘文莊（丘濬）謂：古今無出此策，蓋身未經歷，非定論也。〔註204〕

劉天和認為：賈讓之上（徙民）、中（開水門）二策已未能符合明代之現實條件（受限於會通河、河南之地質疏鬆）；假使賈讓存在於今日，由其整治黃河，亦不會採行此二項方法；故明代丘濬於《大學衍義補》言：「古今無出此策」，劉天和乃譏諷其「蓋身未經歷，非定論也。」故如今惟一可行方法，即採行賈讓之下策——構築堤防。〔註205〕

　　季馴認同劉天和之前述評論，其於〈河議辯惑〉一疏中，除引用雷同之內容和觀點〔註206〕，並贊提劉天和：「《問水集》中，言之甚詳，蓋名言也。」〔註207〕但須瞭解劉天和之治河觀，基本上屬於「分黃論」和「挑濬論」，此與季馴有甚大差異。〔註208〕

〔註204〕《問水集》，卷一〈黃河・古今治河同異〉，頁11。
〔註205〕同前書，卷一〈堤防之制〉，頁15。
〔註206〕《河防一覽》，卷二〈河議辯惑〉，頁59：「或有問於（季）馴曰：賈讓有云：今行上策，徙冀州之民當水衝者；治堤歲費且萬萬，出數年治之費，以業所徙之，且以大漢方制萬里，豈其與爭尺寸之地哉，此策可施於今否？（季）馴應之曰：民可徙也，歲運國儲肆百萬將安適乎？……然則賈讓中策所謂：據堅地作石堤、開水門，旱則開東方下門溉冀州，水則開西方高門分河流，何如？（季）馴曰：河流不常，與水門每不相值，或併水門而淤漫之，且所溉之地，亦一再歲而高矣，後將何如哉？剏旱則河水已淺，難於分溉，潦固可泄，而西方地高，水安可往，丘文莊謂：古今無出此策，夫乃身未經歷耶。」
〔註207〕同註206。
〔註208〕劉天和主張以人力挑濬河道，和提議引沁河入運河，以及黃河故道（賈魯故道）難於恢復，亦均與潘季馴不同。劉天和前述治河觀，請參見《問水集》，卷一〈治河之要〉，頁13：「宋・歐陽修有言：河流已棄之故道，自古難復。余（天和）未之深悟，及觀於孫家渡（滎澤縣東南五十里）父老云：弘治迄今凡十五濬矣，每濬費數萬緡，卒不能復。蓋正統戊辰（十三年），全河從此南徙，至弘治己酉（二年），凡四十餘年，而始淤，誠已棄之故道也，河身兩岸數十百里間，悉皆填淤高仰，水性潤下，夫安得而通邪。」又「河性湍悍，如欲殺北岸水勢，則疏南岸上流支河，上策也。」又同前書同卷，頁17：「濬河，宋人鐵龍爪，近時混江龍之法，皆不可用。惟先計濬廣若干丈，插標水中，次計所濬若干遠，及夫役之數而約計，然後用新制平底方舟，橫排河中為一層，船四維各施椿橛，插繫水中，用新制長柄鐵爬立船中齊濬之，每濬深數尺。」又《河防一覽》，卷二〈河議辯惑〉，頁77：「《問水集》有引沁至

2. 諮詢父老

季馴擬訂治河方策，常徵詢河患地區當地父老之意見，茲以如下三項說明：

（1）河行於故道

本節二項一款〈河水循行故道〉，已論及季馴四度主持河務，均提議濬復賈魯故道，其所持理由之一，從其歷次擬定此項決策之過程：

嘉靖四十四年，「謬承總河之命，時（黃）河決沛縣，……（季）馴視之，惶懼無措，道謀茲起，莫知適從，曰：吾其問諸水濱乎？乃溯流而西，……故道、新衝者，炯然在目，所至，則進田間老叟，與長年三老問之，乃知河性善決。……謂然嘆曰：河在是矣。」〔註209〕

隆慶五年，「父老言：去此十餘里，自（商邱縣）丁家道口以下二百二十里，舊河形跡見在，可開，……臣（季馴）以爲莫若修而復之。」〔註210〕

萬曆六年，「臣（季馴）等初抵淮安，即詢黃河出接運道（閘漕運道）處所，眾云：出徐州小浮橋。則臣等又喜，以爲此河身之本體也。……隨據徐州、碭山鄉民段守全、龔汖、王霜等各呈稱：老河故道，……一向安流，名曰：銅幫鐵底。……隨據地方鄉老靳廷道等稟稱：去此拾貳里，自丁家道口以下，貳佰貳拾餘里，舊河形跡具在，儘可開復。……又據夏邑、虞城等縣鄉官王極、鄉民歐陽照等柒佰餘人，連名呈告，俱爲乞疏，舊河便民事。」〔註211〕

從前引資料，季馴首度治河，能獲知「河性善決」之水文知識，是來自「田間老叟」所提供意見；而且從鄉老之意見反應，得知賈魯故道從商邱縣之丁家道口以下，仍有舊河形跡，易於開挑。至於反對開挑賈魯故道者（詳見本節二項一款〈河水循行故道〉）有批評：若開通此故道，必然將魚臺縣、沛縣之河患，轉移至碭山、夏邑等縣；但季馴爲表示碭山、夏邑、虞城等州縣士民贊同開挑此一故道，亦引用該地鄉老歐陽照、靳廷道等人士之意見，予以反駁。

長垣界，經張秋出永通閘，入運濟旱語，亦未知沁之濁也，一溝之渠，寧可能當此濁流乎？沁可引，黃亦可引矣。」

〔註209〕《河防一覽》，序〈刻河防一覽引〉，頁1。
〔註210〕同前書，附存〈信史紀事本末〉，頁551。
〔註211〕《兩河經略》，卷二〈黃河來流艱阻·後患可虞·乞恩速賜查議以圖治安疏〉，頁11。

（2）反海口淤塞

黃河下游河道淤高原因，季馴反對是因海口淤塞所導致，而主張「上決下壅」所造成（詳見本文第二章〈晚明黃河泛濫原因〉），為佐證其理論，乃引用海口附近居民所見：「據土民季眞等吐稱：並望見潮上之時，海舟通行無阻，潮退沙面之水，尙深貳尺。」〔註212〕以及「海口故道，則廣自二、三里以至十餘里，詢之土人，皆云：往時深不可測，近因淮、黃分流，止餘涓滴，入海水少而緩，故沙停而積，海口淺而隘耳。」〔註213〕

（3）構築高家堰

季馴為論證高家堰之建構，與泗州水患無關，並能發揮「蓄清刷黃」之作用，遂引用泗州百姓之意見為證：「到任之後，親詣泗州，會集生員、里老人等，備詢泗州水患，在高堰未決之前，抑既決之後，僉曰：高堰決而泗州水患爲甚也；清口塞於高堰未決之前，抑既決之後也，僉曰：高堰決而清口塞也。臣（季馴）應之曰：是誠然矣，蓋高堰決則淮水東，黃河隨其後，故清口塞。」〔註214〕

引用鄉老之意見，爲季馴擬訂治河方策時，所參考之重要資料，亦是論證其治河方策是否正確可行之主要依據。

總之，季馴總合前人治理黃、淮二河之經驗，並參考鄉老之意見，提出束水攻沙之治河方策。其雖非此一治河方策之首創者，確爲明代第一位貫徹實踐者；經其推動後，此一治河觀之影響，遠及有清一代。

（四）誤解泥沙來源

近來專論中國水利史之論著，如《黃河變遷史》、《明清治河概論》、《淮河水利簡史》、及《黃河水利史述要》等，述及季馴採行束水攻沙之治河方策，爲何不能有效整治海口、清口、河道等淤沙，論其主要原因之一，在於季馴治河偏重於黃河中下游河道，而忽略治理泥沙來源之上流地區，在無法減除泥沙來源之情勢下，單依恃雙重堤防是無法刷除清口等淤沙。〔註215〕

〔註212〕同前書，卷一〈奉明旨陳愚見議治兩河經略以圖永利疏〉，頁17。
〔註213〕《河防一覽》，卷八〈河工告成疏〉，頁215。
〔註214〕同前書，卷九〈高堰請勘疏〉，頁247。
〔註215〕《黃河變遷史》，第八節〈兩漢的黃河・賈讓的治河三策〉，頁266：「季馴喫虧在只顧下游，不顧上游，還帶點頭痛醫頭的狹見。」《明清治河概論》，第六章〈堤防體制・堤防作用〉，頁73：「而論築堤者又常強調堤有束水攻沙導流的功能，因此又引起不同意見的爭論。……如不能減少泥沙的來量，或對

　　季馴爲何不整治黃河上游河道，此涉及所認知黃河水文知識之不足。晚明以前，國人對於黃河水性，在沒有定量觀察和分析下，對於黃河之自然規律，無法明確瞭解。僅就黃河之含沙量和水汛二項言，從西漢張戎提出：「一石水，六斗泥」；宋代將一年十二個月之水汛，以物候命名〔註216〕；至晚明，雖歷經千百年，季馴對於此二項水文之認知，仍憑傳統經驗判斷，毫無進展〔註217〕。因此黃河水中所挾帶之高含量泥沙，主要來自何處？亦如同前

　　　　來沙加以適當的處理，則河床必日淤高，坡降必日變緩，因之減少河槽容泄洪水的能力，亦即降低防洪的作用。」又水利部淮河水利委員會，《淮河水利簡史》（北京：水利電力出版社，1990年8月一版），第六章第二節〈治淮主張與工程·蓄清刷黃〉，頁210：「潘季馴治河只限于河南以下的下游一帶，對于泥沙來源的中游地區，未加以治理，源頭不斷而來的泥沙，只靠束水攻沙這一措施，不可能將泥沙輸送入海，勢必有一部份泥沙淤積在下游河道裏。」又水利部黃河水利委員會，《黃河水利史述要》（北京：水利電力出版社，1984年1月新一版），第八章〈明代治河事業的發源·潘季馴治河的評價〉，頁270：「潘季馴治河還只是局限于河南以下的黃河下游一帶，對于泥沙來源的中游地區，卻未加以治理。」

〔註216〕《漢書》，卷二十九〈溝洫志第九〉，頁1696：「大司馬史安長張戎言：河水重濁，號爲一石水而六斗泥。」又《宋史》，卷九十一〈河渠一·黃河上〉，頁2264：「說者以黃河隨時漲落，故舉物候爲水勢之名：自立春之後，東風解凍，河邊人候水，初至，凡一寸，則夏秋當至一尺，頗爲信驗，故謂之信水。二月、三月，桃華始開，冰泮雨積，川流猥集，波瀾盛長，謂之桃華水。春末，蕪華開，謂之菜華水。四月末，壟麥結秀，擢芒變色，謂之麥黃水。五月，瓜實延蔓，謂之瓜蔓水。朔野之地，深山窮谷，固陰沍寒，冰堅晚泮，逮乎盛夏，消釋方盡，而沃蕩岩，水帶礬腥，併流于河，故六月中旬後，謂之礬石水。七月，菽豆方秀，謂之豆華水。八月，荻薍華，謂之荻苗水。九月，以重陽紀節，謂之登高水。十月，水落安流，復其故道，謂之復槽水。十一月、十二月，斷冰雜流，乘寒復結，謂之蹙凌水。水信有常，率以爲準；非時暴漲，謂之客水。

〔註217〕黃河水中高含量泥沙來源，請詳見本章註266，潘季馴之水文觀如下：依《河防一覽》，卷四〈修守事宜〉，頁107：「一水汛，立春之後，東風解凍，河邊人候水初至，凡一寸則夏秋當至一尺，頗爲信驗，謂之信水。二月、三月，桃花始開，冰泮雨積，川流猥集，波瀾盛長，謂之桃花水。春末，蕪菁華開，謂之菜花水。四月，壟麥結秀，擢芒變色，謂之麥黃水。五月，瓜實延蔓，謂之瓜蔓水。朔野之地，深山窮谷，冰堅晚泮，逮乎盛夏，消釋方盡，而沃蕩山石，水帶礬腥，併流于河，故六月中旬之水，謂之礬山水。七月，菽豆方秀，謂之豆華水。八月，荻薍華，謂之荻苗水。九月，以重陽紀節，謂之登高水。十月，水落安流，復其故道，謂之復槽水。十一月、十二月，斷冰雜流，乘寒復結，謂之蹙凌水。此外，非時暴漲，謂之客水。」又同前書，卷七〈兩河經略疏〉，頁172：「故平時之水，以斗計之，沙居其六；一入伏秋，則居其八。」又同前書，卷十〈恭誦綸音疏〉，頁298：「黃性悍而質濁，

述，前人不知，或誤解其來源，季馴仍予承襲，遂影響其治河方策之成效。

　　《宋史》、《元史》之河渠志，曾探討黃河上游之山西、陝西等地為何沒有嚴重水患，而河南以下之中下游為何多泛濫原因，依《宋史》載：

> 黃河自昔為中國患，〈河渠書〉述之甚詳。（黃）河入中國，行太行西，曲折山間，不能為大患；既出大伾（河南氾水縣），東去赴海，更平地二千餘里，……夏秋霖潦，百川眾流所會，不免決溢之患。〔註218〕

又《元史》載：

> 黃河決溢，千里蒙害。……一遇霖潦，湍浪汛猛，自孟津（河南孟津）以東，土性疏薄，兼帶沙鹵，又失疏導之方，崩潰決溢。〔註219〕

前引資料，從二方面分析，一為地勢：山西、陝西等上游地區，因「曲折山間，故不能為患」；但河南以東之中下游，則「平地二千餘里，……不免有決溢之患。」二是泥沙來源：從河南孟津縣以下，因「土性疏薄，兼帶沙鹵」，一遇霖潦沖刷，易於鬆動泥土。可知從黃河上、中游雙方所處之地勢相比較，以論河患之多寡，頗有其道理；但若將黃河中下游河水中之高量含沙，歸源於河南以東其土質疏鬆經雨霖沖刷所造成，則屬錯誤。

　　季馴對於黃河水質之認知，雖已籠統得知蘭州（甘肅蘭縣）以上之黃河水，其水質清澈，以下則「水少沙多」〔註220〕；但黃河中下游，河水挾帶之泥沙，主要源自何處？依其《兩河經略》載：

> 惟河南之土最鬆，禹導（黃）河入海，止經郟縣（河南陝縣）、孟津、鞏縣（河南鞏縣）三處，皆隸今之河南一府，其（黃河）水未必如今之濁。今自河南之閿鄉縣（河南閿鄉）起，至歸德之虞城縣止，凡五府，（黃）河已全經其地。而去禹導（黃）河之時，復三千餘年，流日久，土愈鬆，水愈濁。故平時之水，以斗計之，沙居其六；壹入伏秋，則居其八矣。〔註221〕

先臣張仲義云：河水一石，六斗泥，以四斗之水，載六斗之泥，非極湍悍，汛溜不可。」

〔註218〕《宋史》，卷九十一〈河渠一·黃河上〉，頁2255。
〔註219〕《元史》，卷六十五〈河渠二·黃河〉，頁1620。
〔註220〕《河防一覽》，卷二〈河議辯惑〉，頁60。
〔註221〕《兩河經略》，卷一〈奉明旨陳愚見議治兩河經略以圖永利疏〉，頁12。

又〈申明河南修守疏〉：

> 蓋（黃）河自崑崙，歷關陝以至河南，則伊、洛、渭、沁諸水合
> 焉，（河）水愈多，勢愈盛；而自三門（河南陝縣東北）、孟津以
> 下，地皆浮沙，最易汕刷，故自漢至今，東衝西決，未有不始自河
> 南者也。〔註222〕

又〈河議辯惑疏〉：

> 有問於（季）馴，……周定王（610）以後，則或北或南，遷徙不
> 定，而（季）馴欲以區區堤壩之工，遂為長久之策乎？且自河南以
> 上，秦、晉之間，何嘗有堤哉，任之而已。（季）馴應之曰：……至
> 於秦、晉之間，則更有說：山多土堅，水難齧也；地亢而曠，運不
> 資也。〔註223〕

從前引諸文，季馴分析為何河南多水患，而山西、陝西水患較少之原因：

1. 論地勢土質

山西、陝西一帶之地質，「地亢而曠」，「山多土堅」，故「水難齧也」。而
河南地帶，則「地皆浮沙」，故「最易汕刷」。

2. 論泥沙來源

其分析大禹時為何黃河水患較少，而今河患為何嚴重，其原因有二：（1）
黃河流經河南地區之里程愈短，其河水中之含沙量就愈低，反之則愈高。故
大禹時，黃河於河南僅流經三個州縣——鄈縣、孟津縣、鞏縣（以上屬河南
府）；而今黃河從河南府之閿鄉縣至歸德府之虞城縣，則流經五個府（河南府、
懷慶府、衛輝府、開封府、歸德府）。（2）黃河流經河南地區之時間愈長，其
河水中含沙量就愈高，因該地區之土質疏鬆，經黃河水長時期沖刷，泥土易
於流失，如是河水就愈趨混濁。

季馴已明確指出：黃河水中之高量含沙，主要來自河南，而非源自黃土
高原。此一觀點，於明代並非季馴一人獨有之看法，有甚多治河議論均持相
同之論點，如景泰四年（1453）僉都御史徐有貞言：

> 蓋（黃）河自雍（即雍州，指陝西）而豫（即豫州，指河南），出險
> 固而之夷；斥其水之勢既肆，又緣豫而克（即兗州，山東省一府），
> 土益疏，水益肆，而沙灣（山東壽張縣東北）之東，所謂大洪口者，

〔註222〕《河防一覽》，卷十一〈申明河南修守疏〉，頁306。

〔註223〕同前書，卷二〈河議辯惑〉，頁80。

適當其衝，于是決焉。〔註224〕

又嘉靖六年（1527）光祿少卿黃綰言：

> 壺口（陝西宜川縣和山西吉縣間）以上，山源相夾，猶在澗中，地雖
> 高下，未至壁絕，水雖並入，未至甚多；勢雖奔流，未至衝擊，猶夫
> 河也。壺口以下，受水始多，龍門壁立，砥柱橫流，懸水汎湍，始成
> 衝擊，地夷土脆，易爲患。……況砥柱以下，始多衝擊岸，衝擊則崩
> 頹，水衝擊則湍旋，崩頹者多，故水益黃濁多沙，凡經河流，無不淤
> 泥日積，淤泥積于下河，流升于上，不爲堤防，何以障之。〔註225〕

又嘉靖十三年總河都御史劉永和言：

> 統論黃河遷徙不常之由，……孟津而下，地極平衍，無群山之束溢，
> 五也。中州，南北悉河故道，土雜泥沙，善崩善淤，六也。是以西
> 北，每有異常之水，河必驟盈，盈則決。〔註226〕

又嘉靖十五年總理河道右副都御史李如圭言：

> 黃河發源，……自寧夏（甘肅寧夏）爲始言之，自寧夏流至延綏（陝
> 西榆林）、山西兩界之間，兩岸皆高山石麓，黃河流於其中，並無衝
> 決之患。及過潼關，一入河南之境，兩岸無山，地勢平衍，土少沙
> 多，無所拘制，而水縱其性，兼之各處小水皆趨於河，而河道漸
> 廣。〔註227〕

又隆慶六年總河都御史萬恭言：

> 黃河爲中國患，久矣。……「多穿漕渠以殺水勢」——此漢人之言
> 也，秦、晉峽中之河耳。若入河南，水匯土疏，大穿則全河由渠而
> 舊河淤，小穿則水性不趨，水過即平陸耳。〔註228〕

又萬曆十六年工部尚書石星言：

> 河南，黃河上流，三門七澤以下，地平土疏，每易衝決，特非運道
> 所經，往往忽視，以爲無虞，而不知上源既決，運道未有不阻者，
> 故修守之法，在河南尤屬緊要。〔註229〕

〔註224〕《西園聞見錄》，卷八十七〈工部一・治河上・前言〉，頁3。

〔註225〕同註224，頁18。

〔註226〕《問水集》，卷一〈黃河・統論黃河遷徙不常之由〉，頁9。

〔註227〕《天下郡國利病書》，卷三十一〈江南十九・漕政〉，頁15。

〔註228〕《治水筌蹄》，卷一〈黃河・十七・治黃思想及論證〉，頁27。

〔註229〕《明神宗實錄》，卷二〇四，頁4，萬曆十六年十二月戊子條。又同前書，卷

從前引諸文，有明一代尚無法確知黃河之高量泥沙，主要源自黃土高原；而誤認來自河南之「水匯土疎」，故放任西北邊關地區從事屯田，濫伐森林以利營建、燒炭〔註230〕，致使黃土高原之森林植被遭受嚴重破壞，黃土既容易流失，黃河水質乃更加混濁。

傳統中國，幾千年來未能善治黃河水患，誤解河水中泥沙之來源實為主因，以為河南地區，黃河水勢強盛，衝囓其「土疎」，混濁黃河水。若能確知泥沙來源，不僅是季馴，其他治河官員為降低河患之發生，必針對黃河上游之黃土高原地帶，制定整治計畫，以避免黃河危害漕河、陵寢、和民生。〔註231〕

第四節　束水攻沙論之實行

束水攻沙論，主要施行於季馴三、四任總河期，茲論述其各項整建工程。

一九五，頁 10，萬曆十六年二月丁丑條：「工部覆議：黃河為患，自古已然，而治河之難，中州為甚，何也？其地沙壅土疎，條築既難，平原多曠，一望千里，無崇山複嶺之束，獨恃捲埽以列防，自為捍蔽，故功難就，而費亦滋。」

〔註230〕邱成希，《明代黃河水患探析》，第二節〈黃河自然環境的變遷與明代河患的關係〉，論析明代河患原因有四，其中第四項是：「黃河中游森林植被已遭嚴重破壞」；以及第三節〈明代河政的失誤〉，計有四項，其中第一項是「西北邊關林禁的鬆弛瓦解問題」，第二項是「明代在西北邊關盲目屯田的失誤」，第三項「明代養馬業經營得不盡合理，給黃河治理造成了一些問題」，第四項「明代的生產、生活都需要木材為主要材料和燃料。」

〔註231〕至清初，陳潢才略知黃河水中之泥沙，主要源自黃土高原，詳見陳潢原論，張靄生編述之《河防述言》（臺北：臺灣商務印書館，文淵閣四庫全書），〈源流第五〉，頁 24：「西北土性鬆浮，遇湍急之水，即隨波而行，于是河水遂黃也。嘗聞秦人之歌曰：涇水一石，其泥數斗，今按渭流亦濁，不獨涇然也。……晉之沁、汾諸水亦濁，可知西北之水，不惟黃河挾沙也。」又《明清治河概論》，第十章三節〈溯源探本的議論〉，頁 157，亦提及清光緒二十五年（1899）比利時工程師盧法爾寫給李鴻章之報告，論及黃河上游之治理：「黃河在山東為患，而病源不在山東。若只就山東治黃河，但棄于按瘡敷藥，雖可一時止痛，而不久舊疾復作矣。……溯黃河之源，……流入蒙古沙漠，改道多次，始至山西，已挾沙而來矣，道出陝西，又與渭水匯流，其質更濁，再穿土山向東而出，拖泥帶水，直入河南，所至披靡，水益濁矣，此即黃河之病源也。下游之病，良由於此，主治之宜，在于病源加意。」盧法爾並提出兩項整治黃河上游的計畫，一是應否在上游建造閘壩用以攔沙，或擇大湖用以減水。二是於上游山區應栽種樹木，以殺水勢和防止土壤沖刷；但是時對於此項建議未能予以重視。

一、三任總河期

從萬曆六年九月十五日興工，在漕撫侍郎江一麟之襄助下，責成管河郎中余毅中等各就分配工程，刻期興舉，至萬曆七年十月六日竣工，各項整建工程詳見於下表：

表二十：潘季馴三任總河期整治各項工程表

工程項目	數　　量	地　　　　　　　　　點
土堤	112268.31 丈	
石堤	3374.90 丈	
塞大、小決口	139 處	桃源縣崔鎮一，清河縣十八，睢寧縣四十七，寶應縣黃浦、八淺二，其它七十一。
建減水壩	4 座	崔鎮、徐昇、季太、三義（皆屬桃源縣）
築塞涵洞	2 座	谷山、匙頭灣（屬邳州）
濬湖漕淤淺	11563.50 丈	
栽柳樹	8,302,200 株	

資料來源：潘季馴，《河防一覽》，卷八〈河工告成疏〉，頁 209。

表二十一：潘季馴三任總河期修築堤防一覽表

州、縣	堤　防	地　　　　　點	數量（丈）
山　陽	高家堰		10878.00
	南岸縷堤	清江浦——高嶺	16491.00
寶　應	土堤	運道堤	4492.00
	石堤		3374.90
清　河	南岸縷堤	甘羅城——淮河	426.00
	南、北縷堤	清江浦	3309.80
桃　源	北岸遙堤	古城——護城堤（清河縣）	18410.20
	南岸遙堤	馬廠坡	746.00
		歸仁集	7683.80
睢　寧	南岸遙堤	寶老穀集——李字舖	19542.50
邳　州	北岸遙堤	呂梁山——直河口	9464.10
	南岸遙堤	三山	9016.31

資料來源：潘季馴，《河防一覽》，卷八〈河工告成疏〉，頁 209～221。

從上表可知：整建工程著重於徐州以東之黃河下游地區，以及黃、淮二河交
會處。此次工程具有以下五項特色：

（一）創築遙堤

萬曆二年以前，萬恭、朱衡和季馴二任總河期，曾於「河漕」運道兩岸
修築縷堤，此次從徐州至桃源縣乃創築南、北兩道遙堤，計長三萬七千六百
三十六丈。惟黃河北岸，從邳州之直河口至宿遷縣之古城（桃源縣崔鎮西南
二十里）間有一百三十里未建遙堤（見圖二十五F、G），論其原因：此一地
帶有落馬、侍丘（長三十里）等湖，湖泊四周環繞高崗，如同天然遙堤；況
且逢黃河水勢泛漲，落馬等湖具有收蓄洪水之功能。〔註232〕

（二）設置四座減水壩

爲防範黃河水暴漲，潰決縷、遙二堤，乃在桃源縣之北岸遙堤上，建置
崔鎮、徐昇、季太、三義等四座減水壩，作爲宣洩洪水之用（見圖二十三、
圖二十五H、圖三十一）。設置此四座減水壩，是否與盡塞決口以利束水攻沙
之理論相左，依季馴之解釋：減水壩與決口不同，因決口處之地質屬於浮
沙，遇有洪水沖刷，決口將愈趨深闊，終將掣引黃河水而改道。至於減水
壩，則採石材建造，河水不易沖損，但能宣洩泛漲河水，俟水勢消落，河道
恢復如故。至於構築於河道北岸之原因，在於泛漲河水得經此流向安東縣之
灌口入海；若建於南岸，恐有洩入淮河之虞。〔註233〕

（三）高家堰西南端預留二處水口

高家堰土堤計修建六十里，但於其西南端之越城、周家橋（闊丈餘，深
二、三尺）預留二處水口，未予築堤（見圖十一）。此因該處地勢較高，逢淮
水暴漲，洪水得經此分洩入寶應縣之白馬諸湖，以免高家堰遭沖決；俟水勢
消落，此處又恢復爲陸地，能防止淮水旁洩。故季馴稱此二水口爲「天然減
水壩」。〔註234〕

（四）修建歸仁集堤

此堤位於睢河入黃河之南岸，橫跨宿遷、桃源二縣，計長四十三里（見

〔註232〕《河防一覽》，卷二〈河議辯惑〉，頁 63；卷十三〈條陳河工補益疏〉，頁
460。
〔註233〕同註232，頁 63～64。
〔註234〕同註232，頁 70～71。

圖二十三、圖二十五Ｇ）。其具有如下二項功能：(1)前此逢黃河泛漲，洪水易於逆灌宿遷縣之小河口（睢、黃二河交會處），潰決歸仁集（桃源縣之于家岡西五十七里），挾白鹿諸湖水（宿遷縣西南五十里），衝射泗州祖陵；構築此堤後，祖陵得免除前述之水患。(2)此堤能順導睢水入黃河，增強黃河水勢，以利沖刷河道淤沙〔註235〕。由於歸仁集堤具有防洪、順導河水之功能，故堤上每三里設置舖舍一座，計十三座，舖內有老人一名，督率河夫十二名，負責栽種柳樹以養護堤防。〔註236〕

圖三十一：滾水壩鳥瞰圖

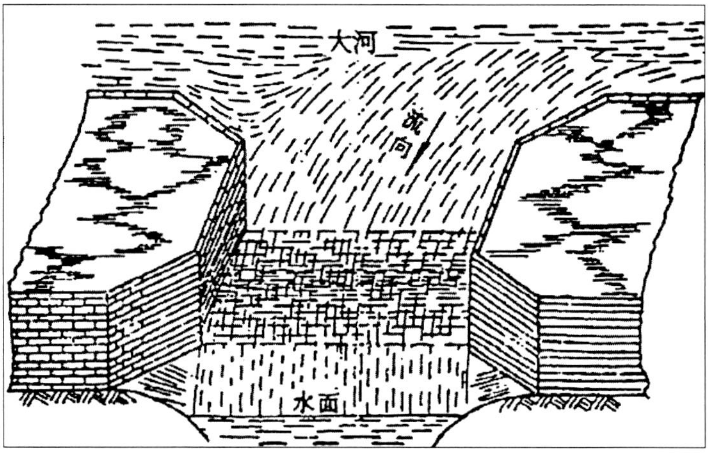

（採自水利水電科學研究院，《中國水利史稿》下冊，圖十之五）

（五）建造馬廠坡堤

此堤位於桃源縣東，黃河之南岸，全長七百四十六丈（見圖二十三、圖二十五Ｈ）。此堤未建置以前，逢黃河泛漲，黃河水易從此處分洩入淮河，淤塞淮河之河道；若值淮河暴漲，淮水亦易從此處分洩入黃河，而減弱淮水東北出清口之水勢。故構築馬廠坡堤以後，前述弊病得以避免。〔註237〕

此次工程所獲成效，僅就泗州水患言，依表四，「明代泗州水患一覽表」，知萬曆八年、九年、十年均有大水患；萬曆十年、十二年、十三年亦有水患，

〔註235〕同前書，卷三〈河防險要·淮北〉，頁88；卷十三〈科臣進圖疏〉，頁444；以及〈江南十五·歸仁集堤〉，頁39。
〔註236〕同前書，卷九〈覆議河工補益疏〉，頁242。
〔註237〕同前書，卷三〈河防險要·淮北〉，頁89。

可知束水攻沙論尚無法清除黃、淮二河下游諸淤沙。

二、四任總河期

　　從萬曆十六年十月興工，在工科給事中常居敬襄助下，責成中河郎中沈修等各就分配工程刻期興舉，首期工程，著重漕河之整治，於萬曆十七年四月告成；二期工程，以整治黃河中下游河道為主，於萬曆十八年六月完成。茲將首期工程中，有關黃、淮二河堤防工程，以及二期工程中黃河兩岸各式堤防之整建，列表述之於後：

表二十二：潘季馴四任總河期整建黃、淮二河各項工程表

工程項目	數　　量	地　　　　　　點
創築土堤	28386.50 丈	
幫築土堤	240414.00 丈	
創築石堤	3744.50 丈	
格　　堤	2639.70 丈	
築塞涵洞	82.70 丈	靈璧縣之單家口、豐縣之田劉口。
順水草壩	14 座	清江浦四、惠濟祠一（屬清河縣）、范家口九（屬山陽縣）。

資料來源：潘季馴，《河防一覽》，卷十一〈河工告成疏〉，頁 339～342；卷十二〈恭報三省直堤防告成疏〉，頁 373～380。

表二十三：潘季馴四任總河期修築黃、淮二河堤防一覽表

州、縣	堤　防 創築	堤　防 幫築	堤　　式	數量（丈）	地　　　　　　點
山陽	✓		石堤	3440.0	高家堰、范家口
		✓	土堤	1241.0	范家口、張家窪、黑墩、薊家窪、金家窪、賈家窪
		✓	椿芭堤	2648.1	高家堰、范家口、柳浦灣潘家壩
清河	✓		石堤	304.5	惠濟祠、禮字壩
		✓	南岸土堤	2147.0	張福口、王家口、縣前圍堤、禮字壩
桃源		✓	北岸遙堤	1337.0	
		✓	減水壩兩鴈翅迎水接連土堤	48.0	崔鎮、徐昇、季太、三義四座減水壩

		✓	馬廠坡堤	1500.0	
宿遷		✓	南岸縷堤	6076.0	
		✓	南岸遙堤	743.4	
		✓	歸仁集堤	5756.0	
邳州		✓	南、北岸縷堤	13825.0	
		✓	南、北岸遙堤	12832.4	
	✓		格堤	473.0	羊山
睢寧		✓	南、北岸縷堤	15781.0	
		✓	南、北岸遙堤	8095.0	
	✓		格堤	937.7	成字舖、辛安
靈璧		✓	南岸縷堤	2027.5	
		✓	南岸遙堤	3727.0	
	✓		格堤	415.0	雙溝
	✓		南岸子堤	1620.0	
徐州		✓	南、北岸縷堤	9461.0	單家口、徐州城以北
		✓	南北岸遙堤	6374.2	徐州城以南
	✓		格堤	814.0	房村、單家口
	✓		谷山堤	140.0	
沛縣		✓	北岸縷堤	4710.0	張村店、雨淋缺口1,082處、塔山
		✓	太行堤	1010.0	雨淋缺口3,270處
	✓		支將軍廟縷堤	750.0	
豐縣		✓	月堤	5887.0	清水河、邵家大壩、邀城寺
		✓	土堤	46.4	田劉口
碭山		✓	縷堤	1080.0	劉金樓、白川店
		✓	大壩六段	1486.5	
單縣		✓	縷堤	3780.0	十舖至十七舖、十八舖
		✓	月堤	541.5	
		✓	大行堤	2764.8	十五舖至二十舖
虞城		✓	南岸土堤	2400.0	羅家口
曹縣		✓	土堤	5582.0	壩南重堤、裏河堤自八舖至十六舖、埽臺至窰南堤、大王廟至劉滿莊

	✓	月堤	2523.5	曹家集、牛市屯、劉滿莊
	✓	大行堤	4860.0	自十七舖至二十五舖
	✓	舊老堤	4630.5	自二十九舖至三十五舖、三舖至五舖、三十舖至重堤北頭
		土壩、護壩	1726.0	馮家廠、王家壩等二十九道、董家口、史家樓、王家壩
商邱	✓	南岸土堤、舊堤	497.5	楊先口、楚家灣
考城	✓	南岸遙堤	550.0	計五段
	✓	北岸月堤	1831.0	芝麻莊、陳隆莊
	✓	堤壩、舊壩、護壩	970.3	芝麻莊、陳隆莊、李秀廠、唐家水口、回龍廟、流通集、董家莊
	✓	北岸新壩	314.5	芝麻莊、陳隆莊
睢州	✓	南岸舊堤	350.0	大城集
儀封	✓	北岸遙堤	1750.0	煉城口
	✓	南岸遙堤	600.0	李景高口
	✓	南岸月堤	620.0	大寨
	✓	北岸土堤	175.6	煉城口
	✓	北岸舊堤	3068.0	煉城口、榮花樹、乞泥河、三家莊
	✓	南岸土堤	8244.0	普家營、葛田口、岔股、護城堤
	✓✓	北岸舊壩、護壩	1592.0	煉城口、乞泥河、三家莊
陳留	✓	北岸土堤	1140.0	陳留寨
	✓	南岸舊堤	3240.0	解家堂
蘭陽	✓	北岸遙堤	552.0	馬坊營
	✓	南岸遙堤	1754.7	趙皮寨
	✓	北岸月堤	650.0	馬坊營
	✓	北岸舊堤	8840.0	楊家莊、銅瓦廂、張村集、馬營坊
	✓	南岸舊堤	2670.0	草廟
祥符	✓	北岸遙堤	2930.0	劉家寨
	✓	南岸遙堤	5287.0	劉獸醫口、張家灘、李英仲寨
	✓	北岸橫堤	46.0	柳青口
	✓	南岸新堤	60.0	張家灘
	✓	北岸舊堤	20560.0	馬家口、陳橋集、省城周圍大堤

		✓	南岸舊堤	16009.4	瓦子坡、劉獸醫口、陶家店、兔伯堽、埽頭集、槐疙疸
	✓	✓	南岸舊壩、月壩	1776.0	陶家店、張家灘
封邱	✓		北岸遙堤	2056.0	荊隆口
		✓	北岸舊老堤	9709.2	于家店、中欒城、東姜寨、荊隆口
		✓	北岸水壩	1022.0	于家店、中欒城、蕭家莊、張家莊、荊隆口
陽武	✓		南岸遙堤	455.0	申家寨
	✓		南岸月堤	900.0	賈家寨
		✓	北岸舊堤	6480.6	脾沙岡、宋家莊、王佑莊
		✓	南岸舊堤	5179.0	訾家莊至圓墩寺、申家寨
	✓	✓	北岸水壩	500.0	脾沙岡
中牟	✓		南岸土堤	787.7	新莊集
		✓	南岸舊堤	3017.4	黃煉集、新莊集
原武	✓		北岸月堤	1255.0	張家莊
		✓	北岸舊堤	7553.7	姚村、婁家莊、胡村舖、婁彩店、張家莊、王村、小陳橋、師家莊、判官村
		✓	北岸舊壩	1186.0	張家莊、判官村
鄭州		✓	南岸舊堤	230.3	小陳橋
滎澤	✓		南岸遙堤	356.0	曹家屯
	✓		南岸月堤	230.0	梨園村
		✓	北岸舊（長）堤	6159.2	甄家莊、郭家潭
		✓	南岸舊堤	2768.0	小院村、朱家莊、蘇家莊
武涉	✓	✓	黃河北岸堤	1459.0	詹家店、王化營
		✓	沁河北岸水壩	44.5	大原村
		✓	沁河南岸護城堤	442.0	
	✓	✓	沁河東岸堤	807.5	蓮花口、大樊村、郭村
	✓		沁河東岸水壩、戧堤	607.1	蓮花口
河內		✓	沁水南岸縷堤	200.0	閘口至安家樓
		✓	沁水南岸水壩	344.0	古陽東西壩

資料來源：潘季馴，《河防一覽》，卷十一〈河工告成疏〉，頁339～342；卷十二〈恭報三省直堤防告成疏〉，頁373～380。

此期工程，除重建季馴於三任總河期內在黃河下游所建造之各項禦水工程外，並將束水攻沙論推廣及於黃河中游地帶。綜觀各項工程具有特色者如下：

（一）黃河下游工程

除幫築原有之縷、遙等堤外，尚有二項創建：

1. 構築格堤

於黃河下游河道南岸險要處，建造六道格堤，此即徐州之房村（496丈）、單家口（318丈），睢寧縣之成字舖（即馬家淺，581丈7尺）、辛安（356丈），邳州之羊山（473丈），靈璧縣之雙溝（415丈），以防黃河潰決縷堤而改道，和進行滯洪落淤之作用。

2. 築塞張福口、王家口

二處水口位於洪澤湖北岸（見圖二十八），淮水易從此處分洩入黃河，減弱淮河水勢，以致清口屢遭黃河水灌淤。為順導淮水盡出清口，與黃河水相抗衡，於首期工程，築塞張福決口一百零二丈，加築堤防一百零二丈；並幫築王家口舊堤一百八十丈。於二期工程，再幫築二處堤防計四百一十丈。〔註238〕

（二）黃河中游工程

黃河中游河道之所以備受重視，此因黃河在此處潰決，若河水南沖，將威脅藩邸所在之開封府城；若往北流，則有沖斷「閘漕」運道之憂。於弘治朝，副都御史劉大夏為防黃河北決，弘治八年（1495）於黃河北岸修建「太行堤」，從此西起武涉縣之詹家店，東至碭山縣、沛縣，臨河堤防長達一千餘里。至於黃河南岸堤防，萬曆二年管河副使章時鸞亦曾修築縷堤，此後東起榮澤縣，西至虞城縣，全長五百餘里。黃河中游兩岸既有綿延之堤防，實為河南省之屏障。但前此構築堤防，甚少取用老土添築，經黃河水長期沖刷，茲已呈現單薄〔註239〕。為防範黃河再決於中游河道，以及匯集河水，以達束水攻沙之成效，季馴除幫築沛、單、曹三縣之太行堤（計7624.8丈），與兩岸舊堤外，並擇險要河段，創築或幫築遙堤和月堤。各項整建工程，詳見下列二表：

〔註238〕同前書，卷十一〈河工告成疏〉，頁341。
〔註239〕同註237，〈河防險要・河南〉，頁96。

表二十四：潘季馴四任總河期黃河中游構築遙堤一覽表

河　岸	縣　名	創　築	幫　築	地　　　　點	長度（丈）
黃河南岸	考　城		✓	五段	550.0
	儀　封	✓		李景高口	600.0
	蘭　陽	✓		趙皮寨	1754.7
	祥　符	✓		劉獸醫口	2732.0
		✓		張家灘	1005.0
		✓		李英仲寨	1550.0
	陽　武	✓		申家寨	454.0
	滎　澤	✓		曹家屯	356.0
黃河北岸	儀　封	✓		煉城口	1750.0
	蘭　陽	✓		馬坊營	552.0
	祥　符	✓		劉家寨	2930.0
	封　邱	✓		荊隆口	2056.0

資料來源：取自表二十三。

表二十五：潘季馴四任總河期黃河中游構築月堤一覽表

河　岸	縣　名	創　築	幫　築	地　　　　點	長度（丈）
黃河南岸	儀　封	✓		大寨	620.0
	陽　武	✓		賈家寨	900.0
	滎　澤	✓		梨園村	230.0
黃河北岸	豐　縣		✓	清水河、邵家大壩、邀城寺	5887.0
	單　縣		✓		541.5
	曹　縣		✓	曹家集、牛市屯、劉滿莊	2523.5
	考　城		✓	芝麻莊	1766.0
			✓	陳隆莊	65.0
	蘭　陽	✓		馬坊營	650.0
	原　武	✓		張家莊	1255.0

資料來源：取自表二十三。

從前列二表，可知黃河中游河道，所修築之遙堤，並非河道兩岸均予修建，而是築於「地形最窪，易以奪河者。」〔註240〕河道南岸，計有李景高口等八處，計長九千零一‧七丈，其中八千四百五十一‧七丈為創築，五百五十丈為幫築；黃河北岸，有煉城口等四處，長凡七千二百八十八丈，全為創築。至於月堤，主要築於黃河中游「迫近去處」，黃河南岸，有梨園村等三處，計長一千七百五十丈，均為幫築；黃河北岸，有清水河等十處，長有一萬二千六百八十八丈，其中創築一千九百零五丈，幫築一萬零七百八十三丈。

　　季馴所規畫之四式堤防——縷堤、遙堤、格堤、月堤，其於黃河中下游實際修築情形，縷堤：築於中下游濱臨河道之兩岸。遙堤：於黃河下游（河漕運道），除宿遷縣之直河口至古城間未予構築外，其餘南、北兩岸均有建置；黃河中游，則僅築於地勢較為低窪處。格堤：築於黃河下游之河道南岸，計有房村等六道。月堤：主要築於黃河中游險要處，有大寨等十三處。此外，季馴施行束水攻沙論，雖主張堵塞河道兩岸各分水口，但為預防黃、淮二河之異常泛漲河水，沖潰遙堤或高家堰，乃於桃源縣之北岸遙堤上建置四座減水石壩，又在高家堰南端預留二處水口，作為宣洩洪水之用。

第五節　分黃、導淮論及其實行

一、施行前之治河議

　　為整治黃、淮二河下游水患，季馴採行束水攻沙論、卻無法善治清口、海口諸淤沙。萬曆二十三年為挽救泗州、祖陵水患，推動「分黃」、「導淮」之治河方策。茲乃探討季馴遭罷職原因，以及萬曆二十三年以前之治河議。

　　萬曆十九年九月，淮水又逆浸泗州祖陵，災情嚴重，明年正月，總漕陳于陛、監察御史高舉等為挽救祖陵水患，聯署奏請四項導淮計畫：（1）開挑高家堰西南端之施家溝、周家橋二處分水口，分洩淮水南流於高寶諸湖；（2）拆毀洪澤湖北岸之張福口堤，分導淮水北流入黃河；（3）從傅寧湖開挑一道分水河渠，經六合縣（安徽和縣），入大江，以分洩淮水；（4）開挑壽州之瓦埠河，

〔註240〕《皇明經世文編》，卷三七五〈宸斷大工錄‧兩河經略〉，頁5：「倣河南遠堤之制，除豐、沛太黃堤原址，查有迫近去處，量行展築月堤，仍于兩岸相度地形最窪，易以奪河者，另築遙堤。」

分洩淮水於上游〔註241〕。此項整治計畫即廣開淮水入海入道，不必全經清口會於黃河。但季馴予以反對，仍堅持束水攻沙論，方能有效整治黃、淮二河；對於祖陵水患，則認爲：「霖霆水漲，久常自消。」〔註242〕工部尚書曾同享贊同季馴之看法，並建議賦予季馴治河全責。但高舉並不贊同工部之意見，乃上奏言：按往例，值河工緊急時，應遣科臣前往災區勘查水患；茲泗州水患，既悠關陵寢、運道和民生，理當派遣科臣一人，會同河、漕諸臣計議。此一建言獲得採納，遂命工科右給事中張觀貞前往泗州勘查水患。經張觀貞詳勘後，奏報災情言：「泗州如水上浮盂，盂中之水，復滿祖陵，……且高（家）堰危如累卵。」〔註243〕（祖陵水患詳見本文第三章第二節〈祖陵水患與陵堤興建〉）可知泗州、祖陵災情慘重，未如季馴所言：「久當自消」。工部都給事中楊其休遂彈劾季馴：「河臣潘季馴勛茂勞久，嘔血骨立，被言請告，當允其歸。」〔註244〕季馴乃於萬曆二十年二月離職返回故里。朝廷改命舒應龍以工部尚書一職總理河道。〔註245〕

舒應龍和張觀貞認爲今日兩河病源在於海口淤塞，海口一旦淤塞，黃河下游河道必然淤高；河道淤高愈甚，則黃河水逆灌清口更爲嚴重；清口若遭淤塞，淮水無法順流東北出，必逆浸祖陵，或東潰高家堰。爲整治清口、海口諸淤沙，奏請採行如下之整治方法：

（一）整治清口淤沙

除採用人力挑濬清口淤沙外，爲分洩黃河水，以避免其水勢強盛而灌淤清口，計畫於清口上游約十里之腰鋪，開挑分水河渠，稱之「腰鋪支河」，其尾端於草灣仍歸入黃河。（見圖二十五Ⓗ）

（二）整治海口淤塞

海口處因潮汐往來，莫窺其涯，無法以人力挑除，惟有導引黃、淮二河水沖刷之，方能清除。〔註246〕

〔註241〕《明神宗實錄》，卷二四四，頁2，萬曆二十年正月癸酉條。
〔註242〕明‧谷應泰，《明史紀事本末》（臺北：三民書局，民國45年2月初版），卷三十四〈河決之患〉，頁363。
〔註243〕《明神宗實錄》，卷二四八，頁7，萬曆二十年四月丁亥條。
〔註244〕同前書，卷二四四，頁2，萬曆二十年正月甲戌條。
〔註245〕同前書，卷二四五，頁4，萬曆二十年二月戊申條。
〔註246〕同前書，卷二四八，頁7，萬曆二十年四月丁亥條；及《明史》，卷八十四〈河渠二‧黃河下〉，頁884。

是時，正逢倭寇侵犯，和淮水潰決洪澤湖北岸之張福口堤，淮水得經此北洩入黃河，導致泗州、祖陵之積水消落。故監察御史彭應參、陳洪烈、劉寶等基於祖陵已無水患和倭寇入侵爲由，奏請暫停施工。因此舒應龍之整治計畫，除派河夫駕淺船挑濬清口淤沙外，腰鋪支河則待明年春倭亂平定後，再行興工。〔註247〕

萬曆二十一年春，腰鋪支河並未開挑。同年夏秋，淮水暴漲，東潰高家堰之高良澗等二十二處，爲季馴於萬曆七年修建此堰以來，首次潰決。舒應龍築塞各處決口，且加砌高家堰磚石二層〔註248〕。明年六月，淮水又侵泗州、祖陵〔註249〕，監察御史牛應元奏報祖陵災情：舊龍嘴水深數尺，松柏淹枯無數（祖陵災情詳見本文第三章二節〈祖陵水患與陵堤興建〉）。舒應龍因治河無效，萬曆二十二年九月被調回工部〔註250〕。明年二月，改命楊一魁繼任總河官。

總之，萬曆十九年九月至萬曆二十二年九月之三年間，淮水三次逆侵泗州、祖陵，一次潰決高家堰。此一事實，得以證明束水攻沙論無法善治清口淤沙，因舒應龍之治河方策並未施行，此時期之河工，仍延續束水攻沙論之建設成果。

二、分黃、導淮論之確立

萬曆二十三年淮水再浸祖陵，東潰高家堰〔註251〕，神宗鑒於萬曆十九年以來所推行之治河方策均無成效，甚爲震怒言：「河工歲靡金錢百萬，而浸沒滋甚。」乃命工部懲治失職人員，同年四月，罷黜前任總河舒應龍、前科臣張觀貞、監察御史彭應參等三人爲民；且命勘河工科給事中張企程輔助楊一魁治河，限期五個月內，擬訂整治計畫。〔註252〕

〔註247〕同註246上引書，卷二五四，頁1，萬曆二十年十一月庚申條。

〔註248〕《行水金鑑》，卷六十四〈淮水〉，頁941，引「南河全考」：「萬曆二十一年，淮水大漲，湖河泛漲，高郵南、北、中堤、魏家舍等處，大小二十八口，共長五百餘丈；又西老石堤，洪水漫過衝決東堤；又寶應決六淺潭二十九丈，又高良澗決二十二口，民罹昏墊。」

〔註249〕同前書，同卷，頁942，引「南河全考」：「萬曆二十二年六月，黃水大漲，清口沙澱，阻過淮水，不能束下，於是挾上源。阜寧諸湖與山溪之水，暴浸祖陵，泗城淹沒。」

〔註250〕《明神宗實錄》，卷二七七，頁2，萬曆二十二年九月己卯條。

〔註251〕《帝鄉紀略》，卷十〈奏章・勘科給事中張公企程題開周家橋、武家墩等處奏議〉，頁45。

〔註252〕《明神宗實錄》，卷二八四，頁9，萬曆二十三年四月戊辰條。

此時之治河議，有「分黃」和「導淮」二項議論之對立，前者以楊一魁為首，後者以總漕尚書褚鈇為主，由於二造相爭不下，才產生監察御史牛應元提議之「折衷論」，即分黃、導淮兩相並舉，使得對立之雙方獲得協議。茲分述「分黃」、「導淮」之主張，及整合過程於後：

（一）分黃論

即主張以分黃為主，而導淮為輔之治河方策。此一議論雖以楊一魁為首，但其整治黃、淮二河之計畫，於萬曆二十二年二月其初掌河務時，尚無明確方針，以致同年五月監察御史秦懋義上奏言：河工艱難，河臣楊一魁能力有限，難有作為，擬以總漕戶部尚書褚鈇取代之〔註253〕。吏部不從此議，但楊一魁自請罷職，並提出治河計畫：「清口宜浚，黃河故道宜復，高堰不必修，石堤不必砌，減水閘壩不必用。」〔註254〕可知此時楊一魁之治河觀屬於導淮論，因其主張：不必修建高家堰，挑濬清口淤沙，恢復黃河由雲梯關入海之故道；如是淮水分二道入海，一道東出高家堰，另一道東北出清口。因此，其日後擬訂以分黃為主之治河方策，實出自張企程之規劃〔註255〕。同年六月，二者共同提出分黃計畫：

> 分殺黃流以縱淮，別疏海口以導淮，蓋以淮壅，由於河身日高，河
> 身高，由於海口不深，若上流既分，則下流日減。清河之口，淮無
> 黃過，則泗州之積水自消，而祖陵永保無虞。〔註256〕

此一分黃方策，是計畫於清口上游之黃家壩（桃源縣），開挑一條分水河道，東行至安東縣之五港入海（見圖二十三）。如是黃家壩新河之功效，得免除黃河水灌淤清口和避開雲梯關海口之淤塞。

至於作為輔策之導淮論。於萬曆二十三年七月，張企程勘查泗州祖陵水患後，擬訂分洩淮水南流之計畫，但其仍肯定高家堰具有屏障淮南之功能，不可輕言拆毀，故其規劃於高家堰之南、北二端各開挑一條分水河道。南端一道，從周家橋，分洩淮水南出，下分二路入江、海，其中一路南行，經揚州府城稍北之金家灣，轉行芒稻河（揚州府城東三十里）入江；另一路從子

〔註253〕同前書，卷二八五，頁10，萬曆二十三年五月戊戌條。
〔註254〕同前書，卷二八六，頁1，萬曆二十三年六月癸卯條。
〔註255〕同前書，卷二八六，頁2，萬曆二十三年六月庚戌條；及同前書，卷二九○，頁4，萬曆二十三年十月辛亥條。
〔註256〕同前書，卷二八九，頁8，萬曆二十三年六月壬辰條。

嬰溝（寶應縣南六十里），東行入廣洋湖（寶應縣東南四十里）入海。北端一道，從武家墩（淮安府城東南七十里），引淮水行永濟河、涇河（淮安府城南五十里），東經射陽湖（淮安府城東南七十里）入海（見圖十二）〔註257〕。可知張企程之導淮目的，僅是分洩泛漲淮水南流，並非拆毀高家堰。

分黃論者，是以開挑黃家壩新河分洩黃河水獨自入海爲主策；於高家堰南、北二端開鑿武家墩、周家橋二處，以分洩淮水南下入江、海爲輔策。

（二）導淮論

褚鈇堅決反對開挑黃家壩新河，而力倡拆毀高家堰、挑濬清口淤沙，將淮水分爲二股各經清口、高家堰入江、海。茲論述其各項治河理論：

1. 拆毀家高堰

褚鈇言：「泗州自築高堰以來，淮水不南洩，自清口有門限沙以來，淮水不東（北）出，汪洋潰溢，漸及祖陵。」〔註258〕雖然張企程已主張：開挑周家橋、武家墩二處分洩淮水南出，但褚鈇認爲尚需拆毀高家堰才是對症下藥處，其理由有三：

(1) 周家橋位於高家堰南端，距離清口較遠，若於此處開挑成河渠，從此大半淮水經此南流，如是淮水東北出清口會黃河之水量減弱，將破壞祖陵風水，如堪輿家所言：「失合襟之水，於王氣有傷。」故此處不宜開挑成河渠。

(2) 武家墩位於高家堰北端，距離清口甚近，若在此處開挑成河，大半淮水經此東流，如是淮水東北出清口會黃河之水量減弱，則黃河水必大量灌淤清口。

(3) 若拆毀高家堰，則無前述二患。因高家堰之基址，屬於淮河故岸，此堰若遭廢棄，故岸仍然存在，逢淮水泛漲，洪水得經此漫流於岸外。此外，拆毀高家堰不會破壞祖陵風水，因此堰是近年才修建，並非祖陵曲周原有之建築物，故其存在如同贅疣，予以拆毀如同去除壅塞。〔註259〕

2. 挑濬清口沙

黃河之泥沙已久淤清口，形成「老板沙」。挑濬此處淤沙並非易事，須先

〔註257〕同前書，卷二八八，頁1，萬曆二十三年五月甲辰條。
〔註258〕《漕撫疏草》，卷六〈直言災民分黃艱苦疏〉，頁15。
〔註259〕同前書，同卷〈河工重大道府異同疏〉，頁68～78。

清除阻礙淮水東北出之浮沙，而後再駕淺船挑濬河底之大板沙，當除去一半時，再引淮水沖刷之，方能予以盡除。〔註260〕

3. 罷除新河役

黃家壩新河，其工程艱巨，經費龐大，難於完成；導淮工程，則經費簡省，易於成功。據估算新河工程約需用銀九十七萬兩，河夫十八萬人；而導淮工程，「用夫不過數千，用銀不過十萬。」〔註261〕

導淮論者，主張挑濬清口淤沙及拆毀高家堰，反對開挑黃家壩新河，如是泗州、祖陵水患，能立即解除。

（三）分黃、導淮論

分黃與導淮二論，熟應興舉，由於兩造相爭不下，監察御史牛應元建議採行折衷方策言：治水如治病，病有症狀，藥有緩急，今黃、淮二河之病因，在於海口與清口二處之淤塞；論整治之道，若是治標，則如漕臣（褚鈇）所言，拆毀高家堰，分導淮水南下，此一方法確能疏洩瀦蓄於洪澤湖內之淮水，但逢黃河水泛漲，仍然浸灌清口，病根依然存在；若為治本之計，則採行河臣（楊一魁）之議，分洩黃河水入海，以免清口遭灌淤，此一方法確深具功效，但河道通塞難於預料，若黃家壩新河不能維持長久，將有無窮之禍患。因此斟酌二項治河議論之利弊得失，理當兩相並舉〔註262〕。此項提議經工部詳思後，確認分黃與導淮不能偏廢，應逐一施行。〔註263〕

工部雖已決議兩相並舉，但分黃論者仍堅決反對拆毀高家堰；為多洩淮水南下，僅同意於高良澗（淮安府城西南七十里）再增建減水閘乙座（見圖十一、圖十二）。張企程說明高家堰不可拆毀之原因有二：

1. 阻礙漕運

淮水東北流出清口，從安東縣雲梯關入海，此為亙古不易之河道。況且清口正位於淮河與運河（湖漕、河漕兩運道交接點）交會處，淮水流通清口，糧船經此往來得藉助淮水以利行運；若大半淮水不出清口而南洩入大江，不僅會危害淮南地區，而且阻礙漕運之進行。

〔註260〕同前書，卷四〈水患孔殷源流已審疏〉，頁49。
〔註261〕同註258，頁17～18。
〔註262〕《明神宗實錄》，卷二八九，頁9，萬曆二十三年九月丙申條。
〔註263〕同前書，卷二八九，頁82，萬曆二十三年九月壬辰條。

2.淤塞清口

高家堰之建置，不是始於今日，乃是漢代陳登所創築，審度其地勢，高度並不一致，北端之武家墩等地較高，南端之周家橋稍低，而中間之高家堰（指高良澗）最為卑下；若淮水匯射高家堰，此堰一旦潰決，淮水南奔，黃河水必躡其後，浸灌清口；清口遭淤塞，為害祖陵、運道，將無法估算。

上述反對拆毀高家堰之理由中，以第二項和褚鈇之意見差距最大，褚鈇認為高家堰之地勢為淮河故岸，挑開此堰，僅能分洩泛溢故岸之淮水；而張企程則主張高家堰之地勢最為卑下，一旦被拆毀，大半淮水將經此南徙（張企程所論正確，高良澗地勢低窪）。在此治河議論相左之情勢下，工部之決策，偏向於分黃論、不同意拆毀高家堰，其於萬曆二十四年三月回覆監察御史蔣春芳言：

> 拘區見者（導淮論）曰：高堰不拆，則淮流泛濫，終淹祖陵；不知武家墩、高良澗、周家橋即所稱高家堰也，高良澗其中，而武家墩、周家橋首尾也，開此三處，即拆高堰也，必如何方謂之拆也。……惟是分黃與闢清口沙為第一要務，但往者，分黃未分，一時積淮，宣洩不及，故不得不開周家橋、武家墩等處，以洩泛漲之水，權為急救祖陵之計，若高家堰之不當拆，則固無容議者，乞禁浮言，庶便責成。〔註264〕

工部認為在周家橋、武家墩和高良澗等三處建造減水閘已等同於拆毀高家堰，不必予以全毀；而欲疏洩停蓄於洪澤湖內之淮水，惟有挑濬清口淤沙以及分洩黃河水才是首要之務。

分黃與導淮雖然兩相並舉，但分黃論被視為治本之策，而導淮論僅屬治標；故雖同時施工，卻偏重於分黃。而是時之高家堰雖未能發揮束水沖刷清口淤沙之功能，但能屏障淮南免遭淮水之危害，故導淮論者雖極力要求予以拆毀，終未獲同意，僅於堰上，再增建高良澗減水閘一座。

三、建設工程之進行

分黃、導淮工程，於萬曆二十三年九月二日興工，在楊一魁、褚鈇、張企程之督率下，責成中河郎中袁光宇等各就分配工程刻期興舉，至萬曆二十四年十月告成，整治各項工程如下表：

〔註264〕同前書，卷二九五，頁10，萬曆二十四年三月丙申條。

表二十六：明萬曆二十四年分黃、導淮整建各項工程一覽表

分黃、導淮	工程項目	地　　　　　點	數　　量
分　黃	挑新河道	黃家壩——鹽河	17610.61 丈
	開濬淤淺河道	王家口——陳溪	4322.75 丈
	築新河兩岸土堤	黃家壩——五港	29638.55 丈
	築塞決口		約 27 處
	土壩		3 道
導　淮	挑清口沙		（長）1075.49 丈
	建減水閘	周家橋、高良澗、武家墩、涇河、子嬰溝	5 座
	挑濬運道	湖漕、芒稻河、涇河、子嬰溝等。	22781.35 丈
	築河道兩岸土堤	芒稻河、涇河、子嬰溝等。	32126.50 丈

資料來源：褚鈇，《漕撫疏草》（明萬曆二十五年刊本），卷九〈酌議黃淮善後事宜疏〉，頁 30
～40。

　　從上表可知：分黃工程，計開挑黃家壩新河二萬一千九百三十二丈；並於新
河兩岸修築土堤二萬九千六百三十八丈。導淮工程，挑濬清口淤沙約長一千
零七十五丈；建置減水閘五座，高家堰上有三座，即周家橋、高良澗、武家
墩，其餘二座位於涇河和子嬰溝。為何減水閘構築於涇河、子嬰溝，此因分
導淮水出高家堰後，是分三道入江、海，其中二道入海之路，乃循涇河和子
嬰溝，故於此二處建造減水閘以節洩河水。（見圖十二）

　　　分黃、導淮工程告成後，泗州、祖陵水患立即消除，若就長期來論，黃
家壩新河不久即遭淤塞〔註265〕，誠如潘季馴所言：「河不兩行」，故仍無法徹
底解除泗州、祖陵之水患。

第六節　治河方策之檢討

　　　黃河是一條河水混濁之大河，其輸沙量依民國 8 年（1919）至民國 66 年
（1977）之水文資料，每年高達十六‧三億噸〔註266〕。若將其中下游於洪水

〔註265〕《淮系年表》，表十〈明三‧萬曆〉，頁 19。
〔註266〕《黃河水利史述要》，第一章第二節〈水文泥沙特點〉，頁 9：「黃河是世界上
　　　　輸沙量最多的河流，進入下游的輸沙量，……1919 年至 1977 年水文資料統

期每立方公尺所含之泥沙量，與世界其它多沙之河川相比較，黃河為五千六百二十公分，歐洲之多瑙河二千一百五十一公分，印度之恒河一千九百四十公分，非洲之尼羅河一千五百八十公分〔註267〕。可知黃河每立方公尺之含沙量，為多瑙河之二‧六倍，恒河之二‧九倍，尼羅河之三‧六倍，故黃河乃是全世界各河川中，含沙量最高，最為混濁者。

我民族整治黃河，已有四千年以上之經驗，相傳遠從唐堯時代，洪水泛濫於天下；舜繼堯位時，任用大禹治水，大禹採用「疏導」之方法整治黃河，此一方策除挑濬水流中之障礙，以利順導河水外，其下游河道，依《尚書‧禹貢》之記載：乃「播為九河」入於海〔註268〕，此一方策可謂屬於「分流論」。至西漢哀帝時（西元前 6～1 年），賈讓之治河三策：上策「徙民」，中策「開水門」，下策「築堤防」，更支配往後整治黃河之理念長達一千五、六百年〔註269〕。此期間，不僅視構築堤防為末務，且將歷代河患歸咎於堤防，如開寶五年（972）宋太祖即言：「至若夏后所載，但言導河至海，隨山濬川，未聞力制湍流，廣營高岸，……私而害公，九河之制遂墮，歷代之患弗弭。」〔註270〕雖然王莽始建國三年，張戎已提出：黃河水具有自行刷沙之功能（詳見本章第三節二項〈力倡束水攻沙論〉），卻未受重視，故清代胡渭

計，多年平均的年輸沙量為十六點三億噸，而年徑流量僅為四百六十八億立米，因此多年平均含沙量高達每立米三十四點七公斤。黃河和長江相比，年輸沙量約為它的三點七倍，而年徑流量只有它的二十分之一，所以水少沙多成為黃河的主要特點。又同前註，〈黃河泥沙的來源及其組成〉，頁 13：「黃河上游龍羊峽以上河段，……水流清澈，含沙量小。到蘭州已進入黃土地區，大夏河、洮河沙量較大，黃河含沙量年平均增為每立米三公斤，年輸沙量約一億噸。蘭州以下，……所以至托克托時雖然沙量有所增加，但平均含沙量僅升為每立米六公斤，年輸沙量，還不到兩億噸。黃河中游，……黃土高原強烈侵蝕，水土大量流失，……當紅河、皇甫川、窟野河、三川河、無定河、清澗河、延河匯入後，龍門的年平均含沙量，猛增至每立米三十二公斤，年輸沙量達到十點五億噸。龍門以下，又納入汾河、涇河、和渭河等大支流，陝縣平均含沙量已上升為三十八公斤，年輸沙量增加為十六億噸。陝縣至桃花峪輸沙量變化不大，因為水量增加，含沙量降為三十四點七公斤。及至下游，由于大量淤積，沙量又逐漸減少。」

〔註267〕沈怡，〈黃河問題〉（《黃河問題討論集》，附錄六），頁347。
〔註268〕《禹貢》（臺北：臺灣商務印書館，民國 58 年 11 月臺一版，四部叢刊正篇），卷三〈禹貢〉，頁22。
〔註269〕《漢書》，卷二十九〈溝洫志〉，頁1692；沈怡，〈歷代治河方法之研究〉（《申報月刊》四卷八號，1935 年 8 月），頁16。
〔註270〕《宋史》，卷九十一〈河渠一‧黃河上〉，頁2258。

言：「自漢代以來，治河者，莫不以分水爲長策，唯張戎之論不然。」〔註271〕

　　明代中葉以前，有幾位治河名臣，如徐有貞、劉大夏、劉天和等，論其治河觀，仍承繼前代「分流」之治河方策〔註272〕。至晚明，潘季馴能洞悉黃河多水患之原因，不在河水量之盈盛，而在河水中含沙量太高，因此治河即在治沙，爲使泥沙不淤澱於河床，乃一反過去「分流」之治河觀，而主張築堤「合流」。此一「束水攻沙」之治河方策，爲有清一代，靳輔、陳潢等河臣所承襲〔註273〕；至民國，乃備受近代著名水利科學家之讚揚，如沈怡言：

　　　　潘季馴是我國近五百年來，最傑出之治河人物，懂得「水分則勢緩，

〔註271〕《禹貢錐指》，卷十三之中上，頁 4：「王莽時，大司馬史張戎議曰：水性就下，行疾則自刮除成空而稍深，⋯⋯漢人知此者鮮，唯戎知之。」
〔註272〕徐有貞、白昂、劉大夏三人之治河方策，除劉大夏參見本文第一章〈沿河州縣罹河患〉外，其餘二人，依《明史》，卷八十三〈河渠一・黃河上〉，頁 871，論述如下：景泰四年（1453）爲維護會通河之暢通，命左僉都御史徐有貞整治壽張縣沙灣決口，其提出治河三策：一、置減水閘，分洩黃河水入大清河等入海；二、開分水河，稱廣濟河，分洩黃河水；三、挑濬會通河。其中，開挑分水河之因，在於：「凡水勢大者宜分，小者宜合，今黃河勢大，恒常決，運河勢小，恒乾淺，必分黃河合運河，則有利無害。」弘治三年（1490）戶部左侍郎白昂奉命治河，爲避免黃河正流東行泗河，乃挑濬三河道分殺水勢：一、自中牟縣，引黃河水經楊橋（中牟縣），南循潁河入淮河；二、於宿州（安徽宿縣北），開濬古汴渠（即隋代通濟渠），引黃河水至泗州會淮河；三、疏濬睢河，流通黃河水，於宿遷縣小河口入黃河。
〔註273〕依《清史稿校註》，卷二八六〈最傳六十六・靳輔、陳潢〉，頁 8707、8713之記載：靳輔於康熙十六年（1677）授河道總督整治黃、淮二河，陳潢輔佐之；此二人之治河觀均承繼潘季馴之「束水攻沙論」，此從二人之河工著作或奏疏可知，靳輔之《新文襄奏疏》，卷一〈經理河工第一疏〉，頁 13：「臣聞治水者，必始自下流治起，下流疏通，則上流自不飽漲，故臣又切切以雲梯關外爲重，而力請築堤束水，用保萬全，不敢泄泄從事，以貽後此（世）之大患也，惟是近海之堤，止期足以攔水，可以不必過於高厚。」故張含英之《治河論叢》，第一節〈治河策略之歷史觀〉，頁 29，評論言：「總之，有清一代，皆遵潘季馴遺教，靳輔奉之尤謹；及其後也，雖漸覺僅有堤防，不足以治河，但無敢持疑意者。」又陳潢之《河防述言》，〈堤防第六〉，頁 746：「及考潘印（季馴）之說，先以堤防爲事，子（陳潢）今力宗之。⋯⋯合流爲常築，而分勢爲偶事也：設專務于分，則河流必緩，緩則沙停，而淤淺，愈淺愈緩，愈緩愈淤，不日而故道俱塞，⋯⋯故潘印川曰：以人治水，不若以水治水也。蓋堤成則水合，水合則流迅，流迅則勢猛，勢猛則新沙不停，舊沙盡刷，而河底愈深，⋯⋯所以治河者必以堤防爲先務也。」故周駿富輯，《清代河臣傳》（臺北：明文書局，民國 74 年 5 月初版，清代傳記叢刊），卷一〈陳潢〉，頁 34：「（陳）潢佐（新輔）治河，⋯⋯慎固堤防，主潘季馴束水攻沙之說。」

勢緩則沙停，沙停則河飽」，以及「水合則勢猛，勢猛則沙刷，沙刷則河深」，因此認爲：「河之性宜合不宜分，宜急不宜緩。」由於他這一認識，一舉廓清了千餘年來，我國河工的分水謬說。〔註274〕

又張含英言：

潘季馴倡以堤束水，以水攻沙之議，一改疏、濬、塞並行之說，開明清治河之新途徑，潘氏對於治河研究之精深，爲歷代最。〔註275〕

又鄭肇經言：

宋、明以來，司河者惟知分河殺勢，如庸醫之因病治病，而不尋其本源。季馴天才卓越，推究閫奧，發人所未發，成一代之殊勳，神禹以來，一人而已。〔註276〕

前引諸論，均肯定季馴對於黃河有精深之瞭解，廓清「千餘年來，我國河工上的分水謬說」，「開創明清治河之新途徑。」

民國初年，爲整治黃河，曾有三位外籍水利工程專家，擬定治理計畫，從其治河理念，與「束水攻沙論」亦有相契合之處：

其一是美國之費禮門（John Ripley Freeman 1855～1932），其於民國6年（1917）和民國 9 年（1920）兩度來華，從事運河之改善工程及黃河下游之研究。經其考查後，有二項重要之發現：一是黃河下游現有堤距達四至八英里（六．四至十二．九公里），過於寬廣，僅需三分之一英里寬，即能通行最大之洪水；二爲黃河泛漲時，有顯著之自行刷沙之功能。因此其提出之整治黃河計畫；在黃河下游構築一道一直線之新堤，以縮小河道，從此新河槽不僅不再迂曲，而且假以時日，此內堤與新堤間之隙地，將逐漸被泥沙所填滿，

〔註274〕《黃河問題討論集》，附錄七〈潘季馴治河〉，頁 383。沈括，字君怡，浙江嘉興人，民國10年（1921）留學德國德蘭詩頓工業大學，從恩格思教授專攻水利，民國14年（1925）獲工學博士。民國38年以前，曾任上海市工務局長、導淮委員會委員、黃河水利委員會委員、南京市長等職。民國 38 年受聘爲聯合國亞洲暨遠東經濟委員會防洪局局長，民國49年（1960）奉召回國，任交通部長。民國62年（1973）起，任教於中國文化大學實業計畫研究所。

〔註275〕張含英，《治河論叢》（上海：國立編譯館，民國 26 年 3 月再版），第一章〈治河策略之歷史觀〉，頁 22，張含英，山東荷澤縣人，民國 38 年以前，曾任黃河水利委員會之委員、總工程師、委員長等職；民國 38 年以後，任水利部和水利電力部副部長兼技術委員會主任。

〔註276〕鄭肇經，《中國水利史》，第一章，頁 59。鄭肇經，字權伯，江蘇泰興縣人，爲我國著名水利科學家。

形成一道堅固之河堤。

　　其二爲德國之恩格斯教授（Hubert Engels 1854～1945），其反對費禮門「縮小堤距」之主張，因逢河水泛漲，將引發無窮之後患。因此其認爲：黃河之病根，在於缺乏固定之中水位河道，以致河流得在兩堤之間，左右移動，不受阻礙，一旦中泓逼近堤身，從而淘刷堤底，如是潰決之患將無可避免。故其提出之整治黃河計畫：宜於現有之兩堤間，施予適當之護岸工程，以求中水位河道之固定。

　　其三是德國之方修斯（Otto Franzise 1878～1936），其爲恩格斯之門生，於民國 17 年（1928）北伐成功後，國民政府成立導淮委員會，應聘來華半年，起草導淮計畫，並利用閒暇從事黃河之研究。其整治黃河之計畫：黃河多水患，乃在河道過於寬廣，並批評「固定中水位河道」，未必能消除河底澱高之危機。可知其治河觀偏向於費禮門，而不同意其師恩格斯之方法。〔註 277〕

　　爲善治黃河，費禮門、方修斯提出：「縮小堤距」，而恩格斯則是：「固定中水位河道」。經本國水利科學家李儀祉研究後，發現「縮小堤距」之方案，雷同於明代潘季馴力倡「束水攻沙論」之縷堤功能，遂將此一發現，寫信請教在德國之恩格斯：

> 方修斯之縮小堤距，束水刷深河床之說，固似偏於理論，但吾國四百年前，明代潘季馴亦主是說，並實行之，雖未能全部奏功，而部份生效者已甚彰者。後清代靳輔，依其理以治河，亦頗見功。……究竟縷堤對於黃河可望有治導之功否？有何法以免其弊否？〔註 278〕

恩格斯對於「縷堤」功能之答覆，起初是持否定，其認爲：治理黃河下游，縷堤並不適用。稍後，我國另一位水利專家沈怡親往德國拜訪恩格斯，因其認爲：潘季馴之雙重堤防，亦具有「固定河道之意」，遂當面請教恩格斯有關「束水攻沙」之方策，並向其解析雙重堤防之功能：「遙堤，約攔水勢，取其易守也；縷堤，拘束河道，取其衝刷也。」恩格斯瞭解後，乃答覆言：

> 由子（沈怡）之言，余方完全明瞭縷堤之性質；依潘季馴原意，此項縷堤乃在尋常水位時，作爲固定河道之用者，似此之工事，這般之使用，其性質已不能以堤視之，而應看作固定中水位河道之護岸

〔註 277〕《黃河問題討論集》，〈編者緒言〉，頁 1～6。
〔註 278〕同註 277，頁 9。李儀祉，原名協，字宜之，陝西蒲城縣人，精研水工，早年留學德國，歸國後執教南京河海工程學校；歷任陝西省水利局長、建設廳長、及導淮委員會總工程師、黃河水利委員會委員長等職。

工事。……潘氏（季馴）分清遙堤之用爲防潰，而縷堤之用爲束水，

爲治導河流之一種方法，此點實非常合理。〔註279〕

恩格斯對於「束水攻沙」之縷堤，一改前此否定之態度，而認同其能「固定中水位河道」，和「達到沖深河底之目的」。〔註280〕

　　潘季馴之「束水攻沙論」，雖然備受近代中外水利專家之推崇和肯定；但論其治河成效，於三任總河期，萬曆八年治河工成後，萬曆十四年黃河即決於「范家口（淮安府城東北），水灌淮城，全城幾奪；又決天妃壩（清江浦運道口）。」至於四任總河期，萬曆二十年其離任後，萬曆二十三年，「河、淮決溢，邳（州）、泗（州）、高（郵）、寶（應）等處，皆患水災。……天啓元年，河決王公堤（淮安北堤西段）。」因此，清代閻若璩即評論：「安得云：潘司空（季馴），治後無水患六十年。」〔註281〕爲何潘季馴四度治河，時間長達八年餘，雖不能如同東漢王景之治河，帶來黃河「八百多年」較爲安定之局面〔註282〕，卻連十年之不泛濫都不可得？

　　黃河應採何種方策，才能善治之，觀李儀祉於民國22年（1933）所提出之計畫：

　　（一）海口段：利用海潮之進出，自然沖刷河床帶下之泥沙。

　　（二）河防段：計有四項：

1. 固定河床：採用德國恩格斯主張之「固定中水位河道」，因中水位河道固定後，才能控制洪水之流向，使河槽永不接近堤防，如是險工不發生。

2. 節制河水：泛漲洪水若未能予以節制，則下游必有河患發生，預計於黃河中上游各支河山谷中，設水庫以停蓄過多之洪水量。

3. 裁削陡灣、堵塞歧流：河南孟津縣以下河床坡度，雖有規律，但陡灣、歧流處不少，若能裁削陡灣，則水流能順暢，逢水汛，洪水自然通行無礙。若採用柳壩堵塞歧流，逢低水時，能避免河水有過淺之虞。

〔註279〕同註277，頁10；恩格斯又言：「足下以爲在寬大異常之堤距間（例如開封一帶黃河），固定河槽，事屬難能，余則以爲不然；余甚至認爲利用縷堤即可固定河槽。」又言：「依圖所示，可見一原來河面甚寬，因之河水甚淺之中水河床，依標準河槽之寬度，藉縷堤以事縮狹，由是達到沖深河底之目的。」

〔註280〕同註279。

〔註281〕清・閻若璩，《潛丘箚記》（臺北：臺灣商務印書館，民國75年3月出版，文淵閣四庫全書），卷六〈與劉頌眉書〉，頁71。

〔註282〕《黃河變遷史》，第八節七項〈王景的成功靠甚麼方略〉，頁284。

4. 減免泥淤：利用森林減免河水中挾帶之泥沙，其功效甚微且緩；雖然在西北山區植林仍應提倡，但決不能依賴森林來治河。因此為減低泥沙，應行開闢溝洫，於溝中植樹，亦可栽種菽穀，如是雨水量，得以停蓄在溝中，以免田面土壤遭沖刷。〔註283〕

　　從李儀祉之治理黃河計畫，可知：治上游在減免雨水對黃土之沖刷，以清澈河水於上源；治中下游，則在避免泥沙淤澱於河床，以造成潰決之害。此上、中、下三游之整治工程，包括：森林之培植、溝洫之恢復、水庫之添設、支流之整理、灘岸之保護、河身之修治、河槽之固定。依此審視潘季馴之治河方策，其誤判黃河泥沙之來源，未加整治黃河上游地區，河水中含沙量不能降低，此已決定其治河失敗之機率已有一半。為避免泥沙淤積於中下游河道，其專恃雙重堤防之構築，以刷深河道；但因缺乏瞭解河槽沖淤規律，以致雙重堤防，既不能刷深河道，亦無法根本改善河道淤積現象，故張含英評論言：「潘氏（季馴）論堤之重要，極為精闢，足徵堤防不可盡廢，惜只有堤防，仍不足以治黃河也，況猶未能盡其利乎？」〔註284〕又言：「束水攻沙之策，頗可採用，然欲解此問題，則流量、速率、沖積、糙率、地形、切面等等，無一不需長時期之研究，若倉卒就事，則難免遺誤將來。」〔註285〕又姚漢源亦言：「對於河槽沖淤規律，古人認識不夠，所以束水攻沙實施的結果，不能根本改變河道淤積狀況，並沒有刷深河道；以清刷黃也是如此，所以洪澤湖的淮水出口，用清水也沒有刷深，黃河漲則壅堵，這就形成了淮水出流不暢，洪澤湖擴大，淹沒泗州和浸及明祖陵的後果。」〔註286〕

　　潘季馴之治理黃河，既不能清上源，又無法刷除中下游河道之淤沙，如是漫溢、沖決之患，將不可避免。萬曆二十年其因祖陵水患而去職，「蓄清刷黃」既然無效，為挑除清口淤沙，理應兼採混江龍等挑濬工具清除之。此因「挑濬論」固不適用於解決黃河之全河淤澱問題，但局部之淤沙，如清口、海口等，則可採行；況且清口、海口等淤沙，其淤澱時間已非屬三年以內之

〔註283〕李儀祉，《李儀祉全集》（臺北：中華叢書委員會，民國45年12月印行），第三編〈黃河水利·黃河治本的探討〉，頁423～440。
〔註284〕《治河論叢》，第二章〈黃河答客問·三·堤防可廢乎〉，頁55。
〔註285〕同註284，〈黃河答客問·八·完成治導之時時〉，頁73。
〔註286〕姚漢源，《中國水利史綱要》（北京：水利電力出版社，1987年12月第一版），第七章〈全國水利普遍開展到衰落和西方水利技術引進──明隆慶三年至民國末年〉，頁454。

「新淤」，河水易於沖刷；而是超過五年以上之「久淤」〔註287〕；淤泥既已凝結成「大板沙」，欲藉河水之沖刷力盪除之，實有困難，故張含英言：「蓋以黃河之大，及含沙之多，決非混江龍或挖泥船所能奏效者；若爲局部之整理或海口之疏浚，尙可以挖泥船爲之。」〔註288〕

　　潘季馴一反傳統「分流」之治河觀，而主張築堤「合流」，此一治河理念，貫徹迄今；惟其水文知識不足，以致雙重堤防無法發揮刷沙之功能。至於「分黃、導淮論」，雖爲權宜之策，卻能暫解祖陵是時之水患。

〔註287〕《靳文襄奏疏》，卷一〈經理河工第一疏〉，頁9。
〔註288〕同註284，〈黃河答客問・四・河漕淤墊可否以機械刷之〉，頁58。

第六章　結　論

　　明代是國史上河患最為嚴重時期，平均每年水患高達二·五次，河患之頻繁，論其原因在於：「治黃保漕」，因此為避免黃河水沖阻會通河，以及「河漕」運道需引用黃河水濟運，嘉靖四十四年工部尚書朱衡負責治河，乃以人力將黃河全流導向其認為「百利而無一害」之中道，從此黃河向東奪循泗河下游河道，於清口會淮河入海。此一流向，依明人之地理觀，是違反黃河下游河道向北行之自然流向，從此黃河之洪濤和淤沙，給下游地區帶來嚴重水害，不僅祖陵屢遭淮水之逆浸，而且沿河州縣之民命與田產，亦飽受洪水沖灌之害。

　　晚明，黃河為何於下游嚴重泛濫，論其原因有二：一是原本岸高水清之泗河下游河道，經黃河奪行後，已淤高為「懸河」，沿河州縣漸次位居河床之下，逢黃河水泛漲，易於潰決；二是黃、淮二河交會處之清口，已遭黃河水挾帶之泥沙所淤塞，以致淮水無法順流東北出清口，而瀦蓄於洪澤湖內，洪澤湖之面積不斷擴大，遇有淮水之泛漲，不僅淮水逆浸泗州、祖陵，而且亦易東潰高家堰，泛濫於淮南。論黃河下游河道為何淤高？不同之治河觀，各有其互異之解釋，束水攻沙論者，認為此是「上決而下壅」所造成；若是分黃論、導淮論、挑濬論者，則歸因於築堤束水和海口淤塞。至於清口遭淤塞之原因，各治河論均一致認為：此是黃河全流或正流東行泗河後，因「黃強淮弱」，「淮不敵黃」，濁水灌淤清口所促成；只是束水攻沙論者，特別強調此是淮水東潰高家堰，致使黃河水加速灌淤清口；而導淮論者，則認為黃河水大量灌淤清口，乃是黃河下游之草灣導河疏洩洪水不及所造成。

　　淮水流域，明代有三座主要之陵寢，二座位於鳳陽府城附近之皇陵和壽

春諸王墳，另一座位於泗州之祖陵。晚明以前，黃河正流或支流南循渦河入淮河，是時遭河水浸犯之陵寢，以壽春諸王墳最為嚴重，其次祖陵，至於皇陵因其地勢高，則從未有水患；嘉靖十四年總河劉天和為防範黃、淮二河水沖灌壽春諸王墳，於其四周構築護陵石堤和土堤。晚明，黃河全流或正流東行泗河下游河道入淮河，因清口淤塞等因素，遭淮水逆浸之陵寢，即是祖陵；至於東距清口有二百餘里之皇陵，此時期淮水逆浸亦未波及此處。祖陵屢遭水患，平民崛起建立帝業之明室子孫甚為重視，因依風水論，此處位於黃、淮二河交會，稱之「萬水朝宗」，或「水會天心」，為億萬年鍾祥毓秀之地。雖然祖陵迭遭水害，洪水尚未浸及正殿，但神路以下，因河水沖蕩，毀損處甚多，松柏遭淹枯亦有一千餘株，景象隨之蕭條。為挽救祖陵水患，乃成為晚明整治黃、淮二河之主要目標之一，亦成為各項治河方策是否具有成效之重要指標。潘季馴於其三、四任總河期，執行整水攻沙論，其「蓄清刷黃」之方策，始終無法破除清口淤沙，萬曆二十年因祖陵水患而去職。萬曆二十二至萬曆二十五年間。在總河楊一魁、總漕褚鈇之策畫下，採行「分黃、導淮」之治河方策，為削減黃河下游水勢，以免灌淤清口，在桃源縣開挑支河一道，稱之「黃家壩新河」，以分洩黃河水入海；為疏洩瀦蓄於洪澤湖內之淮水，南下入江、海，又在高家堰上建置三座減水石閘；此一治河方策，雖屬權宜之計，尚能暫解祖陵當前之急。

黃河中下游沿河州縣，在河水沖蕩下，廬舍漂沒，農田變成不毛之地，在「不與河爭地」之治河觀影響下，不僅百姓流徙他鄉，連州縣城池亦被迫遷往高處。有明一代，為避河患，州縣城池有遷徙者，計有曹州等二十七州縣，遷徙城池二十九次；從其遷徙時間，嘉靖二十五年以前之一百七十八年，計有二十四次，而此後之九十八年，則有五次。為何晚明遷移之城地僅有五次，並非此時期之河患已趨於緩和，而是沿河州縣為保護田產和民命，以及治河方策之改變，逐漸採行「與河爭地」之說；故從明代前期起，沿河州縣城池逐漸在其四周構築護城堤防以防禦洪水，尤其在晚明，束水攻沙論者更恃之以對抗河水之浸灌。為瞭解黃河於晚明對其下游地區所造成之水害，得從人口數之變動得知。晚明，沿河州縣之人口數，若與明代中葉相比較，其銳減數如下：邳州減少一萬四千餘人，宿遷縣三萬八千餘人，睢寧縣五萬五千餘人，桃源縣五萬三千餘人，清河縣二萬九千餘人，安東縣二萬八千餘人，泗州二萬六千餘人，鹽城縣七萬七千餘人，寶應縣六萬餘人。

　　黃河下游各州縣，爲求脫離河患，主要寄望於黃、淮二河之整治成效；惟淮南六州縣，因其地勢如同釜形，四邊高而中間低，尙須講求本地區排洩系統之改善。晚明，爲整治淮南水患，其工程有二，其一、禦外水入境工程。外來河水主要有二：(1)若爲防禦黃、淮二河水之浸灌，則有賴於高家堰和淮安北堤之構築。此二座堤堰，於晚明均首建於總漕王宗沐，而完成於潘季馴。潘季馴不僅厚築高家堰土堤六十里，且將中段高良澗等低窪處，改採石塊礬砌；淮安北堤原僅六十里（王宗沐構築，清江浦至柳浦灣），其予以延長至戴百戶營，全長達一百四十二里。(2)爲防範高寶諸湖水之浸灌，惟有降低諸湖水量，如是須於諸湖西側高地，重建白水等十四座官塘，以攔蓄天長諸縣七十餘河水。東漢、唐代關建此十四官塘之最初目的，原爲灌漑高地之農田，後來則著重瀦蓄塘水以濟助邗溝運道水量之不足。明代初期，十四官塘多已堙廢變成農田；至於陳公等「五塘」是否建閘蓄水，端視「湖漕」南端運道，是否需其濟運，若需引塘水濟運，即派塘長督率塘夫管理之，若不需其濟運，則任由環塘居民占種，以利收取塘田租。於晚明，爲整治淮南水患，淮南士民屢有建言復建十四官塘者，此因黃、淮二河合流於清口後，淮水南溢高寶諸湖之水量增加，由於諸湖水量盈盛，湖堤迺潰決之憂；若能復建十四官塘，攔蓄天長諸縣七十餘河水，如是得以降低諸湖水量。在潘季馴治河時期，曾有建言：復建「五塘」者；經其勘查後，認爲此「五塘」水均由儀眞、江都等地直接洩入大江，與高寶諸湖水量盈縮無關，故不予採納。在萬曆二十二年間，「分黃、導淮」執行時期，雖曾局部復建「五塘」，但亦無法維持長久。可知於晚明，十四官塘多已成爲農田，無法恢復舊觀；而其中之「五塘」，亦因「湖漕」南端運道已設置船閘攔納江潮和獲得高寶諸湖水之濟助，需其發揮蓄水濟運之功能，已不若昔日重要，以致此時期亦處於旋興旋廢之情勢中。其二、排來水入海工程。需其整建如下三項：(1)設減水堤閘。晚明，高寶諸湖水量盈盛，既無法復建十四官塘以攔蓄外來水源（天長諸縣七十餘河水），爲避免湖堤崩決，以維護漕運之暢通，遂於湖堤上，設置三十餘座減水石閘，分洩湖水東流入海，但因淮南地區之疏洩係統不良，導致湖水瀦蓄於區內，遇有淫雨，易泛濫成災，故淮南士民視此三十餘座減水堤閘，如同決口，爲淮南多水患之原因。(2)濬復射陽湖。此湖位於山陽、鹽城、寶應三縣交界處，東西長三百里，南北寬三十丈，具有收蓄各方來水，由廟灣海口入海之功能。但晚明淮南屢遭黃、淮二河水沖灌後，此湖已遭泥

沙淤塞，失去原有之蓄洩功能。萬曆八年鹽城知縣楊瑞雲雖曾興工濬復射陽湖，但僅輕挑湖底淤泥，未幾，淤塞如故。萬曆二十年興化知縣歐陽東鳳鑒於射陽湖淤塞嚴重，難於濬復，遂改挑神臺河以取代之，但此一新河之河道狹窄，疏洩功能有限，故射陽湖未能恢復舊觀，此為晚明淮南多水患之另一原因。(3)廣開各海口。淮南東臨大海，為防海潮內灌，於海岸沿線構築一道捍海堤，亦稱「范公堤」。晚明，匯入淮南之各方來水增加，為避免蓄積區內，遇雨成災，需廣開各海口排放來水入海，如山陽縣之廟灣口，鹽城縣之石䃮口，興化縣之牛灣河，均為重要海口。但鹽城、興化二縣之士民和竈丁，為維護自身之利益，惟恐海潮經此內灌沿海農地，和「來水」沖淡海水之鹹度，均反對在本縣海岸開設海口；因此除廟灣海口能長期疏洩河水入海外，其餘各海口，政府雖曾強力開設，但均未能持久。故淮南多水患，未能廣開海口，再添另一原因。可知淮南六州縣之排洩系統，處於「上有所洩，下無所歸」，無怪乎多水患。

潘季馴四度治河，能深入瞭解治理黃河之根本在於治沙，故反對挑濬論、分黃論、和導淮論，而力倡「復故道」和「築堤束水」之治河觀。復故道：於黃河中游，擬希恢復於嘉靖三十七年已遭淤塞之賈魯故道；於黃河下游，則維持泗河下游故道。前者，在工部尚書朱衡、都給事中常居敬等河官之反對下，始終未能恢復；後者，則成為晚明黃河正流所循經之河道。築堤束水：因堤防具有束水和導河之功能，其形式有四種，各具有不同之功能：縷堤，為束水之堤；遙堤，為第二道防線，能防潰決；月堤，能增強縷堤之禦水功能；格堤，能防止黃河改道，和進行滯洪落淤之作用。此一治河觀之實踐，嘉靖四十四年潘季馴首度治河，提出「復故道」。隆慶五年二度治河，在黃河下游構築縷堤。萬曆六年三度治河，將束水攻沙論貫徹於黃河下游河道，構築遙堤、高家堰、淮安北堤等工程；惟恐黃、淮二河泛漲，有沖潰雙重堤防和高家堰之虞，遂在桃源縣北岸遙堤上建置崔鎮等四座減水石壩，而且在高家堰南端亦預留周家橋等二處水口，以利分洩黃河水入海，和分洩淮水入高寶諸湖。萬曆十六年四度治河，更將束水攻沙論推廣及於黃河中游，除河道兩岸構築縷堤外，遙堤築於地勢低窪，易於奪河之處，有李景高口等十二處；月堤則築於靠近河岸處，有犂園村等十三處；亦鑒於黃河中下游缺少能收蓄洪水之自然湖泊，遂在黃河下游南岸構建六道格堤，將縷、遙、格三式堤防組成六座人工水庫，以利收蓄洪水，和進行滯洪落淤。至於其治河

思想之來源，其於嘉靖四十四年以前，對於河務一事，仍一無所知，爲何參與治河後，卻能提出一反傳統之「束水攻沙」治河觀，從其各項治河奏議中，可知其瞭解河水具有自行刷沙之功能，來自西漢之張戎；「蓄清刷黃」，則出自明初之陳瑄；至於明代中晚期，二部重要河工書，劉天和之《問水集》，萬恭之《治水筌蹄》，亦有助於其治河理念更趨於成熟；此外，並參酌沿河州縣鄉老之意見。經潘季馴八年餘之治河，黃河中下游河道仍爲「懸河」，清口、海口淤沙亦無法破除，論析其治河失敗原因：第一，忽視黃河上游之整治，以致黃河水挾沙量不能減免；第二，缺乏水文知識之認知，對於河槽沖淤規律認識不足，致使雙重堤防無法發揮刷沙之功能。但其主張築堤「合流」之治河觀，仍貫徹迄今，備受近代水利科學家李儀祉、沈怡、張含英、鄭肇經等之讚揚；外國河工專家所提出之黃河整治計畫，如美國費禮門、德國方修斯之「縮小黃河下游堤距」，德國恩格斯之「固定中水位河道」，亦被認爲契合於潘季馴之雙重堤防之功能。

　　總之，明代無法善治黃河，沿河州縣爲免除河患，均盼黃河能改道勿流經本州縣。潘季馴之治河，其能洞悉河患之主因在於河水挾帶高量之泥沙，創行「合流」之治河觀，已爲黃河之整治，奠下正確之基礎；其四度治河，鞠躬盡瘁於黃、淮、運三河，此一治事精神，於明代，可比之鄭和七次下西洋，故其事功業已不朽。

參考書目

壹、史　料

1. 明·王圻，《三才圖會》，六冊，明萬曆三十五年刊本，臺北：成文出版社景印，民國 59 年臺一版。

2. 明·王恕，《王端毅公奏議》，十五卷，文淵閣四庫全書珍本五集，臺北：臺灣商務印書館景印，民國 62 年出版。

3. 元·王喜，《治河圖略》，一卷，叢書集成新編，臺北：新文豐出版社景印，民國 75 年 3 月臺一版。

4. 明·王瓊，《漕河圖志》，八卷，明弘治九年刊本。

5. 明·王瓊，《戶部奏議》，二卷，明正德間黑口本。

6. 明·王之翰，《凝翠集》，五卷，叢書集成續編，臺北：新文豐出版社景印，民國 78 年 7 月臺一版。

7. 明·王世貞，《弇山堂別集》，一○○卷，文淵閣四庫全書，臺北：臺灣商務印書館景印，民國 75 年 8 月出版。

8. 明·王世蔭，《賑備款議》，一卷，明萬曆末年霍丘縣刊本。

9. 明·王以寧，《督學王公奏議》，八卷，明刊本。

10. 明·王在晉，《通漕類編》，九卷，明天啓年間刊本，臺北：臺灣學生書局景印，民國 59 年 12 月初版。

11. 明·王廷棟，《夢澤集》，十七卷，叢書集成續編，臺北：新文豐出版社景印，民國 78 年 7 月臺一版。

12. 明·王家屏，《朱文懿公奏疏》，四卷，明山陰王氏家刊本。

13. 明·王錫爵，《王文肅公奏草》，二十三卷，明萬曆間刊本。

14. 不著撰人，《古今治河要策》，四卷，清光緒十四年嗜古山房刊本。

15. 不著撰人，《禹貢》，十三卷，四部叢刊正編，臺北：臺灣商務印書館景印，民國 58 年 11 月臺一版。

16. 不著撰人，《淮南水利考》，二卷，明刊本。

17. 不著撰人，《川瀆異同》，六卷，明舊鈔本。

18. 不著撰人，《兩河觀風便覽》，存二卷，明萬曆刻本。

19. 不著撰人，《明徐州蠲免房租書冊》，一卷，明萬曆三十五年刊本，臺北：臺灣學生書局景印，民國 70 年 3 月初版。

20. 不著撰人，《御選明臣奏議》，四十卷，清乾隆四十六年刊本，臺北：華文書局景印。

21. 不著撰人，《諸司職掌》，十三卷，明洪武二十六年內府刊本，臺北：正中書局景印，民國 70 年 8 月初版。

22. 不著撰人，《明崇禎實錄》，十七卷，國立北平圖書館紅格鈔本，國立中央研究院歷史語言研究所校勘景印，民國 56 年 3 月初版。

23. 不著撰人，《崇禎長編》，六十六卷，國立北平圖書館紅格鈔本，國立中央研究院歷史語言研究所校勘景印，民國 56 年 3 月初版。

24. 漢·孔安國，《尚書孔傳》，四部備要，臺北：臺灣中華書局，民國 55 年 3 月臺一版。

25. 明·孔貞時，《在魯齋文集》，十五卷，臺北：偉文圖書公司景印，民國 66 年 8 月出版。

26. 明·支大綸，《皇明永陵編年信史》，四卷，明萬曆二十四年刊本，臺北：臺灣學生書局景印，民國 59 年 12 月初版。

27. 明·丘濬，《大學衍義補》，一六〇卷，文淵閣四庫全書珍本二集，臺北：臺灣商務印書館景印，民國 59 年出版。

28. 明·朱衡，《漕河奏議》，五卷，明隆慶六年刊本。

29. 明·朱熊，《重刊救荒補遺書》，二卷，明萬曆二十五年霸州道重刊本。

30. 明·朱吾弼，《皇明留臺奏議》，二十卷，明萬曆三十三年原刊本。

31. 民國·朱匯森，《清史稿校註》，五五〇卷，臺北：國史館，民國 80 年 6 月出版。

32. 明·宋濂，《元史》，二一〇卷，點校本，臺北：鼎文書局，民國 68 年 3 月再版。

33. 明·伊守衡，《明史竊》，一〇五卷，東莞博物館刊本，臺北：華世出版社景印，民國 67 年 4 月臺一版。

34. 明·李實，《禮科給事中李實題本》，一卷，明鈔本。

35. 明·李賢，《大明一統志》，九十卷，文淵閣四庫全書，臺北：臺灣商務印書館景印，民國 75 年 8 月出版。

36. 明‧李世達,《少保李公奏議》,四卷,明萬曆刊本。

37. 明‧李東陽,《大明會典》,二二八卷,明萬曆十五年司禮監刊本,臺北：東南書報社景印,民國 52 年 9 月出版。

38. 清‧李調元,《全五代詩》,一○○卷,叢書集成新編,臺北：新文豐出版社景印,民國 75 年 3 月臺一版。

39. 明‧李攀龍,《滄溟先生集》,三十二卷,明代論著叢刊,臺北：偉文圖書公司景印,民國 65 年 5 月出版。

40. 明‧沈朝陽,《皇明嘉隆兩朝聞見錄》,十二卷,明萬曆原刊本,臺北：臺灣學生書局景印,民國 58 年 12 月初版。

41. 明‧汪玄錫,《汪東峰先生奏議》,四卷,明隆慶庚午（四年）刊本。

42. 清‧汪武曹,《黃河考》,一卷,青照堂叢書。

43. 明‧汪應軫,《汪清簡公奏疏》,十四卷,明天啓間刊本。

44. 元‧沙克什,《河防通議》,二卷,叢書集成新編,臺北：新文豐出版社景印,民國 75 年 3 月臺一版。

45. 明‧余光辰,《金雙巖中丞集》,存三卷,清初南譙金氏家刊氏。

46. 明‧何喬遠,《名山藏》,三十五卷,崇禎十三年刊本,臺北：成文出版社景印,民國 60 年 1 月臺一版。

47. 明‧谷應泰,《明史紀事本末》,八十卷,點校本,臺北：三民書局,民國 45 年 2 月初版。

48. 清‧邵達平,《河工見聞錄》,不分卷,清康熙間原刊本。

49. 明‧呂坤,《呂公實政錄》,十卷,明萬曆戊戌（二十六年）刊本。

50. 明‧吳甡,《淮南吳柴菴疏集》,二十卷,明季史料集珍,臺北：偉文圖書公司,民國 65 年 9 月出版。

51. 明‧車璽,《治河總考》,四卷,明傳錄本。

52. 明‧周用,《周恭肅公集》,十七卷,明嘉靖二十八年吳江周民川上草堂。

53. 明‧周璽,《垂光集》,一卷,文淵閣四庫全書,臺北：臺灣商務印書館景印,民國 75 年 8 月出版。

54. 明‧周之翰,《通糧廳志》,十二卷,明萬曆三十三年原刊本,臺北：臺灣學生書局景印,民國 59 年 12 月初版。

55. 明‧周之龍,《漕河一覕》,存九卷,明萬曆間刊本。

56. 明‧周起元,《周忠愍奏疏》,二卷,清藝海樓鈔本。

57. 明‧林希元,《荒政叢言》,一卷,叢書集成新編,臺北：新文豐出版社景印,民國 75 年 3 月臺一版。

58. 明‧林應麒,《介山稿略》,十七卷,叢書集成續編,臺北：新文豐出版

社景印，民國 78 年 7 月臺一版。

59. 明・姚祚端，《姚侍御疏草》，一卷，明天啓二年刊本。

60. 清・胡渭，《禹貢錐指》，二十卷，文淵閣四庫全書，臺北：臺灣商務印書館景印，民國 75 年 3 月出版。

61. 明・胡世寧，《胡端敏奏議》，十卷，文淵閣四庫全書，臺北：臺灣商務印書館景印，民國 75 年 3 月出版。

62. 明・胡宗憲，《籌海圖編》，十三卷，文淵閣四庫全書，臺北：臺灣商務印書館景印，民國 75 年 3 月出版。

63. 明・胡應麟，《少室山房類稿》，一二○卷，叢書集成續編，臺北：新文豐出版社景印，民國 78 年 7 月臺一版。

64. 明・俞汝爲，《荒政要覽》，十卷，明萬曆間原刊本。

65. 漢・班固，《漢書》，一○○卷，點校本，臺北：鼎文書局，民國 68 年 2 月二版。

66. 明・倪謙，《倪文僖公集》，三十二卷，叢書集成續編，臺北：新文豐出版社景印，民國 78 年 7 月臺一版。

67. 明・章潢，《圖書編》，一二七卷，文淵閣四庫全書珍本五集，臺北：臺灣商務印書館景印，民國 62 年出版。

68. 明・徐栻，《督撫江西奏議》，存三卷，明萬曆元年按察副使邵夢麟刊本。

69. 明・徐日久，《驚言》，十八卷，明崇禎元年刊本。

70. 明・徐孚遠，《皇明經世文編》，五○八卷，明崇禎間刊本，臺北：國聯圖書公司景印，民國 53 年 1 月出版。

71. 明・徐光啓，《農政全書》，六十卷，點校本，臺北：鼎文書局，民國 70 年 9 月初版。

72. 明・徐學聚，《國朝典彙》，二○○卷，臺北：臺灣學生書局景印，民國 54 年元月初版。

73. 明・馬文升，《馬端肅奏議》，十二卷，文淵閣四庫全書，臺北：臺灣商務印書館景印，民國 75 年 3 月出版。

74. 元・馬端臨，《文獻通考》，三四八卷，臺北：中文出版社景印，民國 67 年 6 月出版。

75. 明・孫旬，《皇明疏鈔》，明萬曆十二年刊本，臺北：臺灣學生書局景印。

76. 明・孫懋，《孫毅菴奏議》，二卷，文淵閣四庫全書，臺北：臺灣商務印書館景印，民國 75 年 8 月出版。

77. 明・孫居相，《兩臺疏草》，不分卷，明萬曆刊本。

78. 明‧郭尚友，《漕撫奏疏》，四卷，明崇禎間刊本。

79. 明‧高儀，《高文端公奏議》，十卷，明萬曆辛丑（二十九年）錢塘高氏家刊本。

80. 明‧高得暘，《節菴集》，八卷，叢書集成續編，臺北：新文豐出版社景印，民國 78 年 7 月臺一版。

81. 明‧夏言，《桂州奏議》，二十卷，明嘉靖間刊本。

82. 清‧夏燮，《新校明通鑑》，九十卷，點校本，臺北：世界書局，民國 51 年 11 月初版。

83. 明‧夏原吉，《明太祖實錄》，二五七卷，國立北平圖書館紅格鈔本，臺北：國立中央研究院歷史語言研究所校勘景印，民國 57 年 2 月二版。

84. 明‧夏原吉，《明太宗實錄》，三七四卷，國立北平圖書館紅格鈔本，臺北：國立中央研究院歷史語言研究所校勘景印，民國 57 年 6 月二版。

85. 明‧夏原吉，《明仁宗實錄》，十卷，國立北平圖書館紅格鈔本，臺北：國立中央研究院歷史語言研究所校勘景印，民國 57 年 2 月二版。

86. 明‧袁宏道，《袁中郎全集》，四十卷，明代論著叢刊，臺北：偉文圖書公司景印，民國 65 年 9 月出版。

87. 清‧陸燿，《山東運河備覽》，十二卷，清同治十年重刊本，臺北：文海出版社景印，民國 60 年初版。

88. 明‧梁材，《梁端肅公奏議》，十四卷，明萬曆三十七年序刊本，臺北：國家圖書館漢學研究中心景印。

89. 明‧莊昶，《定山集》，十卷，叢書集成續編，臺北：新文豐出版社景印，民國 78 年 7 月臺一版。

90. 元‧脫脫，《宋史》，四九六卷，點校本，臺北：鼎文書局，民國 67 年 9 月初版。

91. 元‧脫脫，《金史》，一三五卷，點校本，臺北：鼎文書局，民國 68 年 3 月再版。

92. 清‧靳輔，《治河奏績書》，四卷，文淵閣四庫全書珍本三集，臺北：臺灣商務印書館景印，民國 60 年出版。

93. 清‧靳輔，《靳文襄奏疏》，八卷，文淵閣四庫全書，臺北：臺灣商務印書館景印，民國 75 年 3 月出版。

94. 明‧陳文，《明英宗實錄》，三六一卷，國立北平圖書館紅格鈔本，臺北：國立中央研究院歷史語言研究所校勘景印，民國 57 年 2 月二版。

95. 清‧陳虬，《治河議》，一卷，小方壺齋輿地叢鈔，臺北：廣文書局景印，民國 53 年 1 月初版。

96. 清‧陳潢，《河防述言》，一卷，文淵閣四庫全書，臺北：臺灣商務印書

館景印，民國 75 年 3 月出版。

97. 明・陳仁錫，《皇明世法錄》，九十二卷，臺北：臺灣學生書局景印，民國 54 年元月初版。

98. 清・陳田，《明詩紀事》，一八三卷，臺北：臺灣中華書局景印，民國 60 年 7 月臺一版。

99. 清・陳夢雷，《古今圖書集成》，一○○○○卷，臺北：文星書局景印，民國 53 年 10 月出版。

100. 明・陳應芳，《敬止集》，四卷，文淵閣四庫全書珍本二集，臺北：臺灣商務印書館景印，民國 59 年出版。

101. 明・陳繼儒，《眉公雜著》，十五帙，清代禁燬書叢刊，臺北：偉文圖書公司景印，民國 65 年 9 月出版。

102. 清・畢沅，《續資治通鑑》，二二○卷，新校標點本，臺北：文光出版社，民國 64 年 10 月初版。

103. 明・畢自嚴，《度支奏議》，一一九卷，明崇禎六年刊本。

104. 明・黃訓，《名臣經濟錄》，五十三卷，文淵閣四庫全書，臺北：臺灣商務印書館景印，民國 75 年 3 月出版。

105. 清・黃宗羲，《明文海》，四八二卷，文淵閣四庫全書珍本七集，臺北：臺灣商務印書館景印，民國 65 年出版。

106. 明・秦駿生，《皇明奏議選》，存十四卷，明崇禎己卯（十二年）刊本。

107. 明・馮應京，《皇明經世實用編》，二十八卷，明萬曆間刊本，臺北：成文出版社景印，民國 56 年 8 月臺一版。

108. 清・清高宗，《續文獻通考》，二五○卷，臺北：新興書局景印，民國 47 年 10 月初版。

109. 明・焦竑，《國朝獻徵錄》，一二○卷，臺北：臺灣學生書局景印，民國 54 年元月初版。

110. 明・張鹵，《皇明嘉隆疏鈔》，二十二卷，明萬曆間刊本。

111. 明・張琦，《白齋詩集》，九卷，叢書集成續編，臺北：新文豐出版社景印，民國 78 年 7 月臺一版。

112. 明・張萱，《西園聞見錄》，一○七卷，臺北：華文書局景印，民國 57 年 10 月初版。

113. 明・張瀚，《皇明疏議輯略》，三十七卷，明嘉靖三十年刊本。

114. 明・張光孝，《西瀆大河志》，六卷，明萬曆刊本。

115. 明・張廷玉，《明史》，三三二卷，新刊本，臺北：國防研究院明史編纂委員會，民國 52 年 4 月臺初版。

116. 清・張伯行，《居濟一得》，八卷，百部叢書集成，正誼堂全書，臺北：

藝文印書館景印，民國 57 年出版。

117. 明・張居正，《張文忠公全集》，八卷，國學基本叢書，臺北：臺灣商務印書館，民國 57 年 12 月臺一版。

118. 明・張居正，《明世宗實錄》，五六六卷，國立北平圖書館紅格鈔本，臺北：國立中央研究院歷史語言研究所校勘景印，民國 54 年 11 月出版。

119. 明・張居正，《明穆宗實錄》，七十卷，國立北平圖書館紅格鈔本，臺北：國立中央研究院歷史語言研究所校勘景印，民國 54 年 11 月出版。

120. 明・張維賢，《明光宗實錄》，八卷，國立北平圖書館紅格鈔本，臺北：國立中央研究院歷史語言研究所校勘景印，民國 55 年 4 月出版。

121. 清・葉方恆，《全河備考》，一卷，小方壺齋輿地叢書第四帙。

122. 明・葉向高，《綸扉奏草》，三十卷，明啓禎間刊本。

123. 明・褚鈇，《司空疏草》，存一卷，明萬曆丁酉（二十五年）刊本。

124. 明・褚鈇，《漕撫疏草》，存八卷，明萬曆二十五年刊本。

125. 明・彭宗孟，《楚臺疏略》，十卷，明刊本，臺北：國家圖書館漢學研究中心景印。

126. 清・傅澤洪，《行水金鑑》，一七五卷，國學基本叢書，臺北：臺灣商務印書館，民國 57 年 12 月臺一版。

127. 明・溫體仁，《明神宗實錄》，五九六卷，國立北平圖書館紅格鈔本，臺北：國立中央研究院歷史語言研究所景印，民國 55 年 4 月出版。

128. 明・雷禮，《國朝列卿記》，一六五卷，明代傳記叢刊，臺北：明文書局景印，民國 81 年 1 月出版。

129. 明・鄧球，《皇明詠化類編》，一三六卷，明隆慶間刊本鈔補本，臺北：國風出版社景印，民國 54 年 4 月初版。

130. 明・楊一魁，《山東觀風便覽》，四卷，明萬曆間刊本。

131. 明・楊廷和，《楊文忠三錄》，八卷，文淵閣四庫全書，臺北：臺灣商務印書館景印，民國 75 年 3 月出版。

132. 明・楊士奇，《明宣宗實錄》，一一五卷，國立北平圖書館紅格鈔本，臺北：國立中央研究院歷史語言研究所校勘景印，民國 57 年 2 月二版。

133. 明・董份，《泌園集》，三十七卷，叢書集成續編，臺北：新文豐出版社景印，民國 78 年 7 月臺一版。

134. 明・董其昌，《神廟留中奏疏彙要》，四十卷，明朱絲欄鈔本。

135. 明・董嗣成，《董禮部集》，六卷，叢書集成續編，臺北：新文豐出版社景印，民國 78 年 7 月臺一版。

136. 明・萬恭，《治水筌蹄》，二卷，中國水利古籍叢刊，北京：水利電力出版社，民國 74 年 5 月出版。

137. 明‧萬廷言，《學易齋集》，十六卷，明萬曆年刊本，臺北：國家圖書館漢學研究中心景印。

138. 明‧過庭訓，《本朝（明）分省人物考》，天啓二年刊本，臺北：成文出版社景印，民國60年元月臺一版。

139. 明‧談遷，《國榷》，一〇九卷，點校本，臺北：鼎文書局，民國67年7月初版。

140. 明‧劉吉，《明憲宗實錄》，二九七卷，國立北京圖書館紅格鈔本，臺北：國立中央研究院歷史語言研究所校勘景印，民國57年2月二版。

141. 清‧劉鶚，《歷代黃河變遷圖考》，四卷，中國水利要籍叢篇，臺北：文海出版社景印，民國60年出版。

142. 明‧劉天和，《問水集》，六卷，標點本，臺北：文海出版社，民國59年出版。

143. 清‧劉錦藻，《清朝續文獻通考》，四〇〇卷，臺北：新興書局景印，民國48年2月初版。

144. 明‧應大猷，《容庵集》，十卷，叢書集成續編，臺北：新文豐出版社景印，民國78年7月臺一版。

145. 明‧趙漢，《漸齋奏疏》，四卷，明萬曆丙申（二十四年）刊本。

146. 清‧趙一清，《直隸河渠書》，存九十四卷，戴氏手刪底稿本。

147. 民國‧趙爾巽，《清史》，五五〇卷，新刊本，臺北：國防研究院清史編纂委員會，民國60年10月初版。

148. 清‧黎世序，《續行水金鑑》，一五六卷，國學基本叢書，臺北：臺灣商務印書館，民國57年12月臺一版。

149. 明‧潘希曾，《竹澗集》，八卷，文淵閣四庫全書珍本四集，臺北：臺灣商務印書館景印，民國61年出版。

150. 明‧潘季馴，《留餘堂集》，四卷，明萬曆刊本。

151. 明‧潘季馴，《督撫江西奏疏》，四卷，明萬曆刊本。

152. 明‧潘季馴，《兵部奏疏》，二卷，明刊本。

153. 明‧潘季馴，《刑部奏疏》，二卷，明刊本。

154. 明‧潘季馴，《河防一覽》，十四卷，點校本，臺北：文海出版社，民國60年出版。

155. 明‧潘季馴，《兩河經略》，四卷，文淵閣四庫全書珍本七集，臺北：臺灣商務印書館景印，民國65年出版。

156. 明‧潘季馴，《潘司空奏疏》，七卷，文淵閣四庫全書，臺北：臺灣商務印書館景印，民國75年3月出版。

157. 明‧潘鳳悟，《治河管見》，四卷，明萬曆間刊本。

158. 明‧鄭曉，《鄭端簡公奏議》，十四卷，明隆慶庚午（四年）刊本。

159. 明‧鄭若曾，《鄭開陽雜著》，十一卷，文淵閣四庫全書，臺北：臺灣商務印書館景印，民國 75 年 3 月出版。

160. 元‧歐陽玄，《河防記》，一卷，叢書集成新編，臺北：新文豐出版社景印，民國 75 年 3 月臺一版。

161. 清‧閻若璩，《潛丘箚記》，六卷，文淵閣四庫全書，臺北：臺灣商務印書館景印，民國 75 年 3 月出版。

162. 明‧謝肇淛，《北河記》，八卷，文淵閣四庫全書珍本二集，民國 59 年出版，臺北：臺灣商務印書館景印，民國 59 年出版。

163. 明‧鍾化民，《賑豫紀略》，一卷，叢書集成新編，臺北：新文豐出版社景印，民國 75 年 3 月出版。

164. 清‧薛傳均，《河工防要》，二卷，清舊鈔本。

165. 清‧薛鳳祚，《兩河清彙》，八卷，文淵閣四庫全書，臺北：臺灣商務印書館景印，民國 75 年 3 月出版。

166. 明‧蘇佑，《穀原先生奏議》，十二卷，明嘉靖戊午（三十七年）刊本。

167. 明‧嚴嵩，《嘉靖奏對錄》，十三卷，明嘉靖間刊本。

168. 明‧顧爾行，《皇明兩朝疏鈔》，十二卷，明萬曆戊寅（六年）刊本。

169. 清‧顧炎武，《天下郡國利病書》，一二〇卷，臺北：廣文書局景印，民國 68 年 11 月初版。

170. 清‧顧祖禹，《讀史方輿記要》，一三〇卷，點校本，臺北：樂天出版社，民國 62 年 10 月初版。

171. 清‧麟慶，《河工器具圖說》，四卷，臺北：文海出版社景印，民國 58 年 5 月初版。

172. 清‧麟慶，《黃運河口古今圖說》，一卷，臺北：文海出版社景印，民國 58 年 5 月初版。

貳、地方志

1. 明‧王心，《皇明‧天長志》，七卷，明嘉靖庚戌（二十九年）刊本。

2. 明‧王心，《尉氏縣志》，五卷，明嘉靖戊申（二十七年）刊本。

3. 明‧王治，《嘉靖‧沛縣志》，十卷，天一閣藏明代方志選刊續編，上海書局景印。

4. 明‧王崇，《嘉靖‧歸德府志》，八卷，天一閣藏明代方志選刊續編，上海書局景印。

5. 清‧王軒，《山西通志》，二三〇卷，清光緒十八年刊本，臺北：華文書局景印，民國 58 年 5 月初版。

6. 明‧王璜，《濬縣志》，二卷，明嘉靖己丑（八年）刊藍印本。

7. 清‧王宜享，《通州志》，十五卷，清康熙十三年序刊本。

8. 明‧王東魯，《陽武縣志》，存三卷，明萬曆辛卯（十九年）刊本。

9. 清‧王時來，《陽穀縣志》，八卷，清康熙五十五年鈔本。

10. 明‧王欽誥，《項城縣志》，十卷，明萬曆間刊本。

11. 清‧王榮陛，《武陟縣志》，三十六卷，清道光九年刊本，臺北：成文出版社景印，民國 65 年臺一版。

12. 清‧王賜魁，《封邱縣志》，九卷，清康熙三十六年刻本。

13. 民國‧王蒲園，《重修滑縣志》，二十卷，民國十九年鉛印本，臺北：成文出版社景印，民國 57 年 8 月臺一版。

14. 清‧王錫元，《盱眙縣志稿》，十七卷，清光緒二十九年重刊本，臺北：成文出版社景印，民國 59 年 4 月臺一版。

15. 明‧不著撰人，《滎陽縣志》，二卷，明嘉靖間修藍格鈔本。

16. 明‧不著撰人，《嘉靖‧儀封縣志》，二卷，天一閣藏明代方志選刊續編，上海書局景印。

17. 明‧尹梓，《豐縣志》，二卷，明隆慶己巳（三年）刊萬曆間增補本。

18. 明‧方尚祖，《淮安府志》，二十四卷，明天啟間刊清順治五年印本。

19. 清‧石杰，《徐州府志》，三十卷，清乾隆七年刊本。

20. 清‧布顏，《懷慶府志》，二十二卷，清乾隆五十四年刊本。

21. 清‧申奇彩，《河陰縣志》，存二十三卷，清康熙三十年刊本。

22. 明‧申嘉瑞，《儀真縣志》，十四卷，清光緒十八年寧波范若霖影鈔明隆慶元年刊本。

23. 民國‧田金祺，《汜水縣志》，十二卷，民國十七年鉛印本，臺北：成文出版社景印，民國 57 年 8 月臺一版。

24. 清‧朱忻，《徐州府志》，二十五卷，清同治十三年刊本，臺北：成文出版社景印，民國 59 年 3 月臺一版。

25. 明‧朱泰，《萬曆‧兗州府志》，五十一卷，天一閣藏明代方志選刊續編，上海書局景印。

26. 明‧朱元豐，《清河縣志》，十四卷，清乾隆十五年刊本。

27. 明‧朱睦㮮，《開封府志》存十卷，明萬曆十三年刊本。

28. 明‧宋驥，《彭城誌》，十九卷，明正統三年烏絲蘭鈔本。

29. 清‧佟企聖，《曹州志》，存九卷，清康熙十三年刊本。

30. 明‧李念，《嘉靖‧夏邑縣志》，八卷，天一閣藏明代方志選刊，上海書局景印。

31. 明・李嵩,《歸德府志》,存六卷,明嘉靖間刊本。

32. 明・李濂,《河南通志》,四十五卷,明嘉靖三十五年刊本。

33. 清・李棒,《河內縣志》,五卷,清乾隆三十二年刻本。

34. 明・李錦,《正德・新鄉縣志》,六卷,天一閣藏明代方志選刊,上海書局景印。

35. 明・李上元,《盱眙縣志》,十二卷,明萬曆二十三年刊本,臺北:國家圖書館漢學研究中心景印。

36. 明・李先芳,《亳州志》,存三卷,明嘉靖四十三年刻本。

37. 明・李希程,《嘉靖・蘭陽縣志》,十卷,天一閣藏明代方志選刊,上海書局景印。

38. 明・李孟暘,《睢州志》,九卷,明藍格鈔本。

39. 明・李明通,《登封縣志》,十卷,明隆慶三年刊本。

40. 清・李德溥,《宿遷縣志》,十九卷,清同治十三年刊本,臺北:成文出版社景印,民國63年6月臺一版。

41. 明・杜柟,《臨潁志》,八卷,明嘉靖八年刊辛丑(二十年)修補本。

42. 清・杜琳,《淮關統志》,十四卷,清光緒三十二年重刊本,臺北:成文出版社景印,民國59年10月臺一版。

43. 明・呂克孝,《如皋縣志》,存七卷,明萬曆戊午(四十六年)刊本。

44. 明・呂宗吉,《清河縣志》,四卷,明嘉靖四十四年刊本。

45. 明・沈明臣,《通州志》,八卷,明萬曆五年刊本。

46. 清・沈青崖,《陝西通志續通志》,一○○卷,清雍正十三年刊本,臺北:華文書局景印,民國58年7月初版。

47. 清・阮龍元,《通許縣志》,十卷,清乾隆三十六年刊本,臺北:成文出版社景印,民國65年臺一版。

48. 清・吳與儔,《氾水縣志》,八卷,清順治十五年刊本。

49. 清・余心孺,《延津縣志》,十卷,清康熙四十一年刊本。

50. 清・汪之藻,《康熙・清河縣志》,四卷,清康熙三十四年序刊本,臺北:國家圖書館漢學研究中心景印。

51. 清・周璣,《杞縣志》,二十四卷,清乾隆五十三年刻本。

52. 清・周正紀,《永城縣志》,八卷,清康熙三十六年刻本。

53. 民國・周秉彝,《鄭縣志》,十八卷,民國五年刊本,臺北:成文出版社景印,民國57年8月臺一版。

54. 明・周弼遺,《嘉靖・范縣志》,五卷,天一閣藏明代方志選刊續編,上海書局景印。

55. 清・孟安世,《康熙・邳州志》,九卷,清康熙三十二年序刊本,臺北：
國家圖書館漢學研究中心景印。

56. 明・孟仲遴,《清河縣志》,五卷,明嘉靖辛亥（三十年）刊本。

57. 清・林芃,《張秋志》,十二卷,傳鈔清康熙九年重修本。

58. 清・紀黃中,《儀封縣志》,十二卷,民國二十四年鉛印本,臺北：成文
出版社景印,民國 57 年 8 月臺一版。

59. 清・金秉祚,《山陽縣志》,二十二卷,清乾隆十四年刊本。

60. 明・胡謐,《河南總志》,十九卷,明成化甲辰（二十年）刊本。

61. 清・胡宗鼎,《宿遷縣志》,存七卷,清康熙三年修二十二年增補刊本。

62. 明・胡順華,《興化縣志》,四卷,明嘉靖間刊本。

63. 清・胡鼎宗,《宿遷縣志》,存七卷,清康熙三年刊本。

64. 清・姚鴻杰,《豐縣志》,十六卷,清光緒二十年刊本。

65. 明・姚應龍,《徐州志》,六卷,明萬曆刊本,臺北：國家圖書館漢學研
究中心景印。

66. 明・赫持,《林縣志》,存六卷,明萬曆間刊本。

67. 清・施誠,《河南府志》,一一六卷,清乾隆四十四年刊本。

68. 清・英傑,《續纂揚州府志》,二十四卷,清同治十三年刊本,臺北：成
文出版社景印,民國 58 年 5 月臺一版。

69. 明・柳瑛,《中都志》,十卷,明弘治元年刊隆慶萬曆間修遞補本。

70. 清・侯良弼,《永城縣志》,四卷,清鈔本。

71. 明・范惟恭,《高郵州志》,十二卷,明隆慶六年刊本。

72. 清・凌柏壽,《新修荷澤縣志》,十八卷,清光緒十年刊本。

73. 清・孫巽,《金鄉縣志》,二十卷,清乾隆三十三年刊本。

74. 清・孫鐸,《嘉靖・魯山縣志》,十卷,天一閣藏明代方志選刊,上海書
局景印。

75. 清・孫灝,《河南通志》,八十卷,清乾隆四十三年刊本,文淵閣四庫全
書,臺北：臺灣商務印書館景印,民國 75 年 8 月出版。

76. 清・孫和相,《中牟縣志》,十一卷,清乾隆十九年刻本。

77. 清・孫星衍,《偃師縣志》,三十卷,清乾隆五十三年刻本。

78. 清・孫葆田,《山東通志》,二〇〇卷,民國四年鉛印本,臺北：華文書
局景印,民國 58 年 1 月初版。

79. 明・秦之英,《武涉志》,七卷,明萬曆辛卯（十九年）刊本。

80. 明・秦文淵,《重修邳州志》,十卷,明嘉靖丁酉（十六年）刊藍印本。

81. 明・徐世用,《嘉靖・宿州志》,八卷,天一閣藏明代方志選刊,上海書

局景印。

82. 清・徐元燦，《孟津縣志》，四卷，清康熙四十八年刻本。

83. 清・徐埴喬，《寶應縣志》，二十四卷，清康熙二十九年刊本。

84. 明・馬錫，《嘉靖・尉氏縣志》，五卷，天一閣藏明代方志選刊，上海書局景印。

85. 明・馬暾，《重修徐州志》，存二卷，明弘治甲寅（七年）京師刊本。

86. 清・馬世英，《睢州志》，七卷，清康熙三十二年刊本。

87. 明・盛儀，《揚州府志》，二十七卷，明嘉靖二十二年刊本，臺北：國家圖書館漢學研究中心景印。

88. 清・邱軒昂，《鞏縣志》，四卷，清乾隆十年刊本。

89. 清・倭什布，《嘉祥縣志》，四卷，清乾隆四十三年刊本。

90. 清・原文炘，《原武縣志》，十卷，清乾隆十二年刊本。

91. 清・高尚質，《曹州府志》，二十二卷，清乾隆二十一年刊本。

92. 明・袁文新，《鳳書》，八卷，明天啓元年刊本。

93. 明・張祥，《原武縣志》，二卷，明萬曆甲午（二十二年）刊本。

94. 明・張第，《溫縣志》，二卷，明萬曆五年刊本。

95. 清・張鉞，《鄭州志》，十二卷，清乾隆十年刻本。

96. 清・張之紀，《孟縣志》，十二卷，清康熙三十四年刻本。

97. 明・張天瑞，《嘉靖・陽武縣志》，三卷，天一閣藏明代方志選刊續編，上海書局景印。

98. 清・張元鑑，《虞城縣志》，十卷，清乾隆十年刻本。

99. 清・張可立，《興化縣志》，十四卷，傳鈔清康熙二十四年重修本。

100. 明・張民表，《中牟縣志》，五卷，明天啓丙寅（六年）刊本。

101. 清・張宏運，《銅山縣志》，十二卷，清乾隆十年刊本。

102. 明・張佳胤，《滑縣志》，六卷，明嘉靖甲寅（三十三年）刊丁巳（三十六年）增補本。

103. 明・張鶴鳴，《萬曆・潁州志》，二十卷，明萬曆三十六年刊本。

104. 清・張逢宸，《順治・豐縣志》，十卷，清順治十三年序刊本，臺北：國家圖書館漢學研究中心景印。

105. 明・陳宣，《河南郡志》，四十二卷，明弘治十二年刊本。

106. 明・陳璉，《潁川郡志》，存九卷，明永樂癸巳（十一年）刊本。

107. 明・陳文燭，《淮安府志》，二十卷，明萬曆元年刊本，臺北：國家圖書館漢學研究中心景印。

108. 明・陳良山，《淮安府志》，十六卷，明正德十六年刊本。

109. 明・陳禹謨，《獲嘉縣志》，存八卷，明萬曆間刊本。

110. 清・陳嗣良，《曹縣志》，十八卷，清光緒十年刊本。

111. 清・陳錫輅，《歸德府志》，三十六卷，清乾隆十九年刻本。

112. 明・陳繼疇，《泰興縣志》，四卷，明萬曆間刊本。

113. 清・黃垣，《鹽城縣志》，十六卷，清乾隆十二年刊本。

114. 清・黃之儁，《江南通志》，二○○卷，清乾隆二年重修本，臺北：華文書局景印，民國56年8月初版。

115. 清・黃本誠，《新鄭縣志》，三十一卷，清乾隆四十一年刻本。

116. 明・黃虎臣，《夏邑縣志》，八卷，明嘉靖戊申（二十七年）刊本。

117. 清・黃維瀚，《鉅野縣志》，二十四卷，清道光二十六年刊本。

118. 清・陸師，《儀真志》，二十二卷，清康熙五十七年刊本。

119. 明・陸鈚，《山東通志》，四十卷，明嘉靖癸巳（十二年）刊本。

120. 明・陸君弼，《江都縣志》，二十三卷，明萬曆二十七年刊本，臺北：國家圖書館漢學研究中心景印。

121. 清・許莢，《鹿邑縣志》，十二卷，清乾隆四十八年刻本。

122. 清・許勉燉，《汜水縣志》，二十二卷，清乾隆九年刊本

123. 明・康孔高，《南陽府志》，存八卷，明正統元年刊本。

124. 明・康紹第，《嘉靖・鞏縣志》，八卷，天一閣藏明代方志選刊續編，上海書局景印。

125. 明・梅守德，《徐州府志》，十二卷，明嘉靖間刊本。

126. 明・崔維嶽，《宿州志》，二十六卷，明萬曆丙申（二十四年）刊本。

127. 清・葉騰鳳，《徐州志》，八卷，清順治十三年序刊本，臺北：國家圖書館漢學研究中心景印。

128. 明・焦希程，《嘉靖・維揚關志》，五卷，明嘉靖二十二年刊萬曆年間補刊本，臺北：國家圖書館漢學研究中心景印。

129. 明・喻文華，《萬曆・宿遷縣志》，八卷，天一閣藏明代方志選刊續編，上海書局景印。

130. 明・湯一賢，《隆慶・寶應縣志》，十卷，天一閣藏明代方志選刊續編，上海書局景印。

131. 清・喬弘德，《安東通志》，八卷，清康熙三十七年刊本。

132. 明・曾惟誠，《帝鄉紀略》，十一卷，明萬曆二十七年刊本。

133. 明・曾顯重，《弘治・直隸鳳陽府宿州志》，二卷，天一閣藏明代方志選刊續編，上海書局景印。

134. 明・楊洵，《揚州府志》，二十七卷，明萬曆辛丑（二十九年）刊本。

135. 清・楊兆渙，《曹州府荷澤鄉土志》，不分卷，清光緒二十四年石印本，臺北：成文出版社景印，民國57年3月臺一版。

136. 明・楊其善，《萬曆・霍邱縣志》，十卷，明萬曆丙申（二十四年）刊本。

137. 明・楊嘉言，《新刻胙城縣志》，存五卷，明萬曆九年刊本。

138. 明・楊瑞雲，《鹽城縣志》，十卷，明萬曆十一年刊清順治丁酉（十四年）修補本。

139. 明・董弦，《內黃志》，九卷，明嘉靖丁酉（十六年）刊本。

140. 清・董用威，《邳州志》，二十卷，清咸豐元年刊本，臺北：成文出版社景印，民國59年臺一版。

141. 清・嵩山，《東昌府志》，五十卷，清嘉慶十三年刊本。

142. 清・葛之莫，《睢寧縣舊志》，十卷，清康熙二十二年重修本。

143. 明・劉芥，《太和縣志》，七卷，明萬曆甲戌（二年）刊本。

144. 明・劉芳，《嘉靖・長垣縣志》，九卷，天一閣藏明代方志選刊，上海書局景印。

145. 明・劉涇，《懷慶府志》，十三卷，明嘉靖丙寅（四十五年）刊本。

146. 明・劉鉅，《淇縣志》，十卷，明嘉靖十年刊二十四年增補本。

147. 明・劉士逵，《嘉靖・固始縣志》，十卷，天一閣藏明代方志選刊，上海書局景印。

148. 明・劉大恩，《新蔡縣志》，五卷，明萬曆間新蔡劉氏原刊本。

149. 清・劉王瑗，《碭山縣志》，十四卷，清乾隆三十二年刊本。

150. 清・劉文煒，《壽張縣志》，十卷，清光緒二十六年刊本，臺北：成文出版社景印，民國65年臺一版。

151. 清・劉如晏，《睢寧縣志》，十卷，清康熙五十七年重修本。

152. 清・劉光業，《淮安府志》，十三卷，清康熙二十四年序刊本，臺北：國家圖書館漢學研究中心景印。

153. 明・劉萬春，《泰州志》，十卷，明崇禎癸酉（六年）刊本。

154. 清・劉德昌，《商邱縣志》，二十卷，清康熙四十四年刻本。

155. 清・劉寶楠，《寶應縣圖經》，六卷，清道光二十八年刊本，臺北：成文出版社景印，民國59年臺一版。

156. 明・鄧戩，《嘉靖・濮州縣志》，十卷，天一閣藏明代方志選刊續編，上海書局景印。

157. 清・趙英祚，《魚臺縣志》，四卷，清光緒十五年刊本。

158. 清・趙嗣普，《城武縣志》，十卷，清康熙四十一年刊本。

159. 明・鄭芝同，《懷慶府志》，十二卷，明正德戊寅（十三年）刊本。

160. 清・鄭廷瑾，《東阿縣志》，十二卷，清康熙五十四年重修本。

161. 清・滕永禎，《壽張縣志》，八卷，清康熙五十六年重修本。

162. 明・歐陽東鳳，《興化縣志》，十卷，傳鈔明萬曆十九年重修本。

163. 明・聞人詮，《寶應縣志略》，四卷，明嘉靖十七年刊本。

164. 清・談諟曾，《陽武縣志》，十二卷，清乾隆十一年刊本。

165. 民國・黎德芬，《夏邑縣志》，九卷，民國九年石印本，臺北：成文出版社景印，民國 57 年 8 月臺一版。

166. 明・壽濂，《拓城縣志》，十卷，明藍格鈔本。

167. 清・管竭忠，《開封府志》，四十卷，清康熙乙亥（三十四年）刊本。

168. 明・蕭珮，《氾水縣志》，六卷，明藍格鈔本。

169. 清・蕭之蔚，《康熙・桃源縣志》，四卷，清康熙二十六年序刊本，臺北：國家圖書館漢學研究中心景印。

170. 民國・蕭德馨，《中牟縣志》，不分卷，民國 25 年石印本，臺北：成文出版社景印，民國 57 年 8 月臺一版。

171. 清・蕭應植，《濟源縣志》，十六卷，清乾隆二十六年刊本。

172. 清・鍾定，《陳留縣志》，四十卷，清康熙三十年刻本。

173. 明・餘姚淺，《嘉靖・永城縣志》，六卷，天一閣藏明代方志選刊，上海書局景印。

174. 明・儲珊，《正德・潁州志》，六卷，天一閣藏明代方志選刊，上海書局景印。

175. 清・閻允吉，《蕭縣志》，十二卷，清康熙二十二年刊本。

176. 民國・戴邦楨，《寶應縣志》，三十二卷，民國 21 年鉛印本，臺北：成文出版社景印，民國 59 年臺一版。

177. 明・戴瑞卿，《萬曆・滁陽志》，十四卷，明萬曆四十二年刊本。

178. 明・韓玉，《嘉靖・通許縣志》，二卷，天一閣藏明代方志選刊續編，上海書局景印。

179. 明・韓思忠，《中牟縣志》，七卷，明正德乙亥（十年）刊本。

180. 明・羅志學，《萬曆・沛志》，二十五卷，明萬曆三十七年序刊本，臺北：國家圖書館漢學研究中心景印。

181. 清・覺羅普爾泰，《單縣志》，十二卷，清乾隆二十四年刊本。

182. 清・覺羅普爾泰，《兗州府志》，三十二卷，清乾隆三十五年刊本。

183. 清・龔崧林，《陝州志》，存十九卷，清乾隆十一年刊本。

184. 清・龔崧林，《乾隆・洛陽縣志》，二十四卷，清乾隆十年刊本，臺北：成文出版社景印，民國 65 年臺一版。

參、輿　圖

1. 山東運河圖，一幅，明代絹本彩繪，96×171 公分。
2. 黃河圖，一卷，明代絹本彩繪，80×1260 公分。
3. 黃淮河圖，一卷，清代紙本彩繪，51.5×246 公分。
4. 淮河圖，一卷，清代紙本彩繪，92×3414 公分。
5. 淮河圖，二卷，清代絹本彩繪，76.5×1689＋1835 公分。
6. 歷代黃河移徙圖，一冊，清代紙本彩繪，36.5×48 公分。

肆、一般論著

一、中　文

（一）專　書

1. 王恢，《中國歷史地理》，臺北：臺灣學生書局，民國 67 年 2 月初版，1419 頁。
2. 水利水電科學研究院，《中國水利史稿》下冊，北京：水利電力出版社，1989 年 1 月第一版，515 頁。
3. 水利部黃河水利委員會，《黃河水利史述要》，北京：水利電力出版社，1984 年 1 月新一版，397 頁。
4. 水利部淮河水利委員會，《淮河水利簡史》，北京：水利電力出版社，1990 年 8 月出版，371 頁。
5. 中國科學會工作部，《我國江河開發與治理問題初探》，北京：中國科學技術出版社，1989 年 5 月出版，450 頁。
6. 申丙，《黃河通考》，臺北：中華叢書編審委員會，民國 49 年 5 月出版，483 頁。
7. 史念海，《中國的運河》，西安：陝西人民出版社，1988 年 4 月第一版，448 頁。
8. 朱昇堂，《黃河下游河流地貌》，北京：科學出版社，1990 年 8 月第一版，266 頁。
9. 宋正海，《中國古代重大自然災害和異常年表總集》，廣州：廣東教育出版社，1992 年 12 月第一次印刷，530 頁。
10. 吳緝華，《明代海運及運河的研究》，臺北：中央研究院歷史語言研究所，民國 50 年 4 月初版，348 頁。
11. 岑仲勉，《黃河變遷史》，臺北：里仁書局，民國 71 年 1 月出版，786 頁。
12. 沈怡，《黃河問題討論集》，臺北：臺灣商務印書館，民國 60 年 3 月初

版，410 頁。

13. 李約瑟，《中國之科學與文明》，第十冊，臺北：臺灣商務印書館，民國 69 年 3 月三版，527 頁。

14. 李書田，《中國水利問題》，天津：商務印書館，民國 26 年 2 月初版，512 頁。

15. 李儀祉，《李儀祉水利論著選集》，北京：黃河水利委員會，1988 年 11 月第一版，758 頁。

16. 李儀祉，《李儀祉全集》，臺北：中華叢書委員會，民國 45 年 12 月出版，910 頁。

17. 李儀祉，《水功學》，臺北：文海出版社，民國 59 年出版，350 頁。

18. 武同舉，《淮系年表全編》，臺北：文海出版社，民國 58 年 5 月出版，1066 頁。

19. 胡煥庸，《黃河志》，臺北：文海出版社，民國 59 年出版，171 頁。

20. 姚漢源，《中國水利史綱要》，北京：水利電力出版社，1987 年 12 月第一版，599 頁。

21. 梁方仲，《中國歷代戶口田地田賦統計》，上海：人民出版社，558 頁。

22. 章晉墀，《河工要義》，臺北：文海出版社，民國 59 年出版，170 頁。

23. 傅崇蘭，《中國運河城市發展史》，成都：四川人民出版社，1985 年 11 月第一版，431 頁。

24. 陳正祥，《中國文化地理》，臺北：龍田出版社，民國 71 年 4 月出版，290 頁。

25. 張含英，《明清治河概論》，北京：水利電力出版社，1986 年 2 月第一刷，208 頁。

26. 張含英，《治河論叢》，上海：國立編譯館，民國 26 年 3 月再版，250 頁。

27. 張含英，《治河論叢續篇》，北京：水利電力出版社，1992 年 8 月第一版，371 頁。

28. 賈征，《潘季馴評傳》，江蘇：南京大學出版社，1996 年 2 月第一版，427 頁。

29. 趙文林，《中國人口史》，北京：人民出版社，1988 年 6 月第一版，645 頁。

30. 楊宇杜，《導淮之根本問題》，上海：新亞細亞書店，民國 22 年 4 月出版，151 頁。

31. 楊哲文，《中國歷代帝王陵寢》，臺北：明文書局，民國 66 年 2 月初版，220 頁。

32. 劉昭民，《中國歷史上氣候之變遷》，臺北：臺灣商務印書館，民國 81 年 11 月修訂第一版，306 頁。

33. 鄭肇經，《中國水利史》，臺北：臺灣商務印書館，民國 65 年 2 月臺三版，345 頁。

34. 顏清洋，《明代治理黃河述略》，國立臺灣大學歷史研究所 67 學年度碩士論文，127 頁。

35. 蔡泰彬，《明代漕河之整治與管理》，臺北：臺灣商務印書館，民國 81 年 1 月初版，541 頁。

36. 譚其驤，《黃河史論叢》，上海：復旦大學出版社，1985 年 4 月出版，250 頁。

(二) 論　文

1. 王竹泉，〈黃河河道成因考〉，《科學》十卷二號，1925 年 5 月。

2. 方輯，〈明代治河和通漕的關係〉，《明代社會經濟史論集》第三集，香港：崇文書店，1975 年 10 月，頁 303～309。

3. 尹尚卿，〈明清兩代河防考略〉，《史學集刊》第一期，民國 25 年 4 月，頁 98～121。

4. 申丙，〈黃河源流及歷代河患考〉，《學術季刊》五卷一期，1956 年 9 月，頁 76～94。

5. 史念海，〈歷史時期黃土高原溝壑的演變〉，《中國歷史地理論叢》，1987 年第二輯，頁 3～21。

6. 史念海，〈歷史時期森林變遷的研究〉，《中國歷史地理論叢》，1988 年第一輯，頁 1～17。

7. 史念海，〈黃土高原主要河流流量的變量〉，《中國歷史地理論叢》，1992 年第二輯，頁 1～37。

8. 宋正海，〈我國古代的河流水文知識〉，《科技史文集》第十四輯，1985 年 11 月，頁 155～162。

9. 李令福，〈明清山東鹽鹼土的分布及其改良利用〉，《中國歷史地理論叢》，1994 年第四輯，頁 125～133。

10. 李書田，〈歷代治河名人事蹟述略〉，《東方雜誌》四十三卷三號，1947 年 2 月，頁 25～30。

11. 竺可楨，〈中國歷史上之氣候變遷〉，《東方雜誌》二十二卷三期，1925 年 2 月，頁 84～99。

12. 沈怡，〈防河與治河〉，《獨立評論》第一九四號，1925 年 3 月，頁 12～17。

13. 沈怡，〈歷代治河方法之研究〉，《申報月刊》四卷八期，1935 年 8 月，

頁 15～17。

14. 吳松弟，〈黃淮平原歷史時期人口分布的初步研究〉，《歷史地理》第十一輯，1993 年 6 月，頁 155～169。

15. 吳緝華，〈黃河在明代改道前夕河決張秋的年代〉，《大陸雜誌》十八卷一期，1959 年 1 月，頁 11～16。

16. 吳緝華，〈明代劉大夏的治河與黃河改道〉，《幼獅學報》一卷二期，1959 年 4 月，頁 1～16。

17. 金翰宗，〈黃河為害及其治法的檢討〉，《由報月刊》四卷八號，1935 年 8 月，頁 10～27。

18. 邱成希，〈明代黃河水患探析〉，《南開學報》，1981 年第四期，頁 17～23。

19. 郭濤，〈明代黃河雙重堤防的滯洪落淤作用〉，《農業考古》，1983 年第二期，頁 59～64。

20. 郭豫慶，〈黃河流域地理變遷的歷史考察〉，《中國社會科學》，1989 年第一期，頁 195～210。

21. 秦佩珩，〈明代治河史札〉，《學術月刊》，1980 年 6 月號，頁 62～65。

22. 徐海亮，〈歷史上黃河水沙變化的一些問題〉，《歷史地理》第十二輯，1995 年 6 月，頁 32～41。

23. 陳可畏，〈論黃河的名稱、河源與變遷〉，《歷史教學》，1982 年第十期，頁 7～13。

24. 陳良佐，〈從漢書地理志試論我國古代黃河下游的黃河主流及其分流〉，《大陸雜誌》七十二卷三期，1986 年 3 月，頁 1～28。

25. 鄒逸麟，〈黃河下游河道變遷及其影嚮概述〉，《復旦學報》（社會科學版增刊），1980 年 8 月，頁 12～23。

26. 鄒逸麟，〈歷史時期華北大平原湖沼變遷述略〉，《歷史地理》第五輯，1985 年 1 月，頁 25～39。

27. 鄒逸麟，〈淮河下游南北運口變遷和城鎮興衰〉，《歷史地理》第六輯，1988 年 9 月，頁 57～72。

28. 張了且，〈歷代黃河在豫泛濫紀要〉，《禹貢半月刊》四卷六期，1935 年 11 月，頁 471～485。

29. 張正祥，〈明祖陵〉，《考古》，1963 年第八期，頁 437～441。

30. 張民服，〈黃河下游河南湖澤陂塘的形成及其變遷〉，《中國農史》，1988 年第二期，頁 40～47。

31. 齊覺生，〈大禹治水之研究〉，《國立政治大學學報》第七期，1952 年 5 月，頁 199～250。

32. 趙鐵寒，〈禹與洪水〉，《大陸雜誌》第九卷第六期，1943 年 9 月，頁 180 ～185。

33. 錢穆，〈水利與水害〉（一）、（二），《禹貢》四卷一、四期，1935 年 9 月、 10 月，頁 1～8、1～7。

34. 劉聿才，〈明祖陵述略〉，《考古與文物》，1984 年第二期，頁 70～76。

35. 劉鴻喜，〈黃河水文考〉，《大陸雜誌》四十卷四期，1970 年 2 月，頁 13 ～22。

36. 劉石吉，〈明清江南地區的專業市鎮〉，《食貨月刊復刊》八卷六、七、八 期，1978 年 9 月、10 月、11 月，頁 26～43、30～41、15～30。

37. 鄭德坤，〈治理黃河的我見〉，《東方雜誌》三十卷二十四號，1933 年 12 月，頁 13～19。

38. 顏清洋，〈略論北宋的河患、河議與河工〉，《史原》第八期，1978 年 9 月，頁 97～124。

39. 韓仲文，〈潘季馴年譜〉，《華北編譯館館刊》一卷一、三期，二卷一、 二、三、四、五期，1942 年 10 月 12 月，1943 年 1 月、2 月、3 月、4 月、5 月、7 月。

40. 韓復智，〈論中國科學技術史的教育功能與研究價值〉，《中國歷史學會 史學集刊》第二十七期，1995 年 9 月，頁 279～296。

二、日　文

（一）專　書

1. 谷光隆，《明代河工史研究》，東京：同朋舍，1991 年 3 月出版，520 頁。

2. 星斌夫，《明代漕運の研究》，東京：學術振興社，1963 年出版，517 頁。

3. 星斌夫，《大運河發展史》，東京：平凡社，1982 年 6 月出版，408 頁。

4. 森田明，《清代水利史研究》，東京：亞紀書房，1974 年 3 月，566 頁。

5. 森田明，《清代水利社會史の研究》，東京：圖書刊行會，1990 年 1 月出 版，419 頁。

6. 森田明，《中國水利史の研究》，東京：圖書刊行會，1995 年 3 月出版， 531 頁。

（二）論　文

1. 谷光隆，〈嘉靖、萬曆の交にぉける徐淮の河工〉，《小野勝年博士頌壽紀 念東方學論集》（京都：龍谷大學東洋史學術會），1979 年出版，頁 453 ～476。

2. 谷光隆，〈明代徐州地方にぉける黃河の泛濫——夏鎮河、泇河開鑿の原因をめじつて〉，《星博士退官紀念中國史論集》，1983 年出版，頁 151～170。

3. 伊藤敏雄，〈宋代の黃河治水機構〉，《中國水利史研究》第十六號，1986年，頁 20～31。

4. 松田吉郎，〈清代の黃河治水機構〉，《中國水利史研究》第十六號，1986年，頁 31～57。

5. 藤田元春，〈黃河河道變遷の地文學的考察〉，《史林》七卷二號，1922年 4 月，頁 17～46。

6. 藤田勝久，〈漢唐長安の都市水利〉，《中國水利史研究》第二十二號，1992 年，頁 25～55。

三、英　文

1. Ping-ti Ho, studies on the Population of China, 1368~1953, Cambrige, Harvard University Press, 1959, p. 333

2. Ray Huang, Taxation and Governmental Finance in sixteeth-Century Ming China, New York, Cambridge University Press, 1974, p. 385

後　記

　　能在彰化師範大學悠靜校園內專心寫作，並兼顧年邁中風之父親，由衷感謝卓播英主任、傅寶眞教授、董家安教授、蔡輝龍教授之關心與提攜。本文撰寫期間，吳智和師提供《潘季馴評傳》等資料，修正論文大綱；卓播英主任傳授寫作要領，謹於此，敬表謝忱。